LEO MARIA GIANI

Heilige Leidenschaften

Mythen, Kulte und Mysterien

Kösel

Für Hermina

ISBN 3-466-36398-5

Druck: Kösel, Kempten
Umschlag: Elisabeth Petersen, Glonn
Umschlagmotiv: Dionysos und Lykurgos. Griechische Vasenmalerei, Staatliche Antikensammlungen, München.
Umschlagfoto: Archiv für Kunst und Geschichte, Berlin

1 2 3 4 5 · 98 97 96 95 94

Gedruckt auf umweltfreundlich hergestelltem Werkdruckpapier (säurefrei und chlorfrei gebleicht)

Inhalt

Einführung

»HEILIGE LEIDENSCHAFTEN« bilden das Leitmotiv des vorliegenden Buches, dessen zentrale These man ungefähr auf folgende Formel bringen könnte: Alle wahren Leidenschaften des Menschen, insbesondere diejenigen, die nicht auf materielle und »irdische« Ziele gerichtet sind, sind Ausdruck der immerwährenden, wenngleich immer wieder enttäuschten Suche des Menschen nach Vollkommenheit.

Diese unermüdliche, allen Enttäuschungen zum Trotz niemals aufgegebene Suche nach Vollkommenheit hat ihren Grund darin, daß der Mensch seit jeher und soweit die Zeugnisse seines Vorhandenseins zurückreichen, seine irdische Existenz als ungenügend, als von Sorge geprägt und ständig gefährdet, um nicht zu sagen: als *heillos* empfunden hat und daher bestrebt war, diesem Zustand zu entkommen oder ihn zumindest zu mildern – was in der Sprache der Religion als »Suche nach dem *Heil*« bezeichnet wird. Denn zeit seines Bestehens empfindet sich der Mensch als *abhängig* – eine existentielle Erfahrung, die seine Lebensweise ebenso wie sein Denken, ja sein gesamtes Weltbild von Anfang an beherrscht: Furcht bestimmt seinen Alltag, Furcht seine Feste, Furcht sogar die ekstatischen Höhepunkte seines Lebens: Furcht vor dem Ausbleiben der Jagdtiere, Furcht vor Hungersnöten und Epidemien, Furcht vor Chaos und Unordnung, Furcht sogar davor, daß eines Tages die Sonne nicht mehr aufgeht und daß die Welt auf ewig in die Finsternis des Uranfangs zurücksinkt, Furcht vor dem Versiegen der Ressourcen, Furcht vor der Vernichtung … Die Zeugnisse der Religion selbst – die Mythen, die Riten und insbesondere die opferkultischen Veranstaltungen – sind authentischer Ausdruck solch tausendfacher Furcht und zugleich des Versuchs ihrer Überwindung.

Der Mensch hat das Band zwischen sich und den Mächten, die ihn beherrschen und von denen er sich abhängig weiß, nie ganz zerschnitten – wie könnte er auch! In Kulturen, deren Erscheinungsformen nur der sichtbare Ausdruck solcher Beziehungen zwischen den Menschen und den Mächten sind, stellen die Mythen, Riten, Kulte und Feste dieses Band dar. Es gibt keine noch so alltägliche, noch so vermeintlich »profane« Handlung, die nicht von religiösen Praktiken begleitet wäre oder, richtiger gesagt, die nicht zugleich auch eine religiöse Handlung wäre. Damit jedoch sind alle Handlungen, alle Lebensäußerungen, die – vordergründig betrachtet – nur profanen Zwecken dienen, in einer Weise aufgewertet, die sie zugleich sakralisiert und sakramentalisiert, indem sie einer als heilig und unantastbar geltenden Ordnung eingefügt werden.

Diese Ordnung, von der hier die Rede ist und der der Mensch ebenso angehört wie die Natur und das gesamte Universum, ist in der mythischen Urzeit geschaffen worden – wie und nach welchen Prinzipien, davon berichten die sogenannten »kosmogonischen Mythen«. Nun lehren diese kosmogonischen Mythen aber zweierlei: einmal, daß Menschen, Ahnen und Götter sowie alle übrigen Erscheinungen im Kosmos einer *gemeinsamen* Ordnung angehören, und zum anderen, daß sie allesamt einen gemeinsamen *Ursprung* haben. Letzteres findet seinen Ausdruck in den Lehren vom uranfänglichen Chaos oder vom kosmogonischen Urwesen, das sich selbst entäußert und aus sich den Kosmos gebiert. Vor dem Hintergrund der menschlichen Existenz betrachtet, ist die »mythische Urzeit« immer zugleich auch das Gegenbild zur gegenwärtigen Situation, das vornehmlich dann beschworen wird, wenn Tod und Leid, Unordnung und Chaos herrschen, wenn die Götter abwesend sind oder sich aus Zorn über die Verfehlungen des Menschen zurückgezogen haben. Anders gesagt: solche Mythen sind bereits selbst Ausdruck eines real erfahrenen Verlusts, eines Mangels an Vollkommenheit, Ausdruck also der real empfundenen Heillosigkeit des Menschen.

Es ist unsere Absicht, aufzuzeigen, daß sich hinter jeder der von uns als »heilig« charakterisierten Leidenschaften letztendlich die Leidenschaft nach Wiedervereinigung mit den Ursprüngen, die Sehnsucht nach Ganzheit und Vollkommenheit verbirgt. Sämtliche Mythen, in denen von Leidenschaften die Rede ist, wie auch sämtliche rituelle Praktiken, in denen Leidenschaften entweder beschworen und entfesselt oder transfiguriert und um eines höheren Zieles willen umgeformt werden, sind Ausdrucksformen solcher Sehnsucht. Seien die Leidenschaften, die von den in den Mythen auftretenden Protagonisten oder in Ritualen realiter entfesselt werden, mitunter an unseren Maßstäben gemessen auch noch so »pervers«, noch so »grausam« oder zerstörerisch – ihr eigentlicher Hintergrund ist immer und überall derselbe: Sehnsucht nach Wiedergewinnung der verlorengegangenen Vollkommenheit des Uranfangs, wie er in den Mythen beschrieben ist. Dies zeigt sich bei den Inzestmythen (3. und 4. Kapitel) ebenso deutlich wie bei Ritualen des Transvestismus und der Homoerotik (5. und 6. Kapitel), im kultischen Spiel um Camouflage und Verwandlung (7. und 8. Kapitel) ebenso wie in den Exzessen rituellen Kannibalismus' (9. Kapitel) oder in den hochdramatischen Formen der Initiation bei Sehern und Schamanen (13. und 14. Kapitel). Im Verlauf der Geschichte einer Kultur werden den altehrwürdigen tradierten Formen der institutionalisierten Religion nicht selten »heterodoxe« Entwürfe und Modelle entgegengestellt, die die älteren rituellen Verfahren der Wiedergewinnung des Heils uranfänglicher Ganzheit und Fülle immer weiter verfeinern und vervollkommnen. Die Entwicklung verläuft dabei im allgemeinen zu immer größerer »Verinnerlichung« – das heißt: weg von Ritual und Magie und hin zu den verschiedenen Formen der Mystik. So stellen beispielsweise die von den Heiligen und Mystikern aller Religionen praktizierten Spielarten der Weltflucht und der Askese, bis hin zu den subtilsten Techniken der Meditation und Kontemplation, genau besehen nichts anderes als »verinnerlichte« Opferrituale dar. Dabei wurde die Idee des Opfers selbst zwar beibehalten, ja sie wurde geradezu universalisiert; seine Formen hingegen wurden immer weiter spiritualisiert, so daß schließlich nicht mehr eine materielle Substanz – auf dem Altar dargeboten und vom Opferfeuer verzehrt – im Mittelpunkt der heiligen Handlung stand, sondern die freiwillige Selbstaufopferung des Heiligen und Mystikers, der auf die Welt und sämtliche Freuden des Diesseits verzichtet, um durch eine desto rückhaltlosere Hingabe an das Göttliche mit diesem *eins* zu werden (unio mystica). Die Formel *»Erlösung durch Erkenntnis«* bezeichnet im Westen wie im Osten gleichermaßen den Höhepunkt dieser Entwicklung (15. und 16. Kapitel).

Die griechisch-römische Antike kennt vor allem zwei Erlösungsmodelle: die Einweihung in die Mysterienkulte und die Beschäftigung mit der Philosophie. Erstere sehen bestimmte Weihen und rituelle Praktiken vor, durch die der Kandidat Vollkommenheit erlangt und auf ein Leben *nach* dem Tode hoffen darf. Im kultischen Mittelpunkt der Mysterien steht im allgemeinen ein göttliches »Spiel«, ein Götterdrama, das auch dem Adepten die Gewißheit seiner eigenen Errettung von Leid, Mühsal und Tod gibt. An die Stelle solcher Rituale setzt die Philosophie dagegen bestimmte geistige Übungen sowie die Einhaltung einer ganz bestimmten Lebensweise. Die philosophische Disziplin umfaßt den logischen Diskurs ebenso wie geistige Schau und mystische Versenkung. Eine bedeutende Rolle spielt dabei auch die musische Erziehung: Musik ist ein wichtiges Hilfsmittel zur Besänftigung der Leidenschaften und zur Beruhigung des

Gemüts – mehr noch: sie ist nichts anderes als hörbar gemachte kosmische Harmonie, an der teilzuhaben Vollkommenheit bedeutet. Angleichung an die kosmische Harmonie und stufenweiser Aufstieg in den Kosmos sind besonders in der Spätantike *die* beiden großen Metaphern für Erlösung (17. und 18. Kapitel). Musische Heroen wie Orpheus avancieren daher nicht selten zu Mittlerfiguren, denen die Wahrung des Gleichgewichts im Universum ebenso anvertraut ist wie die Versöhnung von Mensch und Natur, Geist und Trieb, Himmlischem und Chthonischem (19. und 20. Kapitel).

Das abschließende Kapitel unseres Buches wirft zugleich auch die Frage nach dem Verbleib des Heiligen in der modernen, säkularisierten Welt auf. Erst bei genauerer Betrachtung des ungeheuer komplexen Bildes, das unsere Kultur bietet, zeigt sich nämlich, daß das Heilige wohl aus dem täglichen Leben wie aus dem Bereich der institutionalisierten Religion weitgehend geschwunden ist, aber dort wieder auftaucht, wo man es kaum erwartet hätte: z.B. auf dem Gebiet der Künste. Die eigentliche »Revolution« der modernen Kunst besteht nämlich weniger in einem Stilwandel als vielmehr in der Wiederentdeckung des Sakralen. Nicht mehr der Mönch oder der Heilige, sondern der Künstler wird nunmehr zum Protagonisten der Suche nach Vollkommenheit. Je entschiedener und radikaler die Künstler zu Beginn des 20. Jahrhunderts den Bruch mit der Konvention vollziehen, je mehr die Gesellschaft ihrer Zeit sich von ihnen abwendet und je erbitterter das Publikum reagiert und sie und ihre Werke verhöhnt, desto deutlicher und unverhüllter tritt auch der wahre Charakter jener Leidenschaften zutage, von denen der Künstler, der Schöpfer solcher Werke, beseelt ist: Es sind die Leidenschaften des Mystikers, des Propheten, des Heiligen – mit einem Wort: es sind *heilige* Leidenschaften! Im Typus des modernen Künstlers feiert Orpheus seine triumphale Wiederkehr – nicht nur, weil er als Heros und Schutzpatron der Kunst gilt, sondern vor allem auch deshalb, weil im tragischen Schicksal dieses Heros das Schicksal des Künstlers als stellvertretendes Opfer der Gesellschaft auf exemplarische Weise präfiguriert ist. Wie alle, deren Leben und Schicksal von heiligen Leidenschaften beherrscht ist, sind auch die Künstler Außenseiter. Doch sind gerade sie der unwiderlegbare und sichtbare Beweis dafür, daß wohl die Religionen vergehen, nicht jedoch der geheimnisvolle Grund in den Tiefen der menschlichen Seele, aus denen sie hervorgegangen sind: die heiligen Leidenschaften.

Das zerstückelte Urwesen

1. Der schöpferische Mord

In den Mythen der Völker von der Erschaffung der Welt kehrt *ein* Motiv in unzähligen Varianten immer und immer wieder: der Tod eines kosmischen Urwesens – ein Gott oder ein Riese von monströsem Aussehen und gewaltiger Größe –, das geopfert und zerstückelt wird und sterbend den Kosmos aus sich hervorbringt. So wird uns zum Beispiel in der jüngeren Edda des Snorri Sturluson ein Schöpfungsmythos vorgestellt, dessen Parallelen sich im alten Iran und in Indien finden, aber auch bei vielen anderen Völkern und Kulturen nachweisen lassen und der zugleich das mythische Urbild für jedes im Kult real vollzogene Opfer darstellt.
Wie fast alle Weltschöpfungsmythen, so beschreibt auch der altgermanische den Zustand der Welt *vor* der Schöpfung als einen gähnenden Abgrund, eine bodenlose Leere, vergleichbar dem »Chaos« der Griechen, und dieser Urzustand wird mit einem Wort bezeichnet, das im Altgermanischen auch noch genau dieselbe Bedeutung hat wie das griechische Wort »Chaos«, nämlich »Ginnungagap«, »Gähnen«. In dieser gähnenden Leere des Ur-Raumes nun wächst, der Edda zufolge, das kosmische Urwesen, der doppelgeschlechtliche Ur-Riese Ymir, heran (»Ymir« heißt soviel wie »Zwitter« oder »Zwilling«!), aus dem später die Schöpfung hervorgehen soll. Der Schöpfungsvorgang selbst ist jedoch alles andere als die Idylle vom schaffenden Weltenbaumeister, sondern ein gewalttätiger, hochdramatischer und sehr blutiger Vorgang – eben ein Opfer von kosmischen Ausmaßen.
»Die Götter«, so heißt es, »nahmen den Ymir, schafften ihn mitten in das Ginnungagap und machten aus ihm die Erde, aus seinem Blut das Meer und die Seen, die Erde selbst wurde aus seinem Fleisch gemacht und die Berge aus den Knochen, Gestein und Geröll machten sie aus den Zähnen und Kiefern und aus solchen Knochen, die zerbrochen waren … Aus dem Blut, das aus seinen Wunden rann, machten sie das Meer, mit dem sie die Erde umschlossen, und sie legten es ringförmig um sie herum … Sie nahmen auch seinen Schädel, machten daraus den Himmel

und stellten ihn über der Erde auf mit seinen vier Enden; unter jede Ecke stellten sie einen Zwerg, die heißen: Oster, Wester, Norder, Süder … (Die Erde) ist kreisrund von außen, und um sie herum liegt das tiefe Meer, und an dessen äußerem Strande wiesen sie den Geschlechtern der Riesen Land zu, auf daß sie es besiedeln; drinnen aber auf der Erde legten sie einen Zaun um die Welt zum Schutz gegen die Riesen, und zu diesem Zaun verwendeten sie die Wimpern des Riesen Ymir und nannten die so entstandene Burg Midgard. Sie nahmen auch sein Gehirn, warfen es in die Luft und machten daraus die Wolken – so wie es im Gedichte heißt:

Aus Ymirs Fleisch
ward die Erde geschaffen,
aus dem Blute das Brandungsmeer,
das Gebirg aus den Knochen,
die Bäume aus dem Haar,
aus der Hirnschale der Himmel.

Aus des Riesen Wimpern
schufen Rater hold
Midgard den Menschensöhnen,
aus des Riesen Gehirn
sind die rauhgesinnten
Wolken alle gewirkt.

Nehmen wir nun zum Vergleich eine altindische Parallele: den bereits im zweiten Jahrtausend v.Chr. aufgezeichneten Schöpfungsmythos aus dem Rigveda, wobei noch deutlicher wird als bei dem germanischen Beispiel, daß dieser Mythos einst eng mit dem vedischen Opferritual verbunden war und uns dessen eigentlichen Sinn erhellt. Das altindische Gegenstück zum germanischen Ur-Riesen Ymir heißt Purusha, ein Sanskritwort, das ursprünglich »Mensch« bedeutet, das aber später – vor allem in der Samkhya-Philosophie – die Bedeutung von »Geist« oder »Selbst« annimmt. Auch der vedische Urmensch Purusha trägt die für alle mythischen Urwesen so charakteristischen monströsen Züge; so heißt es von ihm:
»Tausendköpfig ist der Purusha, tausendäugig, tausendfüßig. Er hält die Erde umschlungen … Purusha ist alles, was war und was sein wird. Er herrscht über die Unsterblichkeit … Als die Götter den Purusha opferten, da war der Frühling das Opferschmalz, der Sommer das Brennholz, der

Herbst die Opfergabe. Als Opfer weihten sie auf der Spreu den Purusha, den Erstgeborenen. Ihn opferten die Götter … Von diesem Allopfer wurde das gesprenkelte Schmalz gesammelt. Es bildete die Tiere der Luft und der Wildnis wie auch die des Dorfes. Aus diesem Allopfer entstanden die Lieder und Melodien; aus ihm entstanden die Verse, entstand der Opferspruch. Aus ihm entstanden die Pferde und alles, was doppelte Zahnreihen hat, aus ihm entstanden die Rinder, entstanden die Ziegen und die Schafe.
Als die Götter den Purusha zerlegten, wieviele Teile haben sie da gemacht? Was wurde sein Mund, was seine Schenkel, was seine Füße genannt? Der Brahmane (Angehöriger der Priesterkaste) war sein Mund; seine Arme wurden zum Kshatriya (Vertreter der Kriegerkaste), seine Schenkel zum Vaisya (Kaste der Handwerker und Bauern), und aus seinen Füßen ging der Shudra hervor (Angehöriger der Dienerkaste). Der Mond entstand aus seinem Geiste, aus dem Auge entstand die Sonne, aus dem Mund Indra und Agni (Gott des Feuers), aus dem Hauch ging Vayu (Gott der Luft und des Windes) hervor. Aus dem Nebel entstand der Luftraum, aus dem Haupt der Himmel, aus den Füßen die Erde und aus dem Ohr die Himmelsrichtungen. So bildeten sie die Welten …«

Eines wird bereits jetzt deutlich: Sowohl der altgermanische als auch der altindische Mythos von der Erschaffung der Welt berichten übereinstimmend, daß am Beginn der Schöpfung ein Akt der Gewalt, gleichsam ein »schöpferischer Mord« an einem Urwesen steht und daß der Kosmos mit allem, was er enthält, aus einer solchen uranfänglichen Gewalttat hervorgeht, daß also am Anfang nicht das Leben steht, sondern der Tod, und daß der Tod die Voraussetzung für das Leben bildet. Die Schöpfung der Welt wird also erkauft um den Preis eines Opfers oder, umgekehrt ausgedrückt: Dem Akt des Opfers wohnen schöpferische Kräfte inne, die durch dieses erst freigesetzt werden. Wenn wir diese Schlußfolgerung nun auf die Opferpraxis selbst beziehen, so wie wir ihr in den Kulten aller Religionen realiter begegnen, dann läßt sich mit guten Gründen vermuten, daß hinter allen Opferbräuchen letztlich der Gedanke an eine Entfesselung schöpferischer Kräfte steht, und zwar gemäß der im Mythos zur Geltung gebrachten Logik, daß aus Tod Leben, aus Zerstörung Neuschöpfung erwächst.

Grundlage für eine solche Vermutung ist allerdings die Annahme, daß sich besagte Mythen auf realiter ausgeübte rituelle Praktiken beziehen und daß diese einem mythischen Urbild folgen, welches in unserem konkreten Falle in den Schöpfungsmythen enthalten wäre. Das soll nun keineswegs heißen, daß Mythen etwa Rituale »beschreiben«, wie dies einmal in den zwanziger und dreißiger Jahren von den Anhängern der sogenannten »Myth-and-Ritual«-Schule behauptet worden war, sondern lediglich, daß der Mythos die *Begründung* für ein bestimmtes Ritual, eine bestimmte Kultpraxis enthält, also »ätiologischen« Charakter hat. In den Texten der Brahmanas, die sich unmittelbar an das vedische Schrifttum anschließen und zwischen 1000 und 800 v.Chr. entstanden sind, gibt es zahlreiche Stellen, die unsere These bekräftigen. So heißt es zum Beispiel im Satapatha-Brahmana: »Die Sonne würde nicht aufgehen, brächte nicht der Opferpriester beim Anbruch der Morgenröte das Feueropfer dar«.[1] Und eine andere Stelle in derselben Schrift besagt: Durch das Opfer schafft sich der Opfernde einen neuen Leib; er erhebt sich in den Himmel, wo er ein zweites Mal geboren wird, und erlangt Unsterblichkeit.

Wir könnten noch zahlreiche weitere Belege anführen, die den schöpferischen Charakter des Opfers bezeugen, und es wäre leicht, die entsprechenden Parallelen in fast allen Kulturen der Welt aufzuzeigen; immer ergäbe sich der gleiche Sachverhalt: Der Mensch opfert, um an der Schöpfung teilzunehmen oder sogar, um diese überhaupt erst zu ermöglichen bzw. zu erhalten. Nun ist die letztgenannte Stelle aus dem Satapatha-Brahmana sogar noch ein Beleg dafür, daß der Opfernde nicht nur die Schöpfung ermöglicht und in Gang hält, sondern darüber hinaus auch noch *sich selbst* verwandelt. Das aber würde bedeuten, daß das Opfer unmittelbar auf den Opfernden zurückwirkt und ihn in den Schöpfungsprozeß direkt miteinbezieht.

Tatsächlich ergibt sich dieser Gedanke allein schon bei der Betrachtung all jener unzähligen Opferpraktiken, bei denen Reinigung, Entsühnung, Erneuerung, Verwandlung, Auferstehung und Erlösung – mit einem Wort: das *Heil* des Opfernden im Mittelpunkt steht. Dies ist namentlich im brahmanischen Indien wie auch in den antiken Mysterienkulten der Fall. Da bekennt beispielsweise ein in die Mysterien der Magna Mater eingeweihter Adept noch im Jahre 376 n.Chr. auf seinem Sarkophag, daß er »Taurobolio Criobolioque in Aeternitatem Renatus«, also »durch das Stieropfer und das Widderopfer in die Ewigkeit wiedergeboren« worden sei,[2] und im Mithraeum von Sta. Prisca in Rom kann man die Inschrift lesen: »Et nos salvasti sanguine fuso«, was bedeutet: »Durch das vergossene Blut hast du auch uns errettet«. Die Inschrift bezieht sich auf das berühmte mythische Stieropfer durch Mithras, der als Gott, Mittler, Heros und Erlöser die zentrale Gestalt der nach ihm benannten Mysterien

Mithras opfert den Urstier. Wandgemälde. Mithräum Marino. Rom

darstellt. Dieses mythische Stieropfer wurde in jeder Mithrasliturgie aufs neue »repristiniert«, also vergegenwärtigt; es bildete den mythischen, kultischen und ikonographischen Mittelpunkt der Mithrasmysterien und durfte auf keinem der Mithrasaltäre fehlen. Beim Mithrasopfer lassen sich im übrigen der kosmogonische, schöpferische und der verwandelnde, erlösende Aspekt des Opfers am besten in ihrer Komplementarität aufzeigen. Hier kommt jedoch noch etwas hinzu, was wir bis jetzt vernachlässigt haben, nämlich der *Stellvertretungscharakter*. Die Aussage »Et nos salvasti sanguine fuso« bezieht sich nämlich auf den Gott, auf Mithras, den Heilbringer selbst: »Durch das vergossene Blut hast *du* auch *uns* errettet!« Eine solche Aussage kann nur bedeuten, daß der Gott mit seinem Opfer – und gemeint ist natürlich wiederum die mythische Opferung des Urstieres – die Menschen erlöst hat, sprich: alle, die sich zu Mithras bekennen und in seine Mysterien einweihen lassen.

Führen wir uns die Opferszene selbst vor Augen. Im Mittelpunkt der Gott in persischer Tracht und mit der berühmten »phrygischen Mütze« bekleidet, wie er den eben niedergeworfenen Stier – das Urwesen des altiranischen Schöpfungsmythos – mit seinem Knie niederdrückt, während er mit den Fingern der linken Hand in die Nüstern des sich vergeblich aufbäumenden Tieres greift und ihm mit der Rechten den Opferdolch in die Kehle stößt. In diesem Augenblick bauscht sich der Mantel des Gottes zum Halbrund des Firmaments, an dem die Sterne zu strahlen beginnen, und aus dem aufwärts gereckten Schweif des verblutenden Tieres keimt das Getreide hervor, dessen Entstehung sich der Opferung des Urstieres verdankt. Vor der Kulisse der in tiefstes Dunkel getauchten Weltenhöhle, die das uranfängliche Chaos symbolisiert, findet also ein kosmogonisches Opfer statt. Daß solch ein Opfer schöpferische Kräfte von gewaltigem Ausmaß freisetzt, haben wir gesehen. Doch was ist das Erlösende, den Menschen Errettende daran, von dem die Inschrift spricht?

Dazu muß man sich vergegenwärtigen, daß in Gesellschaften, die vorwiegend durch eine urbane Zivilisation geprägt sind, wie die hellenistische und die spätantike, auch die Religion ihren Charakter entsprechend verändert. Die stark naturbezogene, »kosmozentrische« Religiosität einer Gesellschaft von Ackerbauern mit ihren Vegetationskulten und Agrarriten wandelt sich zu einer »anthropozentrischen« Religiosität, bei der das menschliche Individuum in seiner Verlorenheit und seine Erlösungshoffnungen stärker in den Mittelpunkt des Interesses rücken. Dies ist ein äußerst komplexer Vorgang, bei dem auch – gerade was den Zeitraum zwischen 300 v.Chr. und 400 n.Chr. anbetrifft – Phänomene wie die größere Mobilität der Bevölkerung, Landflucht und Abwanderung breiter Bevölkerungskreise in die städtischen Metropolen, Entwurzelung und Verfall uralter Bindungen an Sippe und Großfamilie eine beträchtliche Rolle spielen. Solche Entwicklungen gehen einher mit einer Welle des Niedergangs von Naturheiligkeit und der Auflösung von Stammeskulten – kurzum, man könnte, mit Blick vor allem auf das Zeitalter des Hellenismus und der Spätantike, geradezu von einer Welle der »Säkularisation« sprechen, die allerdings sofort Gegenkräfte in Bewegung setzt, von denen die neuen – meist universalistisch und heno- bzw. monotheistisch ausgerichteten – Religionen mit ihren Heils- und Erlösungsprogrammen die wichtigsten Erscheinungsformen sind.

Diese neuen Religionen, die dem Heilsverlangen des entwurzelten und auf sich gestellten Menschen Rechnung tragen, basieren nicht mehr wie die sogenannten »Naturreligionen« auf der Lehre von der großen Harmonie zwischen Makrokosmos und Mikrokosmos, in der sich vormals die Angehörigen solcher Religionen aufgehoben und geborgen wußten, sondern akzentuieren demgegenüber gerade den unüberbrückbaren Gegensatz zwischen Himmlischem und Irdischem, zwischen der Existenz im Jammertal der diesseitigen Welt und dem jenseitigen Glück, das den Frommen, Gerechten und Gottesfürchtigen nach seinem Tode erwartet.

Die Entheiligung der Natur ist nur eine folgerichtige Begleiterscheinung der dramatischen Abwertung der irdischen Existenz insgesamt. Die Götter und Mächte, die »Numina«, ziehen sich gleichsam zurück aus der Natur und den Dingen der Erscheinungswelt, um sich im Transzendenten zu verflüchtigen oder in einer der neuen Universalgottheiten aufzugehen. Dies ist die Stunde all jener unzähligen Mittler-, Heilbringer- und Erlösergestalten, die als einzige die ansonsten unüberbrückbar gewordene Kluft zwischen Himmel und Erde zu überwinden vermögen, beispielsweise indem sie vom Himmel herabsteigen, Menschengestalt annehmen oder sich in einem auserwählten Menschen inkarnieren und als Gott in irdischer Gestalt das leidende menschliche Individuum in seiner Verlorenheit trösten, erretten und nach seinem Tode ins Paradies einer himmlischen Sternenheimat geleiten. Dieses Schema gilt mehr oder weniger ausgeprägt für die meisten Erlösungsreligionen vom Typus etwa der Gnosis, der Neupythagoreer oder des Christentums; es gilt für jene schier unübersehbare Vielzahl von Propheten, Philosophen, Heilbringern und Monarchen – hellenistischen Königen ebenso wie römischen Caesaren –, die als »Götter in Menschengestalt« angesehen wurden (»theios aner«, also »göttlicher Mensch« lautet der Fachausdruck, mit dem in der

Spätantike solche von charismatischer Aura umgebenen Persönlichkeiten bezeichnet wurden).

Auch wenn in den Mysterienreligionen der Gedanke der Inkarnation eines Gottes in Menschengestalt kaum eine Rolle spielt, so steht doch auch hier die Gestalt eines göttlichen Mittlers im Zentrum. Mithras, Osiris, Sarapis, Attis, Dionysos oder Sabazios sind die zentralen Gottheiten, Erlöser- und Mittlergestalten der mit ihnen jeweils verbundenen Mysterien. Einige von ihnen gehören dem Typus des »sterbenden und wiederauferstehenden Gottes« an, d.h. sie opfern sich oder werden getötet und ermöglichen durch ihren Tod neues Leben, eine neue Schöpfung oder das Heil für die Menschen. Der persische Gott Mithras allerdings weicht von diesem Schema etwas ab, denn nicht er ist es, der geopfert wird, sondern der Urstier.

Gehen wir den Ursprüngen des Mythos von der Opferung des Urrindes nach, so stoßen wir auf den altiranischen Mythos vom allerersten Menschenpaar, den Zwillingen Manu (»der Mensch«) und Yima (»Zwilling«). Zu Anbeginn der Zeit opferte Manu, der zugleich der erste Priester war, seinen Zwillingsbruder Yima, den ersten König, und schuf aus seinem Schädel den Himmel, aus seinem Körper die Erde und aus seinem Blut die Gewässer. Gleichzeitig mit Yima opfert Manu auch das Ur-Rind, und aus dem Körper des getöteten Rindes gehen wesentliche Teile der Weltschöpfung hervor. Abgesehen davon, daß dieser Mythos fast die Doublette des altnordischen Schöpfungsmythos mit dem Urriesen Ymir im Mittelpunkt darstellt, schon sichtbar an der Namensgleichheit der geopferten Urwesen: Ymir = Yima = »Zwilling«, läßt sich hieran auch noch vorzüglich die Auffassung von der Rolle des (sakralen) Königs in den Hochkulturen des Alten Orients wie überhaupt in den frühen Gesellschaften ablesen: Der König spielt sozusagen die Rolle des »Ersten Menschen«, des »Urwesens« aus den Schöpfungsmythen.[3] Zugleich werden Opferer und Opfer als »Zwillinge« bezeichnet, was der im Mythos herrschenden Logik gemäß immer Ausdruck für eine insgeheime Identität beider ist. Deutlich ausgesprochen wird dieser Zusammenhang in der Opfertheorie des brahmanischen Indien. So heißt es etwa in einem berühmten Spruch aus dem Aitareya-Brahmana: *»Das Opfer ist wahrlich der Opfernde selbst«*. Dies ist keineswegs eine auf Altindien beschränkte Sondertradition. Der Gedanke ist vielmehr weltweit zu finden und liegt auch zahlreichen antiken Opferbräuchen, vornehmlich solchen im Zusammenhang mit Mysterienkulten, zugrunde. Mehr noch, nicht selten wird auch das Opfertier mit der Gottheit identifiziert, der es geweiht ist, so – um nur ein bekanntes Beispiel zu nennen – Ziegenbock und Rehkitz in den Riten der Omophagie, die zu den geheimen Begehungen im Dionysoskult gehören. Euripides beschreibt eine solche Zeremonie in seinem Drama »Die Bakchen«. Die Identität der im Ritual der Omophagie zerrissenen und von den Anhängern des Dionysos roh verspeisten Tiere Rehkitz und Ziegenbock mit dem Gott wird durch zahlreiche Zeugnisse bestätigt. Dazu gehört auch der Mythos von der Rettung des Dionysos vor dem Zorn der Hera dadurch, daß Zeus das Dionysos-Kind in ein Zicklein verwandelte. Von dem Dichter Nonnos wird das Dionysos-Knäblein als »gehörnter Säugling« tituliert, unter Anspielung auf seine mystische Identität mit dem Ziegenbock. Und schließlich wurde einer in der ganzen griechisch-römischen Antike praktizierten Sitte zufolge ein Zicklein geopfert, auf daß der Weinstock aus der Erde wieder emporsprieße; Dionysos ist ja bekanntlich der Gott des Weines wie überhaupt Vegetationsgott, und sein Kultname »Bakchos« bedeutet »Zweig«, »Sproß« oder »Sprößling«. Diese wenigen Andeutungen mögen hierzu vorerst genügen – jetzt noch ein anderes Beispiel:

Der Einweihung in den berühmtesten Mysterienkult der antiken Welt, die altehrwürdigen Mysterien von Eleusis, ging eine Zeremonie voraus, bei der die neu Einzuweihenden zusammen mit einem von ihnen zuvor erstandenen Ferkel ein Bad im Meer vornahmen und das Ferkel anschließend in Stellvertretung ihrer eigenen Person zum Opfer brachten. Dieses Ferkelopfer steht in engem Zusammenhang mit dem eleusinischen Kultmythos. Es stellte nämlich zugleich eine rituelle Vergegenwärtigung des mythischen Geschehens vom Raub der Demetertochter Kore durch Hades, den Herrscher der Unterwelt, dar.

Hinter dem Mythos vom Kore-Raub verbirgt sich jedoch in Wahrheit wiederum ein Schöpfungsmythos, nämlich der Mythos vom Ursprung des Getreides durch Opferung und Tod einer Gottheit. Im eleusinischen Mythos erscheint zwar die Gewaltsamkeit und Dramatik des Opfergeschehens etwas abgemildert dadurch, daß nur von einem »Raub« des Mädchens durch den Totengott die Rede ist; doch kann kein Zweifel bestehen, daß dem Ablauf des Geschehens das Schema des agrarischen Opfers zugrundeliegt: Eine Gottheit (zumeist weiblichen Geschlechts) wird getötet (z.B. erdrosselt, erstickt, zerstampft und anschließend zerstückelt) und vergraben oder unter die Erde gepflügt. Häufig erzählt der Mythos im Anschluß daran, wie aus dem Leib der getöteten Gottheit die erste Getreidefrucht emporwächst (z.B. im Osiris-Mythos, über den wir im nächsten Kapitel berichten).

Die beschriebene Opferstruktur wiederholt sich in sämtlichen Ackerbauriten, nur mit dem Unterschied, daß im *real* ausgeführten Ritual an die Stelle der geopferten Gottheit ein irdischer Stellvertreter in Menschen- oder Tiergestalt tritt, und zwar in den meisten Fällen ein *Schwein.* Dieser irdische Repräsentant der Gottheit wird dann meist auf die gleiche Weise geopfert wie sein göttlicher Protagonist, also durch Ersticken, Zerstampfen, Zerstückeln, Vergraben und Unter-die-Erde-Pflügen. Nur im Falle des eleusinischen Kultmythos ist diese Ähnlichkeit etwas weniger evident als bei den meisten anderen Mythen dieser Art. Wie auch immer – es darf als gesichert gelten, daß dem Kult von Eleusis (genauso wie auch dem anderen großen Demeter-Fest, den »Thesmophorien«) ein uraltes Ackerbauritual zugrundeliegt, und es ist sehr wahrscheinlich, daß das für agrarische Opferriten so typische Schwein sowohl die Göttin, nämlich die Demeter-Tochter Kore, als auch den neu Einzuweihenden vertritt. Dies würde aber bedeuten, daß wir es im vorliegenen Falle sogar mit einem doppelten Stellvertretungszusammenhang zu tun haben und daß über das Schwein die Identifikation des Novizen mit der Mysteriengottheit und ihrem Schicksal erreicht werden sollte.
Auffallend oft wird übrigens in den Mysterien- und Erlösungsreligionen das Schicksal des Mysteriengottes wie auch das seines Adepten mit dem Schicksal der gereiften Ähre verglichen. In Eleusis wurde dem Mysten nach allem, was wir wissen, auf dem Höhepunkt der Mysterienzeremonie unter feierlichem Schweigen eine geschnittene Ähre gezeigt, was immer dies bedeutet haben mag. Die zentrale Gestalt einer anderen hochberühmten antiken Mysterienreligion, der phrygische Gott Attis, wurde bezeichnenderweise als »frisch geschnittene Ähre« tituliert[4], was als Anspielung auf sein Schicksal der Selbstentmannung zu verstehen ist. Auch Osiris, ein anderer großer Mysteriengott, der getötet und zerstückelt wird, ist mit dem Ursprung des Getreides verbunden. Selbst im Neuen Testament sind die Anspielungen und Gleichnisse, die sich auf das Mysterium des Ackerbaus und auf das Schicksal des Getreides beziehen, auffallend zahlreich, so unter anderem auch jener berühmte Satz aus dem 1. Korintherbrief (15, 36), der da lautet: »Was du säst, wird nicht lebendig, es stürbe denn!«. Im übrigen bietet ja gerade das Christentum das klassiche Beispiel für den Tod eines Gottes, der sich opfert, um mit seinem Opfertod das Heil der Menschen zu bewirken. Wie eng sich aber dieses zentrale Ereignis des christlichen Heilsmysteriums an das klassische Opferschema und seine Logik anlehnt, bezeugt die traditionelle byzantinische Darstellung der Kreuzigung, für die es auch eine literarische Quelle gibt: das

Kreuzigung Christi. Byzantinische Darstellung

nach dem Paradigma des kosmogonischen Opfers: Das Kreuz Christi als »axis mundi« über dem Urhügel (Golgotha und Paradiesberg zugleich) mit Schädel und Gebeinen Adams, des Stammvaters der Menschheit. Das herabrinnende Blut des sterbenden Gottes belebt den Toten und bewirkt auf diese Weise die Erneuerung der gesamten Menschheit.

apokryphe syrische Buch »Schatzhöhle«. Darin heißt es, daß das Kreuz Christi genau auf jenem Hügel »im Mittelpunkt der Welt« errichtet worden sei, unter dem sich Schädel und Gebeine Adams, des biblischen Ur-Menschen und Stammvaters der Menschheit, befanden. Die Darstellung läßt sogar noch besser als der ihr zugrundeliegende Text erkennen, auf welchen Zusammenhang hier das Auge gelenkt werden sollte: Das Blut des Gekreuzigten strömt aus seinen Wundmalen auf den Hügel zu seinen Füßen und sickert durch diesen hindurch auf die Reliquien Adams. So entsühnt das Blut des sterbenden Gottes den Urvater der Menschheit von der durch die Erbsünde erworbenen Urschuld und erlöst so mit ihm, dem Urahn, die gesamte von ihm abstammende Menschheit.

Diesem Motiv liegt eine im antiken Griechenland weit verbreitete Sitte zugrunde: die »Haimakouria«, ein Blutopfer, das besonders im Rahmen des Heroenkultes eine wichtige Rolle spielte. Das 11. Kapitel der »Odyssee« schildert den Brauch in allen Einzelheiten, und zwar im Zusammenhang mit der Totenbeschwörung des Odysseus, die er nach Anweisung der Zauberin Kirke auf folgende Weise vornimmt: Über einer zuvor ausgehobenen Opfergrube werden ein Schaf und ein Widder von dunkler Farbe geschlachtet, wobei das Blut in die Opfergrube strömt und in die Unterwelt hinabsickert.[5] Die Schilderung geht noch weiter: Die Schatten der Toten kommen herbeigeeilt, um sich mit dem ausgegossenen Blut zu sättigen und dadurch vorübergehend eine Art »Scheinleben« zurückzuerhalten. Wiederbelebung, Entsühnung, Befriedung, Besänftigung, Stärkung und sogar Erlösung, ja Vergöttlichung des Toten sind die Ziele, die sich mit der »Blutsättigung«, der »Haimakouria«, verbinden können. Daß vor allem die unbefriedeten Toten nach dem Blut der Lebenden verlangen, ist ältester Volksglaube und hat sich in den Sagen von blutsaugenden Vampiren bis zum heutigen Tage erhalten. Je prominenter der Heros, desto maßloser die Opfer. Welche Ströme von Blut von Kriegsgefangenen und Opfertieren zu Ehren des im Kampf gefallenen Heros vergossen wurden, das läßt sich am besten in der »Ilias« nachlesen. Das blutige Gemetzel, das Achilles zu Ehren seines gefallenen Freundes Patroklos unter den gefangenen trojanischen Jünglingen veranstaltet, indem er sie auf Leben und Tod miteinander fechten läßt, hat genau den gleichen Hintergrund: Entsühnung und Besänftigung[6]. Bei zahlreichen antiken Völkern konnte gerade die Trauer mitunter derart exzessive, ja selbstzerstörerische Formen annehmen, daß sich Gesetzgeber wie Solon und sogar Propheten wie Zarathustra veranlaßt sahen, gegen solche Bräuche einzuschreiten und zum Teil drakonische Gesetze zur Eindäm-

mung exzessiver Totenrituale und Trauerbräuche zu erlassen. Denn zu den blutigen Opfern im Totenkult gesellten sich oftmals noch andere, nicht minder blutige Totenbräuche. So war es in der Antike und ist es heute zum Teil noch bei vielen Völkern der Erde üblich, sich zum Zeichen der Trauer Wangen und Brüste zu zerkratzen, ja sich die Köpfe blutig zu schlagen, sich zu geißeln, zu peitschen, mit Messern oder Schwertern zu ritzen oder sich sonstwie Verwundungen beizubringen, die das Blut in Strömen fließen lassen. Heute noch sind die kollektiven Geißelungen, wie sie von den Schi'iten alljährlich am Asura-Tag, dem 10. Moharram des islamischen Kalenders, in der Trauer um Hussain, den im Jahre 680 n.Chr. bei Kerbala ermordeten Prophetenenkel, vorgenommen werden, vom Gedanken des entsühnenden Blutopfers voll durchdrungen.
Das blutige Passionsspiel am Asura-Tag ist keineswegs das erste und einzige seiner Art, im Gegenteil: Die Erregung von Leidenschaften, die sich bis zur Ekstase und zur Selbstverwundung, ja Selbstverstümmelung steigern können, gehört schon in der Antike zum Trauerszenario um den toten Mysteriengott, wovon besonders die Attis-Mysterien, denen wir uns später noch ausführlicher zuwenden werden, ein beredtes Zeugnis ablegen. Auch hier gehören Geißelungen und Selbstverwundungen zum rituellen Ablauf, und der Tag, an dem sie stattfanden, trug bezeichnenderweise den Namen »Sanguem!«, »Blut!«. Denn ohne daß realiter Blut vergossen worden wäre, hätte das gesamte Mysteriendrama seinen soteriologischen Charakter eingebüßt.
Eine der bemerkenswertesten Formen des antiken Totenopfers, bei dem die entsühnende und besänftigende Wirkung des vergossenen Blutes durch eine besonders dramatische Inszenierung herbeigeführt wird, ist bis jetzt noch gar nicht genannt worden. Gemeint ist die altitalische Einrichtung der Gladiatorenspiele, die über die Osker und Etrusker zu den Römern gelangten und bis zur Zeit Caesars ausschließlich im Rahmen des Leichenbegängnisses aufgeführt wurden – eben deshalb, weil nicht ihr spektakulärer, sondern ihr Opfercharakter – und einzig und allein dieser – das Motiv für eine derartige Veranstaltung bildete. Auch eine Begnadigung des Unterlegenen war ursprünglich ausgeschlossen: Dieser stellte ja vielmehr gerade das erwählte Opfer dar.
Ein anderer, gleichfalls auf die Etrusker zurückgehender Brauch im Zusammenhang mit dem Totenkult war das Ritual der *Deifikation*, der Verwandlung des Toten in einen Gott. Der spätrömische Kirchenschriftsteller Arnobius teilt uns hierzu mit[7], daß nach dem Jenseitsglauben der Etrusker die Seelen der Verstorbenen »durch die Opferung des Blutes

bestimmter Tiere vergöttlicht werden und so dem Los der Sterblichkeit entgehen«.
Die entsühnende Wirkung des Blutes muß sich nicht notwendigerweise im Zusammenhang mit dem Totenkult allein entfalten; eine Vielzahl von Opfertraditionen bringt solch ein Anliegen auch dort zur Geltung, wo es sich weder um ausgesprochene Sühneopfer noch gar um Totenfeiern handelte. Auf den meisten Altären gab es besondere Vertiefungen zur Aufnahme des Opferblutes; häufig besprengte sogar der Priester, wenn die Opferschlachtung beendet war, die Teilnehmer an der Zeremonie mit dem aufgefangenen Blut. Ob der Entsühnungsgedanke auch bei der Geißelung der Knaben im Heiligtum der Artemis Orthia in Sparta, von der uns Pausanias berichtet, eine Rolle spielte oder bei jenem merkwürdigen Brauch zu Ehren der Artemis Tauropolos in Halai Araphenides, wo ein Mann mit einem Messer am Hals geritzt wurde, bis Blut floß – Euripides beschreibt den Ritus in seinem Drama »Iphigenie im Taurerland« – wissen wir leider nicht. Das schon einmal erwähnte Taurobolium und, analog hierzu, das Kriobolium waren Riten, bei denen der Anwärter, zu dessen Heil das Opfer der »Bluttaufe« durchgeführt wurde, in eine Grube steigen mußte, die mit einem Rost abgedeckt wurde. Dann wurde genau über der Grube ein Stier oder ein Widder geschlachtet, wobei das Blut durch das Gitter in die Grube rann und der Adept sich vollkommen damit benetzte, ja es sogar mit dem Munde aufsog, um dergestalt entsühnt und erlöst – wir zitierten es bereits – »in aeternitatem renatus«, also »in die Ewigkeit wiedergeboren« zu sein.
Zur reinigenden, besänftigenden und entsühnenden Wirkung vergossenen Opferblutes gesellt sich also auch noch die »soteriologische«, sprich: die erlösende Wirkung im weitesten und umfassendsten Sinne des Wortes: Es schenkt demjenigen, der die Bluttaufe vornimmt, neues Leben, ja Unsterblichkeit ... Man könnte als mythische Parallele hierzu die Überlieferung aus der Nibelungensage heranziehen, wonach Siegfried im Blut des Drachen Fafnir badet, um so unverwundbar zu werden. Halten wir aber zunächst inne. Wir glauben, mit den wenigen genannten Beispielen bereits gezeigt zu haben, daß der berühmte Satz aus dem Mithräum von Sta. Prisca – *»Et nos salvasti sanguine fuso«* – eine Gültigkeit, weit über den Zusammenhang mit dem Mithraskult hinaus, besitzt, die noch im christlichen Abendmahlsmysterium und in der Idee der Eucharistie gegenwärtig ist, nämlich im Glauben an die Transsubstantiation des Weines zum Blute Christi.

2. Kosmogonischer Eros

In der letzten Strophe des Rigveda taucht zum erstenmal der Name eines Urgottes auf, der in den »Brahmanas«, jenen altindischen religiösen Textsammlungen, die sich unmittelbar an die vedischen Schriften anschließen, zur zentralen Gestalt werden sollte: *Prajapati*. Einigkeit besteht darüber, daß dieser Urgott eine Weiterentwicklung des vedischen Purusha darstellt und andererseits bereits auf die Konzeption des »All-Einen«, des göttlichen Absoluten, genannt »Brahman«, vorausweist. Im Nationalepos »Mahabharata« ist gleichfalls von Prajapati die Rede. Hier tritt der Gott als »Schutzherr des Geschlechtsorgans« in Erscheinung, was wiederum eng mit seiner Rolle im Rigveda zusammenhängt; dort ist er das, was sein Name verrät, denn Prajapati heißt, wörtlich übersetzt: »Herr der Geschöpfe« oder »Herr der Nachkommenschaft«. Als solcher steigt er dann schnell zum Schöpfergott überhaupt auf, und so begegnet er uns schließlich als Hauptfigur in der Weltschöpfungslehre der Brahmanas.

Von diesem – wie Purusha doppelgeschlechtlichen – kosmischen Urwesen heißt es im Satapatha-Brahmana, daß seine unendliche Einsamkeit als einziges Wesen im Universum in ihm das Verlangen nach einem anderen hervorrief. Er brannte vor Begierde (im Sanskrit »Kama« = »Eros«), sich zu vermehren und sich zu einer Vielheit zu differenzieren. So tat er, was auch die heiligen Männer und Asketen des alten Indien taten, um sich zu verwandeln und eine neue Seinsweise zu erlangen: Er praktizierte – genau wie sie – jene Technik der Askese, die in Indien mit dem Sanskritwort »Tapas« bezeichnet wird, was soviel wie »Hitze« oder »Glut« bedeutet, aber jenes »schöpferische Schwitzen«, jene innere »Hitze des Kopfes« meint, auf die alle übernatürlichen Erfahrungen, alle ekstatischen Zustände zurückgeführt werden: Entrückungszustände und Seelenreisen, Visionen, Hellsehen und Offenbarungsempfang und übernatürliche Fähigkeiten jeglicher Art. Kurzum, durch »Tapas« werden alle jene schöpferischen Kräfte entfesselt, die eine grundlegende Verwandlung der menschlichen Natur bewirken.

Prajapati betrieb also »Tapas«, und indem er sich so erhitzte, brachte er nach und nach die Welten und ihre Wesen aus sich hervor.[1] Doch genauso wie die Flamme, indem sie Licht und Wärme spendet, sich selbst verzehrt und schließlich erlischt, verzehrte sich auch der Urgott, bis er – von seinem Schöpfungswerk verausgabt und entleert – in tödliche Erschöpfung fiel und »mit ausgerenkten Gelenken« niedersank: »Nachdem Pra-

japati die Lebewesen aus sich entlassen hatte, waren seine Gelenke ausgerenkt ... Er vermochte nicht, sich mit seinen ermatteten Gelenken wieder zu erheben ...«, so beschreibt das Satapatha-Brahmana das Schicksal des kosmischen Urwesens.[2]
Ein ganz ähnliches Schicksal erleidet übrigens das altchinesische Urwesen P'an-Ku: Beim Emporstemmen des Himmels, dem wichtigsten Akt der Kosmogonie, stirbt der kosmische Urriese vor lauter Anstrengung und verwest. Noch interessanter wäre es, nach Parallelen in anderen, uns vielleicht vertrauteren Schöpfungsberichten zu suchen. Überraschenderweise kennt auch die Bibel das Motiv vom offenbar »erschöpften« Gott, denn wie würde die alttestamentliche Überlieferung den Schöpfer sonst »am siebenten Tage von seinem Werke ausruhen« lassen müssen. Dieses eigenartige Ruhebedürfnis Gottes ist sicherlich ein Euphemismus für einen Vorgang dramatischerer Art. Stand dahinter einst eine ähnliche »tödliche Erschöpfung« Gottes wie im Falle Prajapatis oder P'an-Kus? Ist nicht außerdem das Erschöpfungsmotiv in Wahrheit das Motiv vom *geopferten* Urwesen? Jedenfalls wird die Selbstentäußerung Prajapatis und das Hervorbringen der Schöpfung aus seinem kosmischen Leib in den Brahmanas ausdrücklich als mythisches Urbild des altindischen Opferrituals verstanden.
Nun haben wir noch zu klären, was es mit der Aussage auf sich hat, der Gott sei »mit ausgerenkten Gelenken« niedergesunken. Ist dies lediglich als Anthropomorphismus zu verstehen oder steht dieses Bild im Dienst eines weiter reichenden Zusammenhangs? Letzteres ist natürlich der Fall, denn im Bild von den »Gelenken« Prajapatis ist eine Anspielung auf den *kosmischen* Charakter des Urwesens zu erkennen: Die »Gelenke« Prajapatis galten nämlich als die »Fünf Jahreszeiten«, präziser: als die »Nahtstellen« des Jahres, das heißt, als die Zeitpunkte, an denen sich der Übergang von der einen zur anderen Jahreszeit vollzog. Als Ganzes betrachtet ist ja Prajapati nichts anderes als die Gestalt oder vielmehr der Organismus des Universums selbst, und zwar sowohl unter seinem räumlichen als auch unter seinem zeitlichen Aspekt: Prajapati ist also »das Jahr« beziehungsweise die Gestalt der Zeit. Dies wird uns bestätigt durch die Aussagen, die das Satapatha-Brahmana selbst hierzu macht: »Ohne Zweifel ist Prajapati das Jahr, und seine Gelenke sind die beiden Nahtstellen zwischen Tag und Nacht, sind Voll- und Neumond und sind der Beginn der Jahreszeiten«.
Wenn wir diese Aussagen auf das Bild der Verausgabung, Selbstverzehrung und tödlichen Erschöpfung Prajapatis beziehen, dann sehen wir,

daß mit der Erschöpfung des Urgottes die drohende Erschöpfung des Universums selbst gemeint ist, das Versiegen seiner schöpferischen Kräfte, das bevorstehende Unheil des Weltendes: Sämtliche Vorgänge im Kosmos bewegen sich in Richtung auf Erschöpfung und Tod. Die modernen physikalischen Begriffe für diesen Vorgang heißen »Entropie« oder, bildhafter, »Kältetod des Universums«. Wenn die »Gelenke« Prajapatis oder des Kosmos »ausgerenkt« sind, dann kann aus der Nacht kein neuer Tag mehr hervorgehen, aus dem Winter kein neuer Frühling, aus dem abnehmenden Mond kein neuer Mond mehr geboren werden. Und dies ist genau der Punkt, an dem wir den Mythos von der tödlichen Erschöpfung des kosmischen Urwesens wieder mit der Idee des rituellen Opfers in Beziehung setzen müssen: Wir hatten an einer früheren Stelle in diesem Kapitel schon einmal jenen so bedeutungsschweren Satz zitiert: »Die Sonne würde nicht aufgehen, brächte nicht der Priester beim Anbruch der Morgenröte das Feueropfer dar«. Das Feueropfer nährt also offensichtlich die Sonne und verleiht ihr so die Kraft zu ihrem allmorgendlichen Neuaufgang.

Der Gedanke, daß die Opferrituale eine ständige Regeneration des Kosmos ermöglichen sollen, ist ja so neu und ungewöhnlich keineswegs, wenn wir – um nur das spektakulärste Beispiel zu nennen – etwa an das berühmte »Herzopfer« bei den Azteken denken, das bekanntlich ebenfalls mit der Stärkung der Sonne in Beziehung stand. Der Begriff für »Opfer« heißt im Altnordischen »Bluot«, was soviel bedeutet wie »die Götter stärken« – nämlich stärken, damit sie ihr Schöpfungswerk fortsetzen können, genau wie Prajapati. Überall der gleiche kosmologische Bezug: Götter und Menschen, Mensch und Kosmos stellen einen gigantischen, allumfassenden Opferzusammenhang, gleichsam eine universale »Opfergemeinschaft« dar, bei der Götter sich opfern um der Schöpfung des Universums willen und die Menschen (sich) wiederum opfern um der Stärkung und Regeneration der Götter willen. Denn eindeutig sagen es die Brahmanas, daß das Selbstopfer Prajapatis das mythische Urbild des Opfers schlechthin darstelle und daß das im rituellen Vollzug dargebrachte Opfer der Wiederherstellung und Reintegration des kosmischen Urwesens diene und somit auch die ständige Erneuerung des Kosmos gewährleiste: In jedem Opfer wird gleichsam ein von der Vernichtung bedrohter Teil des Kosmos erneuert oder wiedererschaffen; der Sinn des Opfers ist die Erneuerung der Welt![3]

So wundert es uns nicht, daß bei allen schöpferischen Unternehmungen – Landnahme, Gründung von Städten, Erbauung von Tempeln und

Palästen, Neujahrsriten, Statuswechsel, Einweihungen und so fort ... – zu Beginn grundsätzlich ein Opfer steht, das diese Gründung oder Erneuerung, die Schöpfung oder den Neubeginn überhaupt erst ermöglicht. Was das kosmische Urwesen Prajapati betrifft, so stellt das Opfer die Wiederbelebung des Urgottes und das Einrenken seiner Gelenke und Gliedmaßen dar, was wiederum gleichbedeutend ist mit der Erneuerung des Kosmos selbst und mit der Gewährleistung, daß die Schöpfung, die ja keinen einmaligen Akt darstellt, sondern ständig aufs neue vollzogen und fortgesetzt werden muß, weitergeht.

Wir haben schon mehrfach auf die letztendliche Identität des Opfernden mit dem Opfer, das er darbringt, hingewiesen, wie sie besonders in den Brahmanas immer wieder ausdrücklich betont wird: »Das Opfer ist wahrlich der Opfernde selbst« oder »Durch das Opfer wird der Mensch erst geboren« – eine Anspielung auf den schöpferischen und erneuernden Charakter des Opfers. Die Identifikation, die im Opfer stattfindet, ist aber noch umfassender: Sie schließt die Identifikation des Opfernden mit Prajapati mit ein, an dessen Restitution und Wiederbelebung der Opfernde selbst teilhat: Im Akt des Opfers wird derjenige, der das Opfer vollzieht, *eins* mit dem kosmischen Urwesen und damit *eins* mit dem Kosmos selbst – eine Vorwegnahme der erst im Anschluß an die Opferlehre der Brahmanas in den Upanishaden entwickelten »All-Einheitslehre«, die in der Behauptung der Identität des menschlichen »Selbst«, des *Atman,* mit dem göttlichen Absoluten – man könnte sagen, mit der »Weltseele« –, dem *Brahman,* kulminiert. Hier ist der Ausgangspunkt für jede auf indischem Boden entwickelte Mystik.

Die Identität von Mensch und Kosmos herbeizuführen, ist jedoch keineswegs der altindischen Opferpraxis oder den zahlreichen, aus dieser hervorgehenden mystischen und asketischen Richtungen allein vorbehalten. Eine solche Identität mit dem Kosmos ist vielmehr auch das Ziel aller großen Jenseitsvorsorge und Bestattungsrituale. Ein Beispiel bietet die Sepulkralarchitektur. Überall, wo wir uns die Monumente und die Überreste antiker Nekropolen und Grabstätten ansehen – von den Pyramiden Ägyptens über die etruskischen Kammergräber bis zu den Grabtumuli der Steppenvölker Zentralasiens –, wird das Bestreben deutlich, den Toten gleichsam »im Kosmos zu bestatten«, ja ihn selbst in einen »kosmischen Menschen« zu verwandeln, auf daß er durch diese Verwandlung eins mit dem All und somit unsterblich werde. So stellen die altägyptischen Pyramiden und Mastabas »imagines mundi« in der Gestalt von »Weltenbergen« dar. Die Sarkophage tragen die Bilder und Symbole kosmischer Mächte, und zwar so, daß auf den ersten Blick schon erkennbar wird, daß der Sarkophag selbst als verkleinertes Abbild des Kosmos erscheinen sollte: Der Sarkophagboden stellte Erde und Unterwelt dar, der Sarkophagdeckel dagegen den Himmel. Überall findet man aus diesem Grund die Darstellungen der für die jeweilige Sphäre zuständigen Gottheiten mit ihren Emblemen, so auf dem Deckel die Himmelsgöttin, also entweder Nut oder Hathor oder die mit beiden gleichgesetzte Isis. Ganz ähnlich ließen sich bei den meisten anderen antiken Kulturen die Zeugnisse ihrer Jenseitsfürsorge gleichfalls im Sinne einer beabsichtigten »Kosmisierung« des Toten deuten. Doch dies wäre Stoff für ein nur diesem Thema vorbehaltenes Buch.

Wir müssen noch einmal auf den indischen Urgott Prajapati zurückkommen. Von ihm hieß es bekanntlich, er sei vom Verlangen erfüllt worden, sich zu vermehren und sich in eine Vielheit zu verwandeln. Für »Verlangen« oder »Begierde« steht im Sanskrittext das Wort »Kama«, was »Eros« bedeutet. Dazu hatten wir bereits bemerkt, daß Prajapati ursprünglich ein Gott des Geschlechts und des Geschlechtslebens war, und es wurde deutlich, daß mit der Weiterentwicklung des Gottes zu einem kosmischen Urwesen und Allgott auch die Macht des Eros eine Erweiterung und Steigerung ins Kosmische, Universale erfuhr – sie wurde zum allumfassenden Zeugungs- und Schöpfungstrieb umgedeutet, zum »kosmogonischen Eros«. Damit ist natürlich auch das Umgekehrte ausgesagt, nämlich daß dem Eros eine schöpferische, ja kosmogonische Macht innewohnt und daß somit der Mensch aufgrund seines Eros an der Schöpfung selbst teilhat.

Diese Schlußfolgerung, die auf dem Hintergrund des Konzepts der Beziehung zwischen Makrokosmos und Mikrokosmos gewonnen wurde – der menschliche Eros als Teil und verkleinertes Abbild des kosmogonischen Eros –, ist in Indien zum Ausgangspunkt für das Verständnis der Sexualität als Sakrament geworden, wie es vor allem im sogenannten »linkshändigen« Tantrismus zelebriert wird.

Am unverhülltesten tritt uns der kosmogonische Eros jedoch in den Theogonien der antiken Völker entgegen. Hier bildet er sogar das Strukturprinzip der stufenweisen Entwicklung und Differenzierung des Kosmos aus einem Urzustand oder einer Urgottheit. Als Beispiel diene die altägyptische Schöpfungslehre von Heliopolis, die mit dem Urgott Atum beginnt, der auf dem Urhügel durch einen Akt der Selbstbegattung das erste Götterpaar Schu (den Luftgott) und Tefnut (die Göttin der Feuchte) hervorbringt. Die Urgeschwister vereinigen sich ihrerseits und bringen so die nächste Göttergeneration hervor: den Erdgott Geb und seine Zwillingsschwester, die Himmelsgöttin Nut. Beide wiederum zeugen neue Nachkommen: die vier Geschwister Isis, Osiris, Nephthys und Seth. Vom gleichen Prinzip ist auch die altmesopotamische Kosmogonie beherrscht, nur daß sich hier zum kosmogonischen Eros und zu den durch ihn bewirkten Hierogamien, Zeugungen und Geburten immer neuer Geschlechter die Theomachie gesellt, der *Götterkampf*. Denn zwischen den Vertretern der älteren und der jüngeren Göttergenerationen kommt es zum kosmischen Krieg, weil sich die Urmächte, allen voran die Gewässergottheiten Apsu (Süßwasser) und Tiamat (Salzwasser), durch den »Lärm« der zivilisatorisch viel weiter fortgeschrittenen Repräsentanten der jüngeren Göttergenerationen unter ihrem Protagonisten Marduk »in ihrer Ruhe gestört« fühlen. Das Motiv der »Ruhestörung« ist wohl als Fortschrittsmetapher, das heißt als Bild für die zivilisatorische Betriebsamkeit zu verstehen, die dem Urzustand ein Ende setzt, indem sie die Urmächte ihrer unumschränkten Herrschaft beraubt. Jedenfalls spiegelt sich in dem Krieg der Göttergenerationen der Antagonismus von Natur und Kultur und das Drama des Zivilisationsprozesses selbst. Es kommt zur Götterschlacht, in deren wechselhaftem Verlauf es schließlich Marduk gelingt, die Urgöttin Tiamat zu besiegen und zu töten, um danach aus ihrem Leichnam Himmel und Erde zu erschaffen:

> Dann ruhte der Herr (Marduk)
> und besah ihren toten Körper,
> Um das Ungeheuer (Tiamat) zu zerteilen
> und daraus ein kunstvolles Werk zu schaffen.
> Er spaltete sie wie ein Schalentier
> in zwei Teile:
> Die eine Hälfte setzte er hoch hinauf
> und machte sie zum Himmel,
> versperrte ihn und setzte Wächter hin und gebot ihnen,
> ihre Wasser nicht herausfließen zu lassen.

So wird die Erschaffung des Himmels durch Marduk im babylonischen Weltschöpfungsepos »Enuma Elish« geschildert, das im 12. Jahrhundert v.Chr. in Keilschrift aufgezeichnet wurde, dessen Urform jedoch erheblich älter sein dürfte. Götterhochzeiten und Götterschlachten, Vermählungen und Zerstückelungen, Eros und Tod bestimmen den Gang der Ereignisse, in denen sich die Schöpfung der Welt vollzieht. Die griechische Theo-

gonie, die sich eng an altorientalische Vorbilder anlehnt, bedient sich eines ähnlichen Schemas. Bei Hesiod heißt es:
»Von allem entstand zuerst das *Chaos* (das »Gähnen«, der leere Raum, der Abgrund), ihm folgte *Gaia* (die Erdgöttin) mit breiter Brust (als allnährende Mutter Erde) ... und *Eros*, der schönste der unsterblichen Götter, der die Glieder Göttern und Menschen löst und verständige Absicht betört. Aus dem Chaos gingen *Erebos* (die Urfinsternis, das Dunkel) hervor und *Nyx* (die Nacht), der Nyx aber entstammten das Licht und der Tag, die Kinder, die ihrer Liebe zu Erebos entsprangen. Gaia aber gebar als erstes ... den sternübersäten *Uranos* (Himmelsgott), der sie von allen Seiten umhüllen sollte. Dann brachte sie die hohen Gebirge hervor ... und das Meer mit den tobenden Wogen; all dies (brachte sie) ohne liebende Zuneigung (hervor) (also durch Parthenogenese!). Dann aber zeugte Uranos mit ihr den *Okeanos* (das die Welt rings umgebende Weltmeer) mit seiner tiefen Strömung...«, sodann die Titanen, die Kyklopen und Kronos, den Vater des Zeus.[4]
Werfen wir zum Abschluß noch einen Blick auf die griechische Philosophie. Hier ist vor allem der zu den Vorsokratikern gezählte, von orphischem Gedankengut stark beeinflußte Philosoph Empedokles zu erwähnen. Bei ihm ist die Urgestalt des Kosmos der »*Sphairos*«, gleichsam die »Ur-Kugel«, in der sämtliche Elemente, aus denen sich die ganze Vielfalt der Formen und Erscheinungen der Welt zusammensetzt, in einem noch undifferenzierten, sozusagen »chaotischen« Urzustand vereinigt sind. Dieser Sphairos ist, genau besehen, nichts anderes als das abstrakte Gegenstück zu den kugelgestaltigen Urwesen in den von uns hier dargestellten Schöpfungsmythen der Völker. Empedokles zufolge wird die Schöpfung und ihre periodische Rückkehr in den Urzustand des »Sphairos« bewirkt durch zwei antagonistische kosmische Urkräfte, nämlich »*Philia*« und »*Neikos*«, »Liebe« und »Streit«. Hier finden sich also – gleichfalls in »gereinigter«, abstrakter Form – genau die gleichen Urkräfte und Prinzipien wieder, die auch das Schöpfungsgeschehen der altorientalischen Kosmogonien beherrschen: Eros und Kampf, Götterhochzeiten und Götterschlachten. Nach Empedokles bewirkt die Kraft der »Philia«, daß die Elemente, aus denen sich alles zusammensetzt, zueinander in Beziehung treten und sich vereinigen zu der unübersehbaren Vielfalt der Gestalten und Erscheinungsformen dieser Welt, während der »Neikos« genau das Gegenteil bewirkt, nämlich Trennung, Auflösung und Zerfall.
In diesem Fragment 21 (DK[5] 31 B 21) beschreibt Empedokles selbst

dieses Geschehen so: »... und *im Groll* regt sich alles verschiedengestaltet und zwiespältig, doch es eint sich *in Liebe* und sehnt sich zueinander. Denn aus dieser entsproßt alles, was da war, was ist und was sein wird: Bäume und Männer sowie Frauen und Tiere und Vögel und wassergenährte Fische und auch Götter, langlebige, an Ehren reichste ...« oder, im Wortlaut von Fragment 20: »... Bald vereinigen sich durch die *Liebe* (»Philia«) alle Glieder, welche die Leiblichkeit erlangt haben, auf des blühenden Lebens Höhe, bald wieder zerschnitten durch die schlimmen Mächte des *Streites* (»Neikos«) irren sie einzeln voneinander getrennt am Gestade des Lebens«. Über die Elemente, die sich, von der Kraft der Liebe getrieben, miteinander verbinden, bis sie durch die Kraft des Hasses und Streites wieder voneinander getrennt werden, schreibt Empedokles (DK 31 B 26): »... durcheinander laufend werden sie zu Menschen und anderer Tiere Geschlechtern, indem sie sich bald *in Liebe* vereinigen zu einer gefügten Ordnung, bald auch wieder die einzelnen Dinge sich trennen *im Hasse des Streites*, bis sie, zum *All- Einen* (»Sphairos«) zusammengewachsen, wieder unterliegen«. Und über den »Sphairos« schließlich bemerkt der Philosoph: »Dort sind weder der Sonne schnelle Glieder zu unterscheiden, noch auch fürwahr der Erde zottige Kraft oder das Meer. So in der Fügung festem Verließ liegt verwahrt *Sphairos,* der kugelförmige, über die ringsum herrschende Einsamkeit von frohem Stolz erfüllt« (DK 31 B 27).

Bei Platon gibt es im »Symposion« (189 d ff) einen höchst seltsamen Mythos, bei dessen Lektüre aber jeder Kenner der Materie sofort merkt, daß hier eigentlich der uns so wohlbekannte Schöpfungsmythos von der Zerstückelung eines Urwesens erzählt wird, wobei Platon auf geniale Weise den Mythos von der Entstehung der Welt aus einem kugelgestaltigen und doppelgeschlechtlichem Urwesen sowie die Idee vom »kosmogonischen Eros« so modifiziert, daß sich aus dem ursprünglich kosmogonischen Mythos der Mythos vom Ursprung der Geschlechter, der geschlechtlichen Liebe und sogar der verschiedenen Triebrichtungen und Spielarten des Eros ergibt. Ob dies Platons eigene Erfindung war, wissen wir freilich nicht; es ist sogar eher unwahrscheinlich. Was außerdem noch an Platons Mythos besonders ins Auge fällt, ist wiederum die inzestuöse Qualität, die dem Eros innewohnt. Doch am besten, wir lassen den Philosophen selbst zu Wort kommen:

»Am Anfang«, so schreibt er (189 d), »gab es dreierlei Geschlechter von Menschen, nicht nur zwei wie heute, ein männliches und ein weibliches, sondern dazu noch ein drittes, das gemeinsam zu diesen beiden gehörte;

sein Name ist noch geblieben, während es selbst verschwunden ist. Das *androgyne* war dieses eine, das es damals noch gab, und Gestalt und Name waren aus den beiden anderen, dem männlichen und dem weiblichen, zusammengesetzt; jetzt aber besteht es nur noch als Name, und der ist ein Schimpfwort. Ferner war damals die Gestalt eines jeden Menschen völlig gleichmäßig; rundherum gingen Rücken und Seiten im Kreise (Kugelgestalt!). Vier Hände hatte er und ebensoviele Beine wie Hände und auf einem runden Hals zwei Gesichter, beide völlig gleich, und über diesen beiden Gesichtern, die einander abgewandt waren, nur einen Schädel, ferner vier Ohren und doppelte Schamteile und alles übrige so, wie man sich das dementsprechend vorstellen kann. Sein Gang aber war nicht nur aufrecht wie heute, nach Belieben vorwärts oder rückwärts, sondern wenn einer rasch laufen wollte, so machte er es, wie wenn man ein Rad schlägt, indem man die Beine senkrecht in die Luft wirft und sich so im Kreise dreht: so stießen sie mit ihren damaligen acht Gliedmaßen ab und bewegten sich rasch im Kreise...«

Diese drei Geschlechter nun, so berichtet Platon weiter, seien aufgrund der ihnen eigenen Kraft und Stärke derart vermessen gewesen, daß sie es gewagt hätten, einen Aufstieg zum Himmel zu unternehmen und die Götter anzugreifen. Da beschloß die sogleich einberufene Götterversammlung mit Zeus an der Spitze, dieses frevlerische Volk von Ur-Menschen entzweizuschneiden und so ihrer Kraft und ihrem Übermut Grenzen zu setzen, und das Ergebnis war die heutige »halbierte« Gestalt des Menschen. »Nachdem nun also seine Gestalt in zwei Stücke geschnitten war, sehnte sich ein jeder nach seiner Hälfte und kam mit ihr zusammen. Und sie umarmten einander und umschlangen sich vor Begierde, wieder zusammenzuwachsen... Jeder von uns ist also Bruchstück eines Menschen, da wir zerschnitten sind wie die Flundern, aus einem zwei; es sucht denn auch ein jeder immerfort sein anderes Stück. Alle Männer nun, die ein Teilstück jenes Ganzen sind, das damals »Mannweib« genannt wurde, sind Liebhaber der Weiber... Die aber Teilstück eines Mannes sind, die trachten nach dem Männlichen; solange sie Knaben sind, lieben sie – als Teilstücke des Mannes – die Männer und freuen sich, wenn sie bei Männern liegen und sie umarmen können... Sind sie aber Männer geworden, so lieben sie Knaben und richten ihren Sinn von Natur aus weder auf die Ehe noch auf das Kinderzeugen... Wenn nun auch er, der Liebhaber von Knaben, oder jeder andere seiner eigenen Hälfte begegnet, dann werden sie wundersam ergriffen von einem Gefühl der Freundschaft und Zusammengehörigkeit und Liebe, und sie wollen sich sozusagen nicht mehr voneinander trennen, auch nicht für eine kurze Zeit... Das hat seine Ursache darin, daß unsere ursprüngliche Natur so war und daß wir einmal *ganz* waren; *von dem Verlangen und dem Streben nach dem Ganzen hat Eros seinen Namen...* (Ich meine), daß nur so unser Geschlecht glückselig werden könne, wenn wir es in der Liebe zur Vollendung bringen und wenn ein jeder seinen wesenseigenen Geliebten gewinnt und so wieder zu seiner ursprünglichen Natur zurückkehrt«.

Wir wollen den »inzestuösen« Aspekt des (kosmogonischen) Eros, der im platonischen Mythos deutlich hervortritt, dem folgenden Kapitel vorbehalten; eines jedoch ist besonders in den letzten Zeilen sehr deutlich zum Ausdruck gekommen: Für Platon ist der Eros die Kraft, die zur Reintegration treibt, die also die Wiederherstellung einer ursprünglichen, jedoch durch einen Frevel verlorengegangenen Ganzheit ermöglicht. Im Vergleich mit den anderen Mythen vom kosmogonischen Typus wird aber erkennbar, daß dieser (kosmogonische) Eros auch eine Kraft ist, die in zwei diametral entgegengesetzte Richtungen zielen kann. Denn ist er im platonischen Mythos – genauso wie bei Empedokles – die Kraft, die die Wiederherstellung eines vollkommenen, ganzheitlichen Urzustandes ermöglicht, so treibt er im Prajapati-Mythos dagegen zur Aufspaltung und zum Bruch mit jener uranfänglichen Einheit. Mehr noch: Im Mythos des »Symposion« spielt der Eros genau die Rolle, die im Mythos von Prajapati das Opfer spielt. Erinnern wir uns: Durch das Opfer gewinnt das kosmische Urwesen seine uranfängliche Fülle, Vollkommenheit und Ganzheit wieder, die es um der Schöpfung willen aufgegeben und verloren hatte, so wie der Opfernde selbst gleichzeitig mit dem Urwesen eins wird und damit seinerseits den Zustand der Vollkommenheit und Ganzheit erwirbt. Das weist auf eine innere Verbindung, ja Verwandtschaft von Eros und Opfer hin – ein Zusammenhang, der tatsächlich eine zentrale Rolle in der Mystik spielt, vor allem im Sufismus, der Mystik im Islam.

Dort gibt es zwei miteinander korrespondierende Begriffe, die das Verhältnis zwischen dem Mystiker und der Gottheit als eine Beziehung beschreiben, wie sie zwischen dem Liebenden und dem Geliebten besteht: *Fana* und *Baqa*. »Fana« heißt »sich verlieren«, »sich opfern«, »sich preisgeben«, während »Baqa« das Gegenteil, nämlich »sich bewahren« oder »sich gewinnen« bedeutet. Nun sagen die Texte, in denen dieser Gegensatz verhandelt wird, daß der »Liebende« (der Mystiker), indem er liebt, nicht an sich selbst, sondern einzig an den »Geliebten« (Gott) denkt; sich sehnt, wonach sich der Geliebte sehnt, und nicht, wonach er, der Liebende, sich sehnt, so daß er dabei sich selbst und seine Wünsche, ja sein ganzes Ich immer mehr und bis zum Selbstverlust vergißt, da er vollkommen in der Identifikation mit dem Geliebten aufgeht. Indem er aber so sich selbst *verloren* hat, ersteht er in neuer, ewiger Gestalt, nämlich in der des Geliebten (der Gottheit) wieder auf, *bewahrt* sich also gerade dadurch, daß er sich opfert und preisgibt. Hier, in der Mystik, sind *Eros* und *Opfer* auf schöpferische Weise eins, und hier hat der Mythos vom Urwesen, das die uranfängliche Ganzheit und Vollkommenheit repräsentiert, und vom kosmogonischen Opfer, verbunden mit der Idee vom kosmogonischen Eros, seine am weitesten gehende Umdeutung und Transformation ins Spirituelle erfahren.

Heiliger Inzest

3. Vom kultischen Neubeginn aus göttlicher Kraft

Im vorigen Kapitel zeigte sich bei der Betrachtung verschiedener Weltschöpfungsmythen und Theogonien, daß die Mehrzahl der darin vorkommenden Verbindungen zwischen Göttern inzestuöser Natur ist. Geschwisterehen sind unter Göttern ebenso üblich wie Vater-Tochter- oder Mutter-Sohn-Beziehungen, und zwar in auffallend hohem Maße unter den Urgottheiten der ersten Göttergenerationen. Das mag befremdend wirken, zumal gerade der Inzest bei den meisten Völkern als eine der verwerflichsten Taten überhaupt gilt und wie kaum ein anderes Vergehen den Fluch der Götter zur Folge hat. So stehen beispielsweise im Mittelpunkt des Oedipus-Dramas zwei schreckliche Taten, die im antiken Griechenland mehr Abscheu erregten als jedes andere Verbrechen: der Mord am Vater und die Blutschande mit der Mutter. Sie haben zur Folge, daß die Götter zur Strafe die Pest über die Stadt Theben verhängen, obgleich Oedipus selbst die Taten unwissentlich begangen hat und die Thebaner nur insofern daran beteiligt sind, als es sich beim Täter um ihren König handelt.

Eine ähnliche Einstellung zum Inzest finden wir bei fast allen Völkern der Erde, und eine Reihe führender Anthropologen neigt sogar dazu, in der Einführung der Inzestschranke den ersten normativen Akt der Menschheit überhaupt zu sehen. So stellt nach Meinung des führenden französischen Ethnologen Claude Lévi-Strauss die Einsetzung des Inzest-Tabus das entscheidende kulturstiftende Ereignis dar[1], den qualitativen Sprung, mit dem die unumschränkte Herrschaft der Natur gebrochen wird. Dem wiederum steht die Beobachtung zahlreicher Ausnahmen von dieser Regel gegenüber, und zwar sowohl im Mythos wie auch in der Realität selbst. Offenbar gilt also das Inzest-Tabu nicht für alle gleichermaßen und auch nicht zu jeder Zeit. Da es sich aber in der Tat um ein Tabu handelt, also um ein religiös begründetes Verbot, müssen wir hier unser Augenmerk vor allem auf die religiösen Implikationen des Inzests und seiner Übertretung richten, unabhängig von allen biologischen und psychologischen Aspekten, die hier nicht zur Diskussion stehen.

Ein Tabu läßt sich definieren als eine rituelle oder kultische Maßnahme, durch die eine bestimmte, als »heilig« charakterisierte Sphäre als solche gekennzeichnet und geschützt werden soll. Man kann auch sagen: Ein Tabu scheidet qualitativ unterschiedliche Sphären voneinander – Heiliges und Profanes, Reines und Unreines, Götter und Menschen, Lebende und Tote. Daß der Inzest aller Spielarten unter Göttern so auffallend stark verbreitet ist, könnte also damit zu tun haben, daß es sich hier um ein Götterprivileg handelt, von dem Gebrauch zu machen den Menschen nach dem Grundsatz »Quod licet Iovi non licet bovi« unter Androhung schlimmster Sanktionen verboten ist. Doch dies erklärt noch lange nicht, weshalb die Götter diese seltsame Vorliebe für den Inzest überhaupt haben, und ebensowenig erklärt es, weshalb unter bestimmten Voraussetzungen der Inzest auch unter Menschen gestattet, ja geboten ist.
Nach der frühesten Fassung des Prajapati-Mythos im Rigveda vereinigt sich der Urgott mit seiner Tochter Usas (»Morgenröte«), um mit ihr das erste Menschenpaar zu zeugen. Gleichzeitig jedoch beinhaltet dieser inzestuöse Akt eine Wiederherstellung, Heilung und Reintegration Prajapatis, nachdem er sich gewissermaßen in seine Schöpfung entleert und entäußert hatte, als er im Selbstopfer die Welt und ihre Vielheit aus sich hervorbrachte. Hier hat der Inzest also zweierlei zur Folge: zum einen ermöglicht er die Entstehung des Menschengeschlechts und zum anderen die Wiedergewinnung der Fülle und Ganzheit des Anfangs durch eine Wiedervereinigung des Schöpfergottes mit der von ihm abgespaltenen Schöpfung. Auch die mythischen Urelternpaare sichern den Fortbestand der Menschheit in der Regel auf inzestuöse Weise. Das trifft für Yama und Yami, das altindische Urelternpaar, ebenso zu wie für seine altiranische Entsprechung Yima und Yimak, für die japanischen Urgeschwister Izanagi und Izanami ebenso wie für unzählige andere, das biblische Urelternpaar Adam und Eva keineswegs ausgenommen.
Doch hier handelt es sich um *mythische* Beispiele. Sehen wir uns nun aber einmal an, wie es um den *real praktizierten* Inzest steht, also um Bräuche und Riten, die ihn erlauben oder gar gebieten und damit die Ausnahmen von der Regel darstellen. In verschiedenen Teilen Afrikas herrschte früher die Sitte, daß ein Jäger oder Krieger, bevor er zu einer besonders gefahrvollen Unternehmung aufbrach – der Jagd auf Flußpferde, Nashörner oder Leoparden zum Beispiel –, mit seiner Schwester oder Tochter schlief, weil er glaubte, daß durch den Inzest übernatürliche Kräfte freigesetzt würden, die er sich aneignen und zunutze machen könne. Ähnliche Vorstellungen findet man z.B. auch bei den Eskimos.

Bei manchen Völkern herrschte der Glaube, durch den Inzest würde man unverwundbar und sei somit gegen alle Gefahren gefeit. Den geschilderten Brauch traf man nicht selten gerade bei solchen Völkern an, bei denen der Inzest sonst als das schwerste und fluchwürdigste Vergehen überhaupt galt. Was also einerseits als furchtbarer Frevel galt, wenn es unter normalen Bedingungen praktiziert wurde, konnte in Ausnahmefällen mitunter den Rang eines Sakraments besitzen oder wurde als machtvoller Zauber betrachtet. Schon bei der Betrachtung der Mythen konnte man beobachten, daß inzestuösen Verbindungen offenbar eine gewaltige schöpferische Macht innewohnt. Durch den Inzest »ahmt« man gewissermaßen die Götter nach und hat an deren Seinsweise und Machtfülle teil – ein Gedanke, auf den wir später, bei der Behandlung der Inzestbräuche im Zusammenhang mit der Institution des »Sakralen Königtums« zurückkommen werden. Von Unberufenen ausgeübt jedoch, wird die mit dem Vollzug des Inzests herabbeschworene Macht gleichzeitig zum Fluch und führt zu ungeahntem Verderben. Wir können also sagen: Der Inzest ist aus denselben Gründen verboten, aus denen er in Ausnahmefällen gestattet oder gar gefordert ist: Mit ihm werden Kräfte entfesselt, deren Wirkung ebenso segensreich sein kann wie verderbenbringend.

Forscher und Reisende, die im 19. oder zu Beginn des 20. Jahrhunderts längere Zeit bei den Eskimos gelebt haben, berichten unter anderem, daß der kurze Sommer vor allem der Nahrungsbeschaffung und dem Anlegen eines Vorrats für den langen Polarwinter diene und das Winterhalbjahr die Zeit der großen Feste sei.[2] Der Kalender teilt also das Eskimo-Jahr in eine »profane«, der Arbeit vorbehaltene, und eine »sakrale«, hauptsächlich mit religiösen Festen angefüllte Jahreshälfte. Das eigentliche Hauptfest aber ist das Fest der Wintersonnenwende, das zugleich als Jahreswende-Fest gilt und wie alle derartigen Feste – man denke an die römischen Saturnalien oder an das germanische Julfest – mit einer rituellen Vergegenwärtigung der mythischen Urzeit begangen wird. Zum Szenario solcher Feste gehört die Abweichung von der Regel, das Außergewöhnliche, Außerordentliche, normalerweise Verbotene – gehören insbesondere Handlungen, wie sie für die mythische Urzeit charakteristisch sind, die in manchen Traditionen mit der »Zeit des Paradieses« oder mit dem »Goldenen Zeitalter« in Verbindung gebracht wird. Wie auch immer – die normalerweise geltende Ordnung wird für diese Zeit außer Kraft gesetzt und eine gleichsam »auf den Kopf gestellte« Ordnung, eine »Verkehrte Welt« etabliert, wie sie »am

Anfang«, in der »Urzeit« geherrscht hat. In den meisten Gesellschaften gehen solche Feste mit einer allgemeinen Hochstimmung einher, mit Heiterkeit und Ausgelassenheit, die sich mitunter bis hin zum orgiastischen Taumel steigern kann, begleitet von Exzessen aller Art, von Völlerei bis hin zu alkoholischen Exzessen und sexuellen Freizügigkeiten, ja Promiskuität, wobei vorübergehend auch soziale Rangunterschiede außer Kraft gesetzt sind – kurzum: Die »Verkehrte Welt« steht im Zeichen einer umfassenden und schrankenlosen Vermischung. Im Falle der Eskimos gehört nun zu den wichtigsten Erscheinungsformen, die das Szenario eines solchen Festes charakterisieren, der in großem Maßstab begangene Inzest, da der Inzest den Verhältnissen der mythischen Urzeit entspricht und diese Zeit des Uranfangs das Urbild des Festes selbst enthält. Alljährlich zur Wintersonnenwende vollzieht sich gleichsam eine Neugeburt der Zeit, begleitet von einer Verjüngung und Erneuerung des gesamten Kosmos: Die Welt taumelt in die Zeit des Uranfangs zurück; das Chaos kehrt wieder. Ein neues Jahr wird daraus geboren und mit ihm eine neue, verjüngte und kraftvolle, unverbrauchte, noch reine und vollkommene Welt, die die paradiesische Urszenerie wiederherstellt. Der Inzest ist Ausdruck dieses Neuanfangs, weil die Schöpfung selbst sich dem Inzest der Götter und Ahnen verdankt, wie ihn die Urzeitmythen der Völker beschreiben. Im Fest hat der Mensch also vorübergehend gleichsam an der Seinsweise der Götter und Ahnen teil – indem er die mythische Urzeit beschwört, wird er gewissermaßen selbst zum »Urwesen«. Dieser Vorgang spielt übrigens auch in einem Bereich eine Rolle, der, zumindest auf den ersten Blick betrachtet, mit dem Szenario der mythischen Urzeit kaum etwas zu tun zu haben scheint: der Institution des »Sakralen Königtums«.

Tatsache ist, daß in manchen Kulturen des Altertums und in zahlreichen Königtümern Altafrikas und Altasiens bei den Herrschern die Geschwisterehe üblich war, ja nicht selten sogar ausdrücklich verlangt wurde. Diese Sitte, ob gelegentlich oder regelmäßig praktiziert, hat grundsätzlich einen kultisch-rituellen Hintergrund, der mit den sakralen Grundlagen des Herrscheramtes selbst zusammenhängt. Jedwede Macht geistlicher oder weltlicher Natur gründet in der Sphäre des *Heiligen* und muß von dorther legitimiert sein. In allen religiös geprägten Gesellschaften gilt der Herrscher als *Mittler* zwischen dem Volk und dem Göttlichen – eine Rolle, die er entweder selbst als Priesterkönig ausübt oder mit den Priestern teilt. In jedem Fall sind Könige aufgrund dieser ihrer Eigenschaft als Mittler, theologisch betrachtet, genau im Schnittpunkt zwischen himmlischer und irdischer Sphäre angesiedelt. Demgemäß werden sie im Rahmen der Rituale und Zeremonien, die ihrer Amtsübernahme vorausgehen, rituell zu einer Art »Doppelwesen«, halb Mensch halb Gott, umgestaltet. Dies drückt sich aus in sämtlichen Erscheinungsformen, in denen sich die mit dem Königtum verbundene göttliche Würde manifestiert: in Fragen des Hofzeremoniells und des Protokolls ebenso wie in Ornat, Titulatur, Akklamationsformeln usw. bis hin zu den Verhaltensnormen und Regeln für den Alltag, denen der König selbst unterworfen ist. Denn in seiner ganzen Lebensweise muß der König einem mythischen Urbild entsprechen, das, wie wir später noch sehen werden, entweder vom »Königsgott« oder vom königlichen Urahn, dem »Urkönig«, manchmal auch vom »Ur-Menschen« bzw. »Ersten Menschen« repräsentiert wird.[3] Der König muß sich diesem mythischen Prototyp nicht nur vordergründig angleichen – er muß sich vielmehr vollkommen in ihn *verwandeln*. Ausdruck und zugleich realer Bestandteil einer solchen Verwandlung ist auch der Inzest. Wenden wir diese allgemeinen Beobachtungen nun auf einen besonderen Fall an: auf das altägyptische Königtum. Es wird sich zeigen, daß es hier um weit mehr geht als um eine exzentrische Caprice, der einige altägyptische Herrschergestalten wie Echnaton oder später die Ptolemäerkönige gefrönt haben, sondern daß gerade im institutionalisierten Inzest die Göttlichkeit des Königtums sichtbar wird. Der Mythos von der göttlichen Herkunft des Königtums ist der von Isis, Osiris und Horus. Er knüpft, zumindest genealogisch, an die bereits beschriebene Weltschöpfungslehre von Heliopolis an, der zufolge der zweigeschlechtliche Urgott Atum in einem Akt der »Selbstbegattung« den Schöpfungsprozeß in Gang setzt. In dessen Verlauf entstehen zunächst die Götter Schu (»Luft«) und Tefnut (»Feuchte«), danach Geb (»Erde«) und Nut (»Himmel«) und schließlich – immer inzestuös – vier göttliche Geschwister: Isis, Osiris, Nephthys und Seth. Sie sind die Hauptgestalten in einem Drama, dessen einzelne Episoden weniger eine »Handlung« im konventionellen Sinn des Wortes als vielmehr das komplexe und, vordergründig betrachtet, sogar widersprüchliche Bild des altägyptischen Königtums ergeben.

Die vollständigste Fassung des Mythos – wohl erst das Endergebnis einer jahrtausendelangen Entwicklung – hat uns der kaiserzeitliche griechisch-römische Schriftsteller Plutarch (geb. 50 n.Chr.) in seinem berühmten Buch »De Iside et Osiride«, »Über Isis und Osiris«, überliefert. Das Hauptstück bildet die bekannte Geschichte von Osiris als Ägyptens mythischem Urkönig, der den eifersüchtigen Nachstellungen seines Bruders und dunklen Gegenspielers Seth zum Opfer fällt, von diesem getötet und in vierzehn Teile zerstückelt wird, die Seth über die gesamte Welt verstreut. Trauernd irrt Isis, die Schwester und zugleich Geliebte des ermordeten Gottes, umher, um die Gebeine des Bruders zu suchen, wieder einzusammeln und sie, Glied um Glied, zusammenzufügen und so den Leib des toten Geliebten wiederherzustellen. Die in unseren Augen bemerkenswerteste Episode des Mythos aber ist die Szene, in der der tote Osiris zusammen mit seiner Schwestergeliebten das Horus-Kind zeugt – ein scheinbar absurdes, ja skandalöses Detail, das jedoch in Wahrheit die Achse bildet, um die die gesamte Theologie des altägyptischen Königtums kreist.[4] Ein weiteres, nicht minder absurdes und skandalöses Detail bildet die Aussage, daß gerade der Phallus des Gottes beim Wiedereinsammeln seiner Gebeine unauffindbar blieb, da er im Nil versunken und von einem Fisch verschluckt worden war. Dies ist aber nichts anderes als der mythische Ausdruck für die uns bereits vom vorigen Kapitel her vertraute Opferlogik, der zufolge sich die Kraft zu neuem Leben und neuer Fruchtbarkeit dem zuvor von einem Gott oder Urwesen erlittenen Tode verdankt: Der Phallus des Osiris »schwängert« den Nil, der Fluß schwillt an, tritt über die Ufer und »schwängert« die Erde, und diese bringt schließlich die neue Saat hervor. Was dagegen das Finale des mythischen Dramas betrifft, so ist festzuhalten, daß der Gott von seiner Schwestergeliebten Isis zwar restituiert wird, doch dem Totenreich verhaftet bleibt, in dem er von nun an als »Erster Toter« und Totenherrscher residiert.

Bekanntlich wurde im alten Ägypten der Pharao zunächst als leibhaftige Verkörperung des Königsgottes Horus, später dann als Sohn des Sonnengottes Re aufgefaßt, der seinerseits im weiteren Verlauf abwechselnd mit Atum, dem Urgott, Amun, dem Reichsgott von Theben, und auch mit Osiris gleichgesetzt wurde. Die unterschiedlichen mythischen Konzepte und Formeln widersprachen einander nicht, sondern ergänzten sich zu einer Art »Discordia concors«, einer Harmonie aus gegensätzlichen Elementen, die in ihrer Gesamtheit erst das Bild des altägyptischen Königtums ergaben. Daß dieses Königtum das irdische Abbild eines göttlichen Urbildes war, ja geradezu die Gestaltwerdung dieses Urbildes, das macht den eigentlichen Inhalt der Osiris-Mythe aus. Der Gott Osiris figuriert darin als der königliche Urahn, ja als das »Urwesen«, das das exemplarische Schicksal eines jeden Urwesens erleidet, das der Zerstückelung nämlich. Wo aber ist der mit jedem Tod eines Urwesens verbundene kosmogonische Aspekt? Tatsächlich sagt der Mythos aus, daß aus dem in vierzehn Teile zerstückelten Leichnam des Gottes die vierzehn altägyptischen Gaue hervorgegangen seien – genauso wie die vier Hauptkasten der altindischen Gesellschaft aus den Teilen des zerstückelten Purusha. Mehr noch: von Osiris wird nämlich gesagt, er sei der Ursprung der Fruchtbarkeit und des Getreides. Und in der Tat zeigen altägyptische Darstellungen, wie aus der Mumie des toten Gottes das Getreide emporsprießt, genau wie beim Mithras-Opfer aus dem Schweif des verblutenden Stieres das Getreide emporkeimt. Hier ist er wieder, der Zusammenhang von Tod und neuem Leben, der die gesamte Logik des Opfers beherrscht! Der berühmte griechische Arzt Hippokrates hat uns einen Ausspruch hinterlassen, der ebensooft zitiert wurde wie über ihn gerätselt worden ist: »Von den Toten empfangen wir Nahrung, Wachstum und Keime«.[5] Im Johannesevangelium (Joh 12,24) heißt es: »Wenn das Getreidekorn nicht in die Erde fällt und stirbt, so bleibt es allein; wenn es aber stirbt, so bringt es reiche Frucht«. Hierzu paßt auch der bereits zitierte Satz aus dem 1. Korintherbrief: »Was du säst, wird nicht lebendig, es stürbe denn« (1 Kor 15,36). Alle diese Aussprüche und Gleichnisse, vor allem aber die unzähligen Mythen mit dem immer wiederkehrenden Leitmotiv vom getöteten und zerstückelten Urwesen, dessen Tod sich die Schöpfung verdankt, bezeugen, daß der Zusammenhang von Tod und neuem Leben, Opfer und Schöpfung zum Grundbestand des religiösen Denkens überhaupt gehört.

Im Falle der Osiris-Mythe geht dieser Zusammenhang noch weit über das Fruchtbarkeitsmotiv im engeren Sinne hinaus. Der Brudergeliebte der Göttin Isis und deren gemeinsames, von Osiris im Tode gezeugtes Söhnchen Horus bilden zusammen die Achse des altägyptischen Königtums. Osiris nämlich ist der Pharao in seiner *toten* Gestalt, sein Sohn Horus dagegen der *lebende* Pharao auf dem Thron. Das Einsammeln und Wiederzusammenfügen der zerstückelten und verstreuten Gebeine des Gottes enthält gleichsam die »Partitur« des Totenrituals, nach dem die Könige Altägyptens beigesetzt wurden: Die Praxis der Mumifizierung des Toten besteht ja in einer rituellen »Wiederherstellung« seines Leibes, der im Augenblick des Todes zerbrochen war. Der Tote wird sozusagen Glied um Glied wieder zusammengefügt, mit Mumienbinden umwickelt und damit in eine neue, der Zersetzung und Auflösung widerstehende Form gebracht. Dem Verstorbenen diesen neuen, »ewigen« Leib zu schaffen, ist das Ziel der Bestattungsriten. Der tote Pharao soll an einem anderen, jenseitigen Ort und in einer neuen, »zeitlosen« Gestalt wiederauferstehen, genauer gesagt: Er soll als *Osiris* wiederauferstehen.

Dies wird uns auch durch die Sargtexte, Pyramidentexte, Totenbücher und Inschriften immer wieder bestätigt: Wie Osiris, so steht auch Pharao im Totenreich wieder auf, denn der tote König ist wesenseins mit dem Gott.

Der amtierende Pharao aber gilt als Verkörperung von Horus, dem Sohn des Osiris, der vom Gott im Tode gezeugt worden war. Dies besagt, daß der lebende König sein Amt durch seinen verstorbenen Vorgänger, der ja wesenseins ist mit Osiris, verliehen bekommt, und zwar nicht im Sinne einer bloßen Amtsübertragung, sondern, wie der Mythos ausdrücklich betont, im Akt einer Zeugung. Das ist bezeichnend für das Verständnis von der Rolle des Herrschers in sogenannten Sakralkönigtümern: Hier ist der König im Augenblick seiner Thronbesteigung ein neues, ein völlig verwandeltes Wesen, nämlich die Inkorporation eines Gottes. Das zeigen nicht nur die altägyptischen Inthronisationsriten, sondern auch ihre altindischen, altiranischen, altchinesischen oder afrikanischen Parallelen, zum Beispiel das »Rajasuya« im vedischen Indien oder die von al-Biruni in allen Einzelheiten überlieferte Inthronisationszeremonie der Partherkönige: Es handelte sich um ein Sterbe- und Wiedergeburtsritual, also um ein Initiationsdrama von ungeheurer Komplexität, bei dem der Thronfolger als Mensch stirbt, um als König, das heißt als Gott wiedergeboren zu werden. In dieser seiner Eigenschaft als »fleischgewordener Gott« aber ist der König nicht selten auch verpflichtet, die für Götter typische und ihnen allein vorbehaltene Form der Gattenwahl zu praktizieren: die Geschwisterheirat, zumal er ja – wie uns das Beispiel Ägypten lehrt – mitunter selbst sogar aus einem mythischen Inzest hervorgeht.

Der Inzest, insbesondere der Geschwisterinzest, ist also Privileg von Göttern und Königen, gleichsam das Urbild einer »Heiligen Hochzeit«[6]. Wie stark der Nimbus von Exklusivität und Auserwähltheit, der das Inzestmotiv umgibt, bis in die Gegenwart hinein nachwirkt, das zeigen uns unter anderem zwei Beispiele: die ins Mystische stilisierte Liebe zwischen dem Dichter Lord Byron und seiner Schwester und die von Thomas Mann nach einer realen Begebenheit verfaßte Novelle »Wälsungenblut«[7]. Zum Motiv vom Geschwisterinzest als Abbild einer »Götterehe« kommt noch ein weiterer Aspekt: die mystische Idee der Wiederherstellung einer verlorengegangenen uranfänglichen Ganzheit. Das gilt vor allem für Platons Mythos vom doppelgeschlechtlichen Urmenschen, der zur Strafe für seine Hybris in zwei Teile zertrennt wird, die nun von dem unstillbaren Verlangen beseelt sind, einander wiederzufinden. In Platons Mythos wird der Eros als die Sehnsucht nach Wiedererlangung der verlorenen Fülle und Vollkommenheit des Anfangs charakterisiert. Dies ist im Grunde eine platonische Variante des Mythos vom Sündenfall und vom verlorenen Paradies, die hier erzählt wird. An einer anderen Stelle im »Symposion« (206 b ff) präzisiert Platon diese seine Auffassung vom Wesen des Eros: Dort definiert er ihn nämlich wortwörtlich als das »Streben, dem Unsterblichen ähnlich zu werden« und als *»Verlangen nach dem Unendlichen«*.

4. Vom Ursprung der Beschneidung zur sakralen Entmannung

Bei der Betrachtung verschiedener afrikanischer Mythen, die den Ursprung der Beschneidung (beider Geschlechter) zum Thema haben, fällt auf, daß die Entstehung dieses Brauchs häufig ebenfalls mit dem Motiv vom doppelgeschlechtlichen Urwesen verbunden wird, dessen geschlechtliche Differenzierung durch die erste Beschneidung zustande kommt. Hier wird im Prinzip der platonische Mythos aus dem »Symposion«, nur in stark abgewandelter Form erzählt. Der französische Ethnologe Marcel Griaule hat in den 30er Jahren den mythischen Kosmos der Dogon, eines kleinen westafrikanischen Volkes, das im Nigerbogen, in den Bergen unweit der Stadt Mopti in Mali beheimatet ist, gründlich erforscht und uns in seinem faszinierenden Buch »Dieu d'eau«, »Gott des Wassers«, zugänglich gemacht.[1] Darin wird auch der Schöpfungsmythos der Dogon ausführlich dargestellt, der wiederum aufs engste verbunden ist mit dem Mythos vom Ursprung der Beschneidung. Von dem äußerst komplexen Mythos gebe ich hier nur die wichtigsten Stellen wieder, besonders diejenigen, die mit der Einsetzung der Beschneidung bei Frau und Mann zu tun haben. Zunächst wird geschildert, wie der Schöpfergott Amma aus einem gewaltigen Tonklumpen den Leib der Erde schuf. Dann heißt es: Mit ausgebreiteten Gliedern bietet sich die nackte Erde dem Himmel dar. Ihr ausgestreckter Leib reicht von Norden nach Süden. Ihr Geschlecht ist ein Ameisenhaufen; ihre Clitoris ist ein Termitenhaufen. Als sich ihr aber nun Amma, der Schöpfergott, nähern wollte, um sich mit ihr zu vereinigen, da erhob sich der Termitenhaufen und zeigte drohend seine Männlichkeit. Erzürnt hieb der Gott den Termitenhaufen um und umarmte dann die beschnittene Erde. – Die Vereinigung Ammas mit der Erde führt zur Entstehung einer ganzen Reihe von Urwesen, von denen uns hier aber nur zwei ganz besonders interessieren: zum einen der Schakal

und zum anderen Nommo, ein doppelgeschlechtliches Urwesen von Zwillingsgestalt.
Nommo nimmt seine Wohnstatt im Himmel ein. Dort ist auch die ursprüngliche Heimat der Vegetation. Eines Tages kommt Nommo zur immer noch nackt daliegenden Erde nieder und bedeckt ihre Blöße mit einer Faserschürze aus himmlischen grünen Pflanzen. Mit der Vegetation kommt, so der Mythos, auch die Sprache auf die Erde nieder und mit der Sprache das Wissen. Daß die Erde nun im Besitz der Sprache und damit des Wissens ist, läßt den Schakal-Sohn nicht ruhen. Um selbst in den Besitz des Wissens zu gelangen, begeht er einen schrecklichen Frevel: den Inzest mit seiner Mutter, der Erde. Die Tat führt sowohl zur Entstehung des Orakels wie auch zur allerersten Menstruation (was wiederum erklärt, warum die menstruierende Frau als kultisch »unrein« gilt und abgesondert werden muß).
Amma, der Schöpfergott, erfährt von der schrecklichen Tat seines Sohnes, des Schakals, und findet die Erde unrein. Er weigert sich, sie weiter zu begatten, und erschafft statt dessen das erste Menschenpaar aus einem Lehmklumpen. Doch Nommo, das doppelgeschlechtliche Zwillingswesen, das den Auftrag hat, dem von Amma erschaffenen Urmenschenpaar eine Seele zu geben, verleiht jedem der beiden nicht eine, sondern eine *doppelte* Seele: Im Präputium des Mannes wohnt seine zweite, aber weibliche Seele, und umgekehrt wohnt in der Clitoris der Frau noch eine männliche Seele – der Mensch wird also als Zwitter erschaffen. Die hieraus sich ergebenden Folgen bilden nur eine Wiederholung des Urgeschehens, als die Erde mit ihrer drohend aufgerichteten Clitoris ein Beisammensein des Schöpfergottes mit ihr verhinderte. Ähnlich verhindert der doppelgeschlechtliche Charakter des Urelternpaares eine eheliche Verbindung und damit die Fortpflanzung. Die neuerlich verfehlte Schöpfung wird denn auch auf die gleiche Weise korrigiert wie beim erstenmal: durch die Beschneidung von Mann und Frau.
Jeder Mann und jede Frau sind, da sie vom Urelternpaar abstammen, gleichsam das Double des Urmenschen; dieser stellt sozusagen das Urbild oder den Prototyp *aller* Menschen dar. *Vor* ihrer Beschneidung verkörpern Knaben und Mädchen also den ursprünglichen Zustand, in dem die Menschen beiderlei Geschlechts erschaffen worden waren: vollkommen und unversehrt, aber zugleich auch »monströs« und »steril« – unfähig, soziale und eheliche Bindungen eingehen zu können.[2] Dieser Sachverhalt kommt im Mythos klar zum Ausdruck: Die uranfängliche Doppelgeschlechtlichkeit verhindert die Fortpflanzung. Auch im Schöpfungsmy-

thos der Dogon ist also die Geschlechterliebe, der Eros, erst das Ergebnis der Beseitigung des Urzustandes und der damit einhergehenden Verstümmelung. Und wie bei Platon, so spielt auch hier wieder das Motiv der Auflehnung gegen die Gottheit eine wichtige Rolle. Sie bildet ja den Grund für die Verstümmelung. Es ist kaum ein Zufall, daß auch nach biblischer Überlieferung die Auflehnung des Urelternpaares gegen Gott und sein Gebot den Verlust der uranfänglichen Vollkommenheit nach sich zieht und daß dieser Verlust begleitet wird vom Entstehen der sexuellen Anziehungskraft: »... und sie erkannten, daß sie nackt waren...«. Die Nachkommen des Urelternpaares werden bekanntlich erst *nach* der Vertreibung aus dem Paradies gezeugt!

Aus alledem läßt sich ersehen, daß bei zahlreichen Völkern und in vielen Kulturen – ungeachtet ihrer unterschiedlichen Traditionen und Bräuche – die Geschlechtlichkeit des Menschen als eine Folge des Verlustes uranfänglicher Vollkommenheit und Unversehrtheit empfunden wird. Dem entspricht die Deutung des Eros als Sehnsucht nach Wiederherstellung des verlorenen Zustandes. Dieser aber gilt einerseits als Zustand der Fülle, der Ganzheit und Vollkommenheit, andererseits jedoch als monströs und gefährlich. Er impliziert Unberechenbarkeit, Gewalttätigkeit, Aufruhr und Ungehorsam sowie Verharren in asozialer, unfruchtbarer Selbstgenügsamkeit. Die Verstümmelung erst setzt also dem barbarischen, rohen Naturzustand ein Ende und leitet den Prozeß der Kultivierung ein.

In vielen Kulturen ist dieses Heraustreten aus dem ursprünglichen, »infantilen« und rohen Naturzustand geschlechtlicher Undifferenziertheit verbunden mit einer Absonderung der Knaben von der Mutter wie überhaupt von der gesamten weiblichen Sphäre, in der sie bis dahin geborgen waren. Nun beginnt der langwierige Prozeß geschlechtlicher Individuation, der normalerweise zunächst in den Knabenbünden (oder parallel hierzu Mädchenbünden), zu denen die Mitglieder der in Frage kommenden Altersklasse zusammengefaßt werden, erfolgt und in den Reifezeremonien und Pubertätsriten seine unwiderrufliche Zementierung erfährt. Am Ende der Riten und Bewährungsproben steht die geschlechtliche Identität, die zugleich die soziale Identität ermöglicht. Wichtig ist, dabei zu bedenken, daß »Erwachsenwerden« nicht etwa dem Gesetz der »natürlichen Entwicklung« überlassen wird, sondern *rituell* herbeigeführt wird: Als »Mann« oder »Frau« wird man nicht geboren, sondern man wird dazu »gemacht«, indem der Zustand infantiler geschlechtlicher Undifferenziertheit rituell beendet wird. Kehren wir nun nach diesem

Umweg, der uns bis zu den Reiferiten der sogenannten »Naturvölker« geführt hat, zunächst wieder zu den antiken Kulturen zurück, und wenden wir uns jetzt einem Mythos zu, in dem es gleichfalls um die Wiedergewinnung einer gewaltsam zerstörten Ganzheit geht: dem Mythos von der altanatolischen Großen Mutter Kybele und ihrem Begleiter Attis.

Das insbesondere zur Zeit der römischen Kaiser im ganzen Imperium berühmte, sowohl mit prächtigen öffentlichen Festen wie auch im Rahmen geheimer Begehungen gefeierte Götterpaar Kybele und Attis war ursprünglich in Phrygien, einer Landschaft im Nordwesten von Kleinasien, beheimatet. Von dort gelangte der Kult im Jahre 204 v.Chr. auf Geheiß eines Sibyllinischen Orakels nach Rom. Die »sacra«, die heiligen Kultgegenstände, darunter vor allem das anikonische Kultidol der Göttin, ein schwarzer Stein, wurden aus dem phrygischen Pessinus nach Rom überführt, und es wurde der Großen Mutter auf dem Palatin ein Heiligtum errichtet. Besondere Sorgfalt mußte man darauf verwenden, daß die neue Umgebung der ursprünglichen Szenerie wenigstens in etwa entsprach; denn Kult und Mythos waren stark ortsorientiert: Sie waren auf eine Sakrallandschaft bezogen, zu der – abgesehen vom Kultzentrum Pessinus – der phrygische Berg Agdos sowie das Flüßchen Sangarios gehörten. Der heilige Fluß, in dem die Göttin alljährlich zu Frühjahrsbeginn, in festlicher Prozession geleitet, ihr rituelles Bad nahm, wurde in Rom durch den Almo, einen Nebenfluß des Tiber ersetzt.

Berühmtheit erlangte der Kult jedoch vor allem aufgrund seiner spektakulären ekstatischen Riten, die bei den Römern auf Unverständnis und Ablehnung stießen. Die römische Pontifikalreligion war zwar würdevoll und feierlich, ließ aber keinerlei ekstatische Formen zu. So wurde ganz besonders ein bis dahin in Rom unbekannter Brauch als skandalös und anstößig empfunden: der Ritus der sakralen Selbstentmannung – ein Akt rückhaltloser und unwiderruflicher Hingabe an die Göttin, durch den sich der Göttin besonders verbundene Anhänger – von den Römern »fanatici« genannt – auf ewig dem Dienst der Großen Mutter weihten. Diese Eunuchenpriester, die es auch in den Kulten anderer orientalischer Göttinnen gab, hießen »Galloi« oder »Galli«[3]. Bevor wir uns aber den näheren Einzelheiten der im Kult praktizierten Rituale zuwenden, empfiehlt es sich, zunächst den mit dem Kult aufs engste verbundenen Mythos von Kybele und Attis wiederzugeben, da wir im Mythos den Schlüssel zu allen ansonsten unverständlich bleibenden Besonderheiten und Eigentümlichkeiten des Kultes zu finden hoffen.

Die ausführlichsten und detailliertesten Darstellungen des Mythos verdanken wir auch in diesem Falle erst den kaiserzeitlichen Schriftstellern, vor allem Pausanias[4] und dem fast drei Jahrhunderte jüngeren christlichen Apologeten Arnobius[5]. Karl Kerényi hat seinerzeit das gesamte Material in seiner »Griechischen Mythologie« zusammengestellt, und an seine Darstellung werden wir uns im folgenden anlehnen.

Der Himmelsgott Pappas, die phrygische Version des griechischen Zeus, habe einst, so heißt es, die Große Mutter, die Herrin des Berges Agdos, geschwängert. Lange muß der Himmelsgott mit der Bergmutter ringen, wobei sein Samen auf den Felsen fällt. Der Berg kreißt und gebiert ein doppelgeschlechtliches Ungeheuer: Agdistis (benannt nach dem Berg), eine Erscheinungsform der Großen Mutter selbst. Bei dem nun folgenden hat man den Eindruck, als würde abermals eine Variante von Platons Mythos aus dem »Symposion« erzählt: Die Kraft, die Wildheit und Gewalttätigkeit des doppelgeschlechtlichen Urwesens – Inkarnation der rohesten Naturgewalten – bedroht die Götter. Nur einer aus ihrer Mitte weiß Rat: Dionysos. Er hat den Plan, Agdistis trunken zu machen und, sobald er aufgrund seines Zustandes wehrlos geworden ist, zu überwältigen. Die List hat Erfolg; der hilflos seiner Trunkenheit ausgelieferte Agdistis wird übermannt und mit seinem Geschlecht an einen Baum gefesselt. Erst als er aus seiner Trunkenheit erwacht, erkennt das Ungeheuer seine Lage. In dem spontanen Drang, sich seiner Fesseln zu entledigen, entmannt sich Agdistis und geht damit gleichzeitig seiner einst grenzenlosen Machtfülle verlustig. Aus dem doppelgeschlechtlichen Urwesen ist Kybele geworden.

Das Blut, das aus der furchtbaren Wunde strömt, wird zusammen mit dem abgerissenen Geschlecht von der Erde verschlungen und bewirkt, der Opferlogik folgend, neues Leben: An derselben Stelle entsprießt ein Mandelbaum (oder Granatapfelbaum) von so unwiderstehlicher Schönheit, daß die Flußnymphe Nana, Tochter des Flußgottes Sangarios, der Verlockung erliegt, eine von den Früchten des Baumes zu pflücken. Nana birgt die geheimnisvolle Frucht in ihrem Schoß und wird davon schwanger. Dem Vater jedoch bleibt die verbotene Schwangerschaft seiner Tochter nicht lange verborgen. Um die vermeintliche Freveltat, die Schändung seiner Tochter, aus der Welt zu schaffen oder zumindest ihre schlimmsten Folgen abzuwenden, wird Nana eingesperrt und dem Hungertode preisgegeben. Doch Kybele, die insgeheime Lenkerin allen Geschehens, will es anders: Nana wird auf wunderbare Weise von ihr ernährt und so vor dem Tode bewahrt. Sie bringt ihr Kind, ein Knäblein, zur Welt, und ein weiteres Mal kommt es zum Anschlag ihres Vaters auf das Götterkind. Das Knäblein wird im Schilf am Ufer des Sangarios ausgesetzt, doch abermals erweist sich Kybele als die eigentliche Herrin des Schicksals. Sie sendet einen Ziegenbock zu dem ausgesetzten Kind und läßt es mit Bocksmilch aufziehen. Vom nährenden Ziegenbock, »attagus«, hat auch das Knäblein, so sagt man, seinen Namen: Attis.

Nach seiner wunderbaren Rettung wächst das Kind in der Obhut des Ziegenbockes heran und wird schließlich zu einem Jüngling von solch außergewöhnlicher Schönheit, daß sich Kybele unsterblich in ihn verliebt. Wir wissen aus dem, was vorausging, daß die Leidenschaft, in der Kybele zu Attis entbrennt, nichts anderes ist als die Sehnsucht danach, sich wieder mit der anderen, von ihr gewaltsam abgetrennten Seite ihres Wesens zu vereinigen und so die Vollkommenheit und Fülle des Anfangs zurückzugewinnen. Keine Gelegenheit läßt die Göttin vorübergehen, die Nähe ihres Geliebten aufzusuchen; die Bergwälder sind der bevorzugte Aufenthaltsort des heiligen Paares, das sich keinen Augenblick voneinander trennt: Kybele begleitet ihren Liebling auf die Jagd und beschenkt ihn mit der erlegten Beute. Doch bald nimmt das Geschehen eine tragische Wende.

Die Berichte von dem sagenumwobenen Liebespaar erreichen auch den Hof des phrygischen Königs Midas zu Pessinus. Dieser beschließt, den Jüngling suchen zu lassen, um ihn von Kybele zu trennen und ihn statt dessen mit seiner eigenen Tochter zu vermählen. Der Anschlag gelingt; Attis wird gefunden und an den Hof gebracht, die Hochzeit mit der Tochter ausgerichtet. Gerade als das Fest seinem Höhepunkt zustrebt, geschieht das Entsetzliche und Unerwartete: Rasend vor Leidenschaft, Eifersucht und Begierde erscheint die Göttin inmitten der Hochzeitsgesellschaft. Mit den schrillen Tönen, die sie ihrer Syrinx (einer Art Panflöte) entlockt, treibt sie die Festteilnehmer, das Hochzeitspaar eingeschlossen, in den Wahnsinn. Attis, vom Wahn erfaßt, stürzt aus dem Saal und flieht in einen nahegelegenen Hain, wo er sich unter einer Fichte oder Pinie jene furchtbare Wunde beibringt, an der der schöne Jüngling verblutet: Die Selbstentmannung des Geliebten der Großen Göttin schließt den Opferring, der mit der unfreiwilligen Selbstentmannung des Agdistis begonnen hatte. An der Stelle des Opfers entsprießen Veilchen, doch der göttliche Jüngling selbst verblutet in den Armen seiner Geliebten, die das tragische Ende nicht zu verhindern vermag.

Kybele wird von namenlosem Schmerz und Trauer um den toten Geliebten erfaßt. Sie fleht zu Zeus-Pappas, Attis ins Leben zurückkehren zu lassen – umsonst: Das einzige, was der Göttin zugestanden wird, ist, daß Zeus den Tod des Attis trotz aller Endgültigkeit und Unwiderruflichkeit um eine winzige Spur mildert. Der Leib des toten Geliebten soll niemals die Zeichen der Verwesung tragen; der kleine Finger erhält seine volle Beweglichkeit zurück[6], und das Haar wird niemals aufhören zu wachsen – mit anderen Worten: allein auf der vegetativen Ebene bleibt dem Gott eine Spur von Leben erhalten. Das hängt vermutlich damit zusammen, daß Attis – genau wie Osiris – den Aspekt der Vegetationsgottheit hat. Doch gerade dieser Aspekt ist der Logik des Opfers verpflichtet: Der Tod des Gottes ist unabdingbare Voraussetzung für die Erneuerung der Vegetation, ja des Lebens überhaupt und – in der spirituellen Überhöhung dieses Gedankens im Rahmen der Mysterientheologie der Spätantike – für Erlösung.

Nun gibt es Traditionen, in denen nicht vom endgültigen Tod des Attis, sondern von seiner Wiederauferstehung die Rede ist. Das mag mit der Umformung des Mythos zu einer platonisierenden Mysterientheologie zu tun haben. Ob sich das von Firmicus Maternus überlieferte Wort »Seid getrost, ihr Mysten! Denn so wie der Gott errettet ist, wird auch euch Rettung und Erlösung von eurer Mühsal zuteil!«[7] auf Attis bezieht, bleibt ungewiß. Auf eine Auferstehung des Gottes bezieht sich auch der Vermerk in einem uns überlieferten spätrömischen Festkalender aus dem Jahre 354 n.Chr., dem in einer Abschrift erhaltenen »Kalender des Philocalus«. Ihm verdanken wir wichtige Aufschlüsse für den Ablauf verschiedener Feste und Festzyklen, die im Rom der Mitte des vierten Jahrhunderts begangen wurden. So wissen wir dank dieses Kalenders genau Bescheid über den Verlauf eines regelrechten Passionszyklus, bei dem alljährlich um die Zeit des Frühjahrsäquinoktiums Martyrium, Tod und Auferstehung des Attis und die Trauer der Kybele rituell vergegenwärtigt wurden. Dem »Tag des Blutes« folgte dabei »Hilaria«, der »Tag der Freude«. Hieraus kann man den Schluß ziehen, daß im Gegensatz zum pessimistischen Finale des Mythos im inszenierten Ritual dem Tod des Gottes und der Trauer um ihn die Verkündigung seiner Auferstehung als triumphaler Schlußpunkt des gesamten Passionsdramas gefolgt sein muß.

Es gibt außerdem ein Zeugnis der bildenden Kunst, das ebenfalls in diese Richtung weist: die sogenannte »Silberpatene von Parabiago«, ein Kunstwerk von höchster Vollendung, das heute im Archäologischen Museum von Mailand aufbewahrt wird. Die Forschung datiert das Objekt auf die achtziger Jahre des vierten Jahrhunderts, als es unter dem Kaiser des Westens, Eugenius, ein allerletztes Mal zu einer kurzen Blüte der sterbenden antiken Religionen und Kulte kam, bevor sie dann nach dem

Attis und Kybele. Silberpatene von Parabiago.
Castello Sforzesco, Mailand

Sieg des Theodosius über seinen Rivalen am Frigidus endgültig ausgelöscht wurden. Das Bildprogramm des Silbertellers ist unschwer zu erkennen: der Triumph des hochheiligen Götterpaares Kybele und Attis, das – umtanzt von drei sogenannten Korybanten oder Pyrrhichen, ekstatischen Waffentänzern, die mit ihren Kurzschwertern auf ihre Schilde schlagen – auf einem von vier Löwen gezogenen Thronwagen einherfährt. Hier wird auch die kosmische Dimension dieser Triumphszene deutlich: Die Mächte des Himmels und der Erde und alle Genien der Natur und des Wachstums sind zugegen, um den Triumph des göttlichen Paares zu einem Triumph des ganzen Universums werden zu lassen. Die Silberpatene ist gleichsam eine »imago mundi«, ein Bild des Kosmos, und genau wie dieser gegliedert in eine himmlische, eine irdische und eine chthonische Sphäre. Am obersten Bildrand erscheinen die beiden großen Gestirnsgötter Sol und Luna. Die von vier Pferden gezogene Quadriga des Sonnengottes wird angeführt von Lucifer oder Phosphoros, dem Morgenstern, der zum Zeichen des nahenden Tages die Fackel emporhält. Der aufgehenden Sonne weicht Luna, die Mondgöttin, deren von Rindern gezogenes Zweigespann angeführt wird von Hesperus, dem Abendstern, der der Regentin der Nacht mit der gesenkten Fackel voranzieht. Die untere Sphäre dagegen teilen sich die Götter der Erde und der Gewässer. Ganz unten finden wir den Meeresgott Okeanos, charakterisiert durch die Krebsscheren auf seinem Kopf und das Ruder in seiner Linken, daneben Tethys, seine Gemahlin. Wie fast alle Götter, so haben auch sie ihren Blick auf die Triumphszene gerichtet, die sich über ihren Häuptern, gleichsam in der »Mitte des Universums«, abspielt. Rechts unten erblickt man die Erdgöttin Tellus. Man erkennt sie an ihrer typischen Haltung: halb aufgerichtet, den Kopf auf die linke Hand gestützt, in den Armen ein riesiges Füllhorn mit den Früchten der Erde, um das sich die chthonische Schlange ringelt. Zwei Fruchtbarkeitsgenien umspielen die Göttin. Aufgeschreckt vom Lärm, der den Triumphzug begleitet, deuten sie nach oben und versuchen auch die Aufmerksamkeit von Tellus dorthin zu lenken. Auf die Erdgöttin zu bewegt sich die kleine Schar der Jahreszeitengenien, angeführt vom Winter. Genau gegenüber von Tellus, am linken Bildrand, sind zwei Flußgottheiten zu erkennen: Sangarios, mit Schilfrohr und umgekippter Hydria, den Zeichen der Flußgötter, sowie Nana, seine Tochter.

Auf der rechten Bildseite ist Atlas, der Weltenriese, zu sehen, der auf seinem Haupt den Zodiacus trägt. Im Innern des Weltenkreises steht, in der Haltung des Kosmokrators, der Welt- und Zeitgott Aion oder Chronos, der – den Tierkreis dort ergreifend, wo sich das Zeichen der »Fische« befindet[8] – den Umschwung der Sphären bewirkt. Unterhalb von Atlas eine Zikade und eine Eidechse, Symbole der ständigen Wiedererneuerung der Natur und des Lebens. Und zuletzt schließlich noch rechts außen die Meta der Rennbahn des Circus Caianus, wo am 28. März, am Tag nach dem rituellen Bad des Götterbildes im Almo, die Spiele begannen.

Der Festkalender des Philocalus weist aus, daß sich die kultischen Begehungen im engeren Sinne des Wortes über einen Zeitraum von zwei Wochen erstreckten, mit dem Zeitpunkt des Frühjahrsäquinoktiums im Mittelpunkt.[9] Der Festzyklus begann am 15. März mit einer Prozession der sogenannten »Cannophoren«, was »Schilfträger« bedeutet. Es handelte sich um die Mitglieder eines Kultkollegiums, das die Aufgabe hatte, am Ufer des Almo Schilfgras zu schneiden und in den Tempel zu bringen. Der Ritus sollte an die Geburtslegende des Attis erinnern – an seine Aussetzung im Schilfgras am Ufer des Sangarios in Phrygien. Sieben Tage später, am 22. März, erreichte das Mysteriendrama seinen ersten Höhepunkt: Die »Dendrophoren«, das bedeutet »Baumträger«, ein anderes Kultkollegium, dem in erster Linie Zimmerleute angehörten, fällten eine Fichte oder Pinie – jenen Baum, unter dem Attis dem Mythos zufolge verblutet war – und trugen sie in einer Prozession zum Heiligtum des Götterpaares. Dort wurde der Baum mit dem Bildnis des Attis geschmückt, mit Binden umwickelt wie eine Mumie, dann über und über mit Veilchen bedeckt – der Blume, die aus dem ins Erdreich versickernden Blut des Gottes entsprossen war – und in aller Feierlichkeit bestattet. Dieses Geschehen, in dem sich der Tod des Gottes aufs neue wiederholte, löste unter seinen Anhängern jene maßlose Trauer aus, die sich schließlich zu orgiastischer Raserei steigerte und in selbstzerstörerischen Exzessen entlud. Das Erreichen der Ekstase wurde beschleunigt durch eine schrille und rhythmische Musik, bei der Flöten, Zymbeln, Klappern und Handpauken als Instrumente die Hauptrolle spielten. Alle, die vom Sog der Raserei ergriffen wurden, begannen sich zum Teil schwere Verwundungen zuzufügen, indem sie sich mit Messern Arme und Schultern zerschnitten oder mit ihren Knöchelpeitschen den Rücken aufrissen. Hierzu bemerkt der neuplatonische Philosoph Iamblichos, daß die Flagellanten bei ihren rituellen Selbstverwundungen keinerlei Schmerz verspürt hätten, »da alles eigene Bewußtsein erloschen war vor dem sie erfüllenden Geiste der Gottheit«.

Auf dem Höhepunkt des ekstatischen Taumels schließlich geschah das kaum Glaubliche, Unerhörte: Der eine oder andere von denjenigen, die sich neu in die Mysterien einweihen ließen, schritt zum äußersten und entmannte sich, um auf diese Weise mystisch mit der Gottheit eins zu werden. Ganz ähnliche Vorgänge teilt uns Lukian für die großen rituellen Begehungen zu Ehren der Dea Syria (Atargatis) am Orte ihres Zentralheiligtums im syrischen Hierapolis (Bambyke) mit: Während die Gallen in Ekstase gerieten, sprang plötzlich der eine oder andere von den Umstehenden, der ebenfalls von der um sich greifenden Ekstase erfaßt worden war, mitten unter sie, griff nach einem am Altare bereitgelegten Kurzschwert und entmannte sich. Anschließend, so Lukian weiter, sei der frisch Verschnittene, sein Geschlecht in der Hand, durch die Straßen gerannt, um es schließlich in irgendein Haus zu werfen, dessen Bewohner den Eunuchen mit weiblicher Kleidung und Frauenschmuck ausstatten mußten[10].

In seinem Buch »Saturnalia« beschreibt der römische Schriftsteller Macrobius die Attis- und Kybele-Riten in ihrer einheimisch-orientalischen Form. Danach schwärmten die Anhänger des Gottes in die Berge des Agdos aus, um das dort irgendwo verborgen gehaltene Bild des Attis zu suchen. War es dann schließlich gefunden, so fielen die Teilnehmer gleichfalls in jenen rasenden Taumel, auf dessen Höhepunkt sie die Selbstverstümmelung vollzogen, indem sie sich entmannten und damit das Schicksal des Gottes erlitten. Auch hier ist, wie im Prajapati-Mythos und in anderen Götterdramen, der Gedanke der Rückerstattung und Wiederherstellung vorherrschend: Das Opfer derer, die sich selbst entmannt haben, gibt dem Gott zurück, was er seinerseits verloren hatte. Indem aber der Gott geheilt und wiederhergestellt ist, vermag er auch die Wiedervereinigung mit seiner göttlichen Geliebten zu vollziehen. Damit wird wiederum zugleich die Göttin regeneriert und geheilt, denn Attis ist ja nichts anderes als die andere, die männliche Seite ihrer doppelgeschlechtlichen Natur. Mit seinem Opfer heilt der Adept der Großen Mutter und ihres Geliebten zugleich die Wunde des Gottes *und* die Wunde der Göttin. Doch so wie Attis das männliche Double des doppelgeschlechtlichen Agdistis ist, so ist auch der Gallus, indem er sich selbst entmannt, das Double des Attis! Indem er sowohl dem Gott wie der Göttin zur Wiederherstellung ihrer ursprünglichen Ganzheit und Vollkommenheit verhilft, gewinnt er *seine eigene* Vollkommenheit und Ganzheit zurück, die er – um in der Bildsprache des Mythos zu bleiben – mit seiner Geburt auf Erden, mit seiner Fleischwerdung, verloren hatte, da er sich mit seiner Menschwerdung schuldhaft vom Ursprung lossagte. Hier kommt die Logik des Opfers in ihrem vollen Umfang zur Geltung:

Das schreckliche Opfer ist gleichsam das Lösegeld, mit dem sich der dazu Berufene von seiner irdischen Seinsweise freikauft und seine Apotheose erfährt. Der Verlust an irdischer Natur führt zur Wiederherstellung seiner himmlischen. Somit befreit also die eigenhändig vorgenommene Verstümmelung von der mythischen »Urschuld« des Bruchs mit dem Ursprung und stellt den Zustand der uranfänglichen Vollkommenheit und Ganzheit wieder her. In Attis erschaut der Myste gleichsam *sich selbst*, im tragischen Schicksal des Gottes *sein eigenes Verhängnis.* Indem er also durch sein Selbstopfer den Gott wiederherstellt, bewirkt er zugleich seine eigene Auferstehung und wird zum mystischen Bräutigam der Göttin. Vielleicht begegnet uns in den Attis- und Kybele-Mysterien in ihrer spätantiken Form der unmittelbare Vorläufer aller späteren Brautmystik. Dazu würde jedenfalls das sogenannte »Synthema« passen, das magische Kennwort, mit dem sich die Eingeweihten einander zu erkennen gaben und das uns sowohl der Kirchenlehrer Clemens von Alexandria[11] als auch Firmicus Maternus fast gleichlautend überliefert haben: »Ich habe vom *tympanon* gegessen und vom *kymbalon* getrunken; ich habe den *kernos* getragen und bin in das Brautgemach der Göttin gegangen: Ich bin ein Myste des Attis geworden!« Unter *kernos* ist ein kultisches Gefäß zu verstehen, ein Behälter, von dem sogar einige vermuten, daß er die abgeschnittenen und der Göttin geweihten Genitalien der Verschnittenen enthalten habe. Aber das muß vorerst reine Spekulation bleiben. Genaues läßt sich jedenfalls hierzu nicht mehr ermitteln.

Auf jeden Fall thematisiert der Mythos von Attis und Kybele das Verhältnis zwischen der Gottheit und ihren Geschöpfen, das Drama der Abspaltung der Schöpfung von ihrem Ursprung oder, wenn man es in der Sprache der Hebräischen Bibel ausdrücken will: das Drama vom Sündenfall. Doch da es sich auch um ein *Heils*-Drama handelt, hat derselbe Mythos auch die Wiederherstellung der verlorengegangenen Einheit mit dem göttlichen Ursprung im mystischen Mutter-Sohn-Inzest, in der Heiligen Hochzeit von Attis und Kybele, zum Thema. Diejenigen also, die sich der phrygischen Göttin und ihren Mysterien verschrieben haben, sind sich bewußt, daß der Triumph des heiligen Paares zugleich ihr eigener ist.

Der verweiblichte Kaiser

5. Der Kult des Sonnengottes

Im Jahre 218 n.Chr. wurde Varius Avitus Bassianus, der erst vierzehnjährige Priester des syrischen Sonnengottes Elagabal, zum römischen Kaiser ausgerufen. Sein offizieller Name als Imperator lautete Marcus Aurelius Antoninus; doch bekannt wurde er der Nachwelt unter dem Namen seines göttlichen Herrn Elagabal, obgleich er selbst, soviel wir wissen, diesen Namen niemals trug. Der Kindkaiser war über eine Seitenlinie der severischen Dynastie auf den Thron der Caesaren gekommen: Seine Großtante mütterlicherseits war Iulia Domna, die Gemahlin des Kaisers Septimius Severus, eine der eindrucksvollsten Frauengestalten der römischen Kaiserzeit überhaupt. Nicht nur, daß sie maßgeblich an sämtlichen politischen Entscheidungen ihres kaiserlichen Gatten mitbeteiligt war; sie unterhielt darüber hinaus eine Art »Salon«, in dem sich alle prominenten Vertreter der damaligen zeitgenössischen Philosophie trafen und mit denen sie selbst lebhaften Austausch pflegte.
Iulia Domna entstammte dem Geschlecht der »Samsigeram« (von dem arabischen Wort al-Shams = die Sonne), einer seit Generationen bereits in Syrien ansässigen arabischen Dynastie von Priesterfürsten im Dienste des Sonnengottes Elagabal von Emesa. Die Samsigeram verstanden sich als Priester, Stellvertreter und Bevollmächtigte ihres Gottes auf Erden, denen der Schutz des Heiligtums und die Ausrichtung des Kultes anvertraut war. Varius Avitus Bassianus, genannt Elagabal, war der jüngste Vertreter des Priestergeschlechtes. Auch als Imperator verstand er sich weiterhin in erster Linie als Priester und oberster Diener seines Gottes. Sein Leben war kultischen Verpflichtungen völlig untergeordnet und ausschließlich am Willen seines Gottes orientiert. Lebensführung und Hofhaltung Elagabals waren gewissermaßen eine einzige und nie unterbrochene »imitatio dei«, repräsentierte doch der syrische Priesterkaiser ein altorientalisches Sakralkönigtum im ausgesprochenen Sinne des Begriffs: Der Kaiser war das irdische Double seines Gottes: beide standen unter *demselben* Gesetz. Elagabals Leben als Person und der Kult seines Gottes – sprich: Privatleben, Herrscheramt und Priesteramt – waren so

aufeinander bezogen und miteinander verbunden, daß keine einzige Handlung des Kaisers verständlich wird, wenn man sie nicht als Nachahmung eines göttlichen Urbildes interpretiert. Die dem Kaiser später von seinen verständnislosen Biographen, wie Lampridius, Cassius Dio und Herodian, zur Last gelegten »Perversionen« und »Ausschweifungen« waren nicht etwa Ausdruck eines verkommenen Charakters, sondern Elemente eines Rituals. Sie hatten ausschließlich *sakrale* Hintergründe, widersprachen allerdings althergebrachter römischer Sitte und Moral. Weit davon entfernt, der Befriedigung »abartiger« Leidenschaften zu dienen, waren die angeblichen »Schandtaten« des Kaisers in Wahrheit integraler Bestandteil eines nie endenden Zeremoniells, denn Leben und Gottesdienst waren für Elagabal *eins.*

Der gleichfalls aus dem Arabischen stammende Name *Elagabal* bedeutet aller Wahrscheinlichkeit nach »Herr des Berges« bzw. »Gott des Berges« (von arabisch el-Djebel = der Berg). Dieser für einen Sonnengott ungewöhnliche Name bezieht sich wohl auf das anikonische Idol dieses Gottes: einen konischen bzw. bienenkorbförmigen Meteorstein von obsidianschwarzer Farbe, der im Allerheiligsten seines mit Gold und Juwelen reich geschmückten hexastylen Tempels in Emesa (dem heutigen Homs) aufgestellt war. Derartige Steinidole aber waren im gesamten antiken Orient und in Kleinasien weit verbreitet. Die Griechen nannten sie »Baityloi« (von semitisch »beth-El« = »Haus Gottes«), aus der Hebräischen Bibel sind sie als »Mazzeben« bekannt. Doch sind die meisten dieser anikonischen Kultbilder Verkörperungen *weiblicher* Mächte. Das außer Elagabals Kultstein in der Religionsgeschichte berühmteste Exemplar eines solchen Steinidols ist wohl der schwarze Steinkegel der phrygischen Magna Mater Kybele, den die Römer aufgrund eines Orakels im Jahre 204 v.Chr. aus seinem phrygischen Zentralheiligtum in Pessinus nach Rom überführen ließen, wo sie ihm zu Ehren auf dem Palatin einen Tempel, das sogenannte »Phrygianum«, errichteten. Aber die Ähnlichkeiten zwischen dem syrischen Sonnengott und der phrygischen Magna Mater gingen weit über die Tatsache hinaus, daß beide Gottheiten in schwarzen, kegelförmigen oder konischen Steinidolen verkörpert waren. Trägt der Gott von Emesa den Namen »Gott des Berges«, so wird die phrygische Göttin Kybele unter anderem auch als »Mutter des Berges« (griech.: »meter oreia«) tituliert. Der Mythos verbindet Kybele mit dem Agdos-Gebirge im nordwestlichen Anatolien und schildert, wie der Fels, der den göttlichen Leib der Bergmutter repräsentiert, unter »Löwengebrüll« kreißt und ein doppelgeschlechtliches Monstrum gebiert. Wie auch andere Göttinnen ihres Typus wird Kybele zugleich als »Himmelskönigin«, die auf dem Berg thront, vorgestellt, so daß in ihrem Kultbild die Bedeutung des »Götterthrones« mit derjenigen des »kreißenden Steines« verschmilzt. Nicht ohne Grund sollte Kaiser Elagabal später den nach Rom überführten heiligen schwarzen Stein der Göttin aus dem Phrygianum in seinen Sonnentempel bringen lassen: Die in Steinen verkörperten Götter sollten wohl alle unter einem einzigen Dach vereinigt werden; ja die ebenfalls in Gestalt eines Steinidols verehrte uralte punisch-karthagische Himmelsgöttin Tinnit – römisch »Dea Caelestis« genannt – wurde dem Sonngott sogar zur Gemahlin gegeben, die »Hochzeit der Steine« als Hierogamie von Sonne und Mond gefeiert.

Nun sind zahlreiche Wissenschaftler (zum Beispiel Franz Altheim[1]) der Ansicht, daß auch das schwarze steinerne Kultidol des Sonnengottes von Emesa einstmals einer weiblichen Göttergestalt vom Typus der »Magna Mater« zugehörig war und erst verhältnismäßig spät – vermutlich im Zuge des Vordringens hellenistischer Sonnenkulte und ihrer Verbreitung unter graeco-orientalischen Herrschern oder der Zunahme arabischen Einflusses in Syrien und der damit verbundenen Bedeutung altarabischer Astralreligiosität – »solarisiert« wurde: Aus dem »kreißenden Stein« einer altsyrischen »Magna Mater«-Gestalt und »Herrin des Berges« war der »vom Himmel gefallene« Meteorstein des Sonnengottes geworden. Dies ist nur eine Hypothese. Sie gewinnt aber um so mehr Wahrscheinlichkeit, als im Kult des Gottes Elagabal ekstatische und orgiastische Züge unverkennbar sind. Zu den charakteristischsten und zugleich spektakulärsten Eigentümlichkeiten des Kults zahlreicher Göttinnen des Orients – insbesondere derjenigen vom Typus der orientalischen »Aphrodite« – gehören drei Phänomene: die Praxis der rituellen Selbstentmannung, der kultische Geschlechtswandel sowie die sogenannte »sakrale Prostitution«. Eunuchenpriester (»Gallen« oder »Metragyrten« genannt), Transvestiten und Hierodulen (»Tempelsklaven« und »-sklavinnen«) prägten daher in entscheidendem Maße das von Faszination und Grauen gleichermaßen bestimmte Bild mit, das man sich im Westen von orientalischen Kulten machte. Neben den genannten Besonderheiten östlicher Kulte gab es noch andere, nicht minder charakteristische Merkmale: Beschneidungssitte, Enthaltung von Schweinefleisch und – vereinzelt – kultische Homosexualität. In sämtlichen Kultbräuchen von sexuellem Charakter waren göttliche Hierogamien die Vorbilder, und auch hier kam die Regel zur Anwendung, daß Priester und Gottheit denselben Gesetzen gehorchen: In allem, was der Priester tut, verkörpert er entweder den irdischen

Gemahl der Großen Göttin oder das Double seines göttlichen Herrn! Daß nicht nur im Rahmen von Kulten weiblicher, sondern auch von solchen männlicher Gottheiten wie Elagabal Traditionen der genannten Art eine Rolle spielten, spricht wiederum zugunsten unserer These, daß Kult und Kultbild des Sonnengottes von Emesa ursprünglich einer weiblichen Gottheit galten und später, unter neuem Vorzeichen, unverändert fortbestanden.

So allgemein üblich die genannten Kultbräuche im antiken Orient auch waren – mit römischer Auffassung von »religio« und »pietas« ließen sie sich nicht vereinbaren. Die römische Pontifikalreligion hatte ausgesprochen anti-ekstatischen Charakter. Erotisches im Kult galt als anstoßerregend; Exzessives, Laszives, Orgiastisches blieb auf Geheimkulte und Mysterienriten beschränkt. Doch nur allzu schnell raunte man angesichts geheimer Begehungen von »Kinderopfern« und sexuellen Ausschweifungen, besonders dann, wenn es sich um Kulte orientalischer Herkunft handelte. So mußte auch der Priesterkaiser aus Emesa bei seinem Versuch, den Kult des syrischen Sonnengottes in Rom zu etablieren und zur offiziellen Reichsreligion zu machen, an der »exzentrischen« Ritualen gegenüber voreingenommenen Haltung der Römer scheitern: Noch nicht einmal vier Jahre nach seiner Ausrufung zum Imperator wurde Elagabal zusammen mit seiner Mutter Soaemias ermordet; sein Leichnam wurde geschleift und in den Tiber geworfen. Mit ihm fiel auch der Kult des Sonnengottes der Verfemung anheim: Der syrische Gott wurde aus Rom verbannt, sein schwarzes steinernes Idol nach Emesa zurückgeschickt. So endete der erste Versuch, einen orientalischen Kult in Rom als Reichsreligion zu etablieren, mit einer schweren Niederlage – vorerst zumindest. Denn dabei sollte es nicht bleiben. Genau ein halbes Jahrhundert nach der Ermordung des jungen Kaisers und der Verfemung seines Gottes hielt Elagabal in »gereinigter« Form und unter verändertem Namen erneut in Rom Einzug. Kaiser Aurelian hatte ausgerechnet in dem einst aus seiner Haupt- und Residenzstadt verbannten Sonnengott von Emesa seinen treuesten Verbündeten im Kampf gegen das aufständische Palmyra gefunden. Seinen Sieg über die unbotmäßige Stadt dankte der Kaiser dem Sonnengott mit dessen Rückführung nach Rom: Unter dem Namen *Deus Sol Invictus* und mit einem Zeremoniell, das von sämtlichen ekstatischen und orgiastischen Elementen gereinigt war, erhob Aurelian den syrischen Sonnengott erneut zum Haupt- und Reichsgott des römischen Imperiums. Der im Prinzip monotheistische Staatskult der »unbesiegten Sonne« war in gewisser Weise schon das Praeludium zur späteren Christianisierung Roms. Nicht nur, daß Christus selbst gerade während des dritten Jahrhunderts verschiedentlich als »Sonnengott« dargestellt wurde, mit Strahlennimbus versehen und auf der Quadriga des Sol einherfahrend, sondern er galt sogar als die »wahre«, »geistige« Sonne, als die unsichtbare »Sonne der Gerechtigkeit« (»Sol iustitiae«), weshalb man auch im Westen des Imperiums die Geburt Christi auf den 25. Dezember, den Tag der Geburt des Sonnengottes, verlegte. – Doch dies alles lag noch in weiter Ferne, als Kaiser Elagabal 218 n.Chr. den Thron der Caesaren bestieg.

Bei der Ausrufung des damals erst vierzehnjährigen Varius Avitus Bassianus zum Kaiser war sogleich veranlaßt worden, den Kultstein des Sonnengottes in feierlicher Prozession auf dem Landwege nach Rom zu überführen, was allein schon viele Monate in Anspruch nahm. Ob sich der Einzug des Gottes in die Hauptstadt des Imperiums so abgespielt hat, wie dies verschiedene Darstellungen auf Münzen nahelegen, wissen wir nicht genau. Denn diese Darstellungen beziehen sich auf den alljährlich im Hochsommer veranstalteten Umzug des Sonnengottes von seinem Hauptheiligtum auf dem Palatin zu seiner sommerlichen Dependance außerhalb der Stadt, unweit der Porta Maggiore. Doch vermittelt uns die Darstellung mit dem Kultwagen des Sonnengottes und die ausführliche Beschreibung des sommerlichen Umzugs durch die Chronisten einen gewissen Eindruck davon, wie die Überführung des heiligen Steines aus Syrien nach Italien sich abgespielt haben könnte. Sechs weiße Rösser zogen die Lafette mit dem bienenkorbförmigen Steinidol, das von einem Sonnenadler bekrönt und von Kultschirmen flankiert war. Der Kaiser soll, in kostbare persische Gewänder gehüllt, der prunkvollen Lafette mit den »sacra« des Gottes mit dem Rücken vorangeschritten sein, um den Blick von seinem Gott niemals abwenden zu müssen. Nicht der Kaiser, sondern der Gott in Gestalt seines heiligen Steines selbst sollte seinen sechsspännigen Kultwagen lenken, und aus diesem Grunde waren die Zügel um den heiligen Stein herumgelegt – kein Sterblicher, nicht einmal der Kaiser und allerhöchste Priester seines göttlichen Herrn hätte sie ergreifen und sich anmaßen dürfen, den Gott führen zu wollen …

Es war schon davon die Rede, daß der Kaiser in seiner Eigenschaft als höchster Priester des Gottes demselben Gesetz verpflichtet war, nach dem sich der Kult des Gottes und seines Idols vollzog. Aus diesem Grunde war Kaiser Elagabal selbst dazu angehalten, sich in allem, was er tat, seinem göttlichen Vorbild anzugleichen, und dies betraf allem voran die geschlechtlichen Verbindungen, die der Kaiser einging und die als unmittelbares Abbild göttlicher Hierogamien betrachtet werden müssen. Kurz nach der Überführung seines Gottes nach Rom ließ der Kaiser ihm einen Tempel auf dem Mons Palatinus erbauen, und dorthin überführte er auch einige der altehrwürdigsten »sacra« Roms, wie das heilige Feuer der Vesta und die berühmten »Schilde der Salier«, Fetische, die dem Gott Mars heilig waren. Aus dem Tempel der Minerva ließ Elagabal das Palladium der Göttin gleichfalls in den Sonnentempel überführen, um es mit dem Idol seines göttlichen Herrn zu vermählen. Als zweite Gemahlin gesellte der Kaiser seinem Gott die karthagische Himmelsgöttin Tinnit bei, die von den Römern »Iuno Caelestis« genannt wurde. Urbild dieser Verbindung des Sonnengottes mit der karthagischen Himmelsherrin war die astrale Hierogamie von Sonne und Mond, ihr altrömisches Gegenstück die Dualität von Iuppiter und Iuno, ihr griechisches die Ehe von Zeus und Hera. Die Religionspolitik des Kaisers fand ihren Ausdruck in der »Heiratspolitik« seines Gottes; die alte römische kapitolinische Trias von Iuppiter, Iuno und Minerva sollte durch eine neue Trias von Elagabal, Tinnit und Minerva ersetzt werden. Doch nun galt es, auch für das menschliche Double des Gottes, für Kaiser Elagabal selbst, eine Form der Ehe zu finden, die den Hierogamien seines Gottes in etwa entsprach. So wählte er sich zu seiner Gemahlin eine jener Gottesbräute aus dem Heiligtum der Vesta aus, die aufgrund ihres sakralen Status zu lebenslänglicher Jungfräulichkeit verpflichtet waren. Als »jungfräuliche Göttinnen«[2] galten nämlich auch die beiden Gemahlinnen des Sonnengottes – Minerva und Tinnit. Es scheint also, daß die jungfräulichen Gottesbräute aus dem Feuerheiligtum der Vesta in den Augen des Kaisers am ehesten den Gemahlinnen seines göttlichen Herrn Elagabal selbst entsprachen, zumal ja auch das von den Vestalinnen gehütete heilige Staatsfeuer zu jenen Kultrequisiten gehörte, die in den Tempel des Sonnengottes überführt worden waren. In den Augen der Römer jedoch bedeutete die Eheschließung zwischen dem Kaiser und einer Vestalin ein derartiges Sakrileg, daß gerade dieser Akt den endgültigen Anstoß für seine Beseitigung bilden sollte.

Auf Unverständnis und Empörung traf der Kaiser nicht nur bei der Mehrzahl seiner römischen Untertanen, sondern auch bei seinen späteren Biographen – Lampridius, Cassius Dio und Herodian: Sie alle lassen kaum ein gutes Haar an ihm, unterliegen doch auch sie allesamt der gleichen, immer wiederkehrenden Verwechslung von Religion und Moral, von Heiligem und Profanem, von Symbol und Wirklichkeit. Daß im Rahmen von gewissen Kulten oft gerade das Außerordentliche und

Anomale zur Regel werden kann, kommt diesen Geschichtsschreibern nicht in den Sinn. Von ihrem sakralen Hintergrund gelöst, erscheinen die sonderbaren Maßnahmen und Praktiken des Kaisers lediglich als Exzesse oder Perversionen. Doch unter religiösen und kultischen Aspekten betrachtet, nehmen sie genau die entgegengesetzte Bedeutung an: Sie werden gleichsam zu einzelnen Akten im Rahmen von Mysteriendramen, bei deren rituellen Inszenierungen keine »niederen« Instinkte entfesselt wurden, sondern *heilige Leidenschaften.* In diesen Zusammenhang gehören jedoch nicht nur die Hierogamien, sondern auch alle anderen »skandalösen« Aspekte der Religion Elagabals: das Ritual des kultischen Geschlechtswandels, kultische Homosexualität, sakrale Prostitution, Hierodulismus und schließlich auch noch die sakrale Selbstentmannung.

Es ist nicht genau zu ermitteln, ob Kaiser Elagabal im Verständnis seiner vorbehaltlosen Hingabe an den Gott von Emesa so weit ging, daß er die rituelle Selbstentmannung tatsächlich vollzog,[3] oder ob er mit diesem Gedanken nur spielte, wie uns aus anderen Quellen überliefert wird. Tatsache ist jedenfalls, daß in zahlreichen Kulten altorientalischer weiblicher Gottheiten Eunuchenpriester amtierten, wobei am Ursprung solcher Praktiken möglicherweise der Gedanke einer »Schwängerung der Erdmutter« vorherrschend war, sich im Laufe der Zeit jedoch dann zu einer Art »Brautmystik« wandelte: Kastration als selbstgewählter Verzicht auf irdisch gelebte Sexualität um einer völligen Hingabe an die Göttin willen. In solchen Kategorien gedacht, wird jeder kultische Zölibat gleichsam zum rituellen Ausdruck einer *Heiligen* Hochzeit: zu einer »symbolisch« vollzogenen Selbstentmannung und damit zum Zeugnis einer uneingeschränkten Hingabe an die Gottheit.

Die weibliche Entsprechung zum sakralen Eunuchentum wäre zum einen die sakrale Jungfräulichkeit wie im Kult der Vestalinnen, zum anderen aber auch deren vermeintliches Gegenteil: das Opfer der Jungfernschaft an die Göttin, also jenes Phänomen, das häufig so mißverständlich als »Tempelprostitution« bezeichnet wird. Doch richtiger wäre es, von »Hierodulismus« zu sprechen. Beim altbabylonischen Neujahrsfest *akitu* vereinigte sich der König mit einer Hierodule feierlich im sogenannten »Brautgemach« des Heiligtums der Göttin. König und Hierodule figurierten dabei als irdische Repräsentanten des hochheiligen Götterpaares Marduk und Sarpanitum. Die alljährliche rituelle Wiedervergegenwärtigung der mythischen Hierogamie war zugleich ein Akt der Erneuerung, ja Wiedererschaffung der Welt und der Zeit. Im alten Indien wurden

Hierodulen als Gottesbräute einem Gottesbild oder auch dessen Attributen vermählt. Am berühmtesten jedoch waren die Hierodulen im Dienste der sogenannten »assyrischen Aphrodite«, der Göttin Mylitta, über die uns Herodot im ersten Buch seiner »Historien« (I 199) folgendes überliefert: Einmal in ihrem Leben muß sich jede Babylonierin in den Tempel der Göttin Mylitta begeben und dort solange verbleiben, bis sich ein Freier findet, dem sie sich ohne jeden Vorbehalt hinzugeben hat. Der Freier – ein Fremder – muß der Hierodule eine Münze in beliebiger Höhe in den Schoß werfen und sie im Namen der Göttin Mylitta zum Mitgehen auffordern. Die Erwählte muß nun dem Mann in seine Wohnung folgen, ihm zu Willen sein und kann anschließend nach Hause zurückkehren. Eine ähnliche Einrichtung bestand auch in vielen anderen Kulten altorientalischer Göttinnen. Hierodulen *beiderlei* Geschlechts gab es unter anderem in den Kulten der persischen Anaitis, der pontischen Ma[4] sowie im Rahmen des altbabylonischen Ischtar-Kultes. Von den Hierodulen im Heiligtum der Atargatis oder, wie sie von den lateinischen Autoren genannt wird, der »Dea Syria«, gibt uns Lukian eine ausführliche Schilderung.[5]

Daß die Grenzen zwischen Hierodulismus und »sakraler Prostitution« jedoch in der Tat fließend sein können, belegt ein Beispiel aus Indien, das allerdings aus späterer Zeit stammt. Ein gewisser König Harsa aus Kaschmir um 1100 n.Chr. soll nämlich von Zeit zu Zeit junge Tempelsklavinnen bei Hofe empfangen haben, die in das sogenannte »Kaula-Ritual« eingeweiht waren, und verband sich mit ihnen, um mit Hilfe dieses magischen Rituals sein Leben zu verlängern. Hier mischen sich aber Bräuche aus dem Bereich des Tantrismus mit dem, was man normalerweise als »sakrale Prostitution« bezeichnet.

So befremdlich es scheint – im Prinzip gehört das Priesterinnentum der Vestalinnen im Dienste des heiligen Staatsfeuers in Rom ebenfalls in den Bereich des »Hierodulismus«, genauso wie die jungen Mädchen, die als »Bärinnen« (»arktoi«), in safranfarbene Gewänder gehüllt, eine Zeitlang im Tempel der Artemis von Brauron in Griechenland ihren Dienst taten, wobei sie in strengster Klausur leben mußten (Pausanias), streng genommen ebenfalls Hierodulen sind. Die beiden Seiten des Hierodulismus spiegeln sich übrigens im ambivalenten Wesen der großen altorientalischen Göttinnen selbst, die einerseits als Jungfrauen, andererseits nicht selten geradezu als göttliche »Nymphomaninnen« erscheinen können. Kultische Keuschheit und sakrale Prositution sind nur die beiden Seiten ein und derselben religiösen Medaille.

Das, was beide Seiten eint, ist der Opfercharakter der genannten Praktiken: Die Vestalin bringt ihre Jungfräulichkeit genauso der Göttin zum Opfer wie die Hierodule. Auch das berüchtigte »ius primae noctis« dürfte ursprünglich in solch einen sakralen Zusammenhang eingebettet gewesen sein. Dazu kommt allerdings auch noch der Gedanke des Primitialopfers: Die »Anfänge« von allem kommen dem Gott zu bzw. seinem Stellvertreter. Wenn wir nun die weiblichen Spielarten sakral motivierter sexueller Abweichungen wieder verlassen und uns erneut den männlichen zuwenden, so ergibt sich ein ähnliches Bild. Die Berichte über einen angeblichen Hierodulismus bei Elagabal brauchen keineswegs aus der Luft gegriffen zu sein. Kultische Effeminierung und kultische Homosexualität stellen nur graduelle Unterschiede im komplexen Szenario des kultischen Geschlechtswandels dar, der wiederum mit dem sakralen Eunuchentum korrespondiert. Die Mitteilung eines unserer Chronisten, der Kaiser habe sich als Lustknabe feilgeboten, widerspricht auch keineswegs den Berichten über geplante oder realiter vollzogene Selbstentmannung, ganz im Gegenteil: Die »sakrale« Identität des Sonnenpriesters stellt sich vielmehr als umfassende »Verkehrung« der »profanen« Identität dar, so allem voran im Bereich der Sexualität.

Wir sprachen vorhin schon einmal davon, daß sakrales Eunuchentum sich im antiken Orient vor allem in den Kulten Großer Göttinnen vom »Magna Mater«- oder »Aphrodite«-Typus findet. Außerdem haben wir bereits im vorhergehenden Kapitel gezeigt, daß sich die Praxis der sakralen Selbstentmannung paradoxerweise gerade als Vorbedingung für eine Hierogamie, nämlich die Vermählung mit der Göttin, versteht. Hier herrscht der Gedanke einer Wiederherstellung der ursprünglich bestehenden, aber verlorengegangenen Einheit von Mensch und Gottheit, von Gott und Schöpfung vor: Die im Zeugungsglied repräsentierte *irdische* Liebe gilt gleichsam als »Untreue« und »Ungehorsam« gegenüber der Gottheit – durch Verzicht auf die irdische Liebe gewinnt man also die höhere, himmlische zurück und damit Erlösung vom Tode und Unsterblichkeit.[6]

Bei dieser platonisierenden Deutung, die sich den Dualismus von »himmlischer« und »irdischer« Liebe, also von Aphrodite Urania und Aphrodite Pandemos zu eigen macht, dürfte es sich jedoch auf keinen Fall um den ursprünglichen Sinn der kultischen Kastration handeln. Wahrscheinlicher ist, daß dem Brauch eine urtümliche Phallus-Mystik zugrunde liegt, die mit vegetationskultischen und agrarkultischen Vorstellungen zusammenhängt. Das erinnert stark an Mythen, bei denen der abgetrennte

Phallus einer getöteten »Dema«-Gottheit die Keimzelle neuer Fruchtbarkeit und neuen Lebens darstellt. So ist dem griechischen Mythos zufolge die Geburt der Aphrodite aus dem Meer unmittelbar mit dem vorangegangenen Drama der Entmannung des Himmelsgottes Uranos durch seinen Sohn Chronos verbunden, der auch als Erntegott gilt.[7] Dem ägyptischen Mythos von der Zerstückelung des Osiris zufolge findet Isis später mit Hilfe des Krokodilgottes Sobek sämtliche Glieder und Gebeine ihres Geliebten wieder – bis auf eines: den Phallus des Gottes, der im Nil versunken und von einem Fisch verschluckt worden war. Hier aber liegt der Ursprung für die Leben und Fruchtbarkeit spendende Macht des Flusses. Nach Meinung mehrerer Interpreten ist im sogenannten »Djed-Pfeiler« der Phallus des Osiris zu erblicken. Auch im Mythos und Kult des griechischen Gegenstücks von Osiris – Dionysos – spielt der Phallus des Gottes eine zentrale Rolle. Daß er sich vorzugsweise in der mystischen Getreideschwinge bzw. im Getreidekorb, oft zusammen mit anderen Opfergaben an Früchten und Vegetabilien, findet, gibt zu denken. Andere Entsprechungen, zum Beispiel aus Indien, sind das Lingam – der Phallus des Gottes Shiva – oder die zahlreichen, als heilig geltenden Stalagmiten in den Tropfsteinhöhlen vieler Regionen der Erde. Daß auch die heiligen Steine, von denen in diesem Kapitel ja ständig die Rede ist, zum Teil mit einem *phallischen* Symbolismus versehen sind – und zwar ungeachtet ihrer Zuordnung zu weiblichen oder männlichen Gottheiten –, läßt nur erkennen, mit welch komplexen Strukturen wir es hier zu tun haben.

Vor wenigen Jahren erst hat ein Schweizer Gelehrter, Professor Seiterle, eine aufsehenerregende Theorie über den wahren Charakter der zahlreichen Brüste der Artemis von Ephesos aufgestellt und dafür wohlbegründete Argumente angeführt. Nach Meinung des Forschers handelt es sich bei den berühmten »Brüsten«, die bekanntlich seit jeher das Hauptmerkmal des ephesischen Götterbildes sind, in Wirklichkeit um alles andere als um Brüste. Es seien vielmehr, so Seiterle, Darstellungen von Stierhoden, die aber über eine simple »Abbild«-Funktion hinaus eine unmittelbare kultische Bedeutung besessen hätten: An die vermeintlichen »Brüste« des Götterbildes seien nämlich im Zusammenhang mit einem Opferritual die abgeschnittenen Hoden der zu Ehren der ephesischen Göttin geopferten Stiere appliziert worden. Handelt es sich hierbei um bloßen »Trophäenkult«? Keineswegs. Die Sprache solcher Kultsymbolik ist nämlich von unverblümter Klarheit: Die ephesische Artemis – also eine Göttin, die wie kaum eine andere allein schon durch ihre Ikonographie

Artemis von Ephesos. Griechische Marmorplastik

den Typus der »Magna Mater« und »Herrin der Tiere« erkennen läßt, dem sie angehört – wird in jedem ihr zu Ehren begangenen Opferritual aufs neue »geschwängert«. Wir wundern uns kaum mehr, wenn wir zu alledem noch erfahren, daß auch der Kult der Artemis von Ephesos mit einem institutionalisierten Eunuchenpriestertum verbunden war, wie uns der Geschichtsschreiber Strabon[8] glaubwürdig versichert.
Am besten bezeugt ist uns das sakrale Eunuchentum der Galloi im Zusammenhang mit dem Kult des Götterpaares Kybele und Attis. Hier ist der Gott selbst der Protagonist dieses Brauchs. In seinem berühmten Buch »De Dea Syria« schildert uns der Schriftsteller Lukian von Samosata die Sitte der sakralen Entmannung im Zusammenhang mit der syrischen Göttin Atargatis von Bambyke-Hierapolis. Er erwähnt auch ein umherschweifendes Bettelpriestertum sakraler Eunuchen, der sogenannten »Metragyrten«, und beschreibt ihre ekstatischen, an Derwisch-Riten gemahnenden Auftritte. Ebenfalls sakrales Eunuchentum bezeugt uns auch der Dichter Iuvenal in einer seiner Satiren[9] für die pontische Göttin Ma-Bellona. Doch auch Herodots Bemerkungen über die Existenz eines skythischen Eunuchenpriestertums, dessen Vertreter er als »Enarees« (das bedeutet »Nicht-Männer«!) bezeichnet, sind für uns hochinteressant[10]. In diesem Zusammenhang erzählt Herodot auch eine merkwürdige Ursprungslegende: Einst hätten, so schreibt er, die Skythen das Heiligtum der palästinensischen Aphrodite zu Askalon geschändet und geplündert, und dafür sei über sie von der Göttin die »Weiberkrankheit« verhängt worden. Die Tempelschänder wurden also von der erzürnten Göttin zur Strafe für ihren Frevel ihrer Männlichkeit beraubt. Die von Herodot mit dem Namen »Aphrodite« wiedergegebene Göttin ist jedoch die fischschwänzige palästinensische Göttin Derketo, ein Double der Atargatis, der Großen Syrischen Göttin. Aus der engen Verwandtschaft beider Göttinnen läßt sich auch die Existenz eines Eunuchenpriestertums im Dienste der Derketo von Askalon erschließen oder zumindest vermuten – und diese Institution scheint auch Herodot im Auge gehabt zu haben, als er nach einer Begründung für das skythische Eunuchenpriestertum der »Enarees« suchte.
Lassen wir es mit diesen Beispielen genug sein und wenden wir uns wieder unserer Hauptgestalt, dem römischen Kaiser aus syrischem Priesterhause, Marcus Aurelius Antoninus Elagabalus zu. Auch ein – allerdings erst knapp anderthalb Jahrhunderte nach dem Kaiser schreibender – spätantiker römischer Geschichtsschreiber und Kaiserbiograph, Aurelius Victor[11], bezeugt für Elagabal ausdrücklich eine solche rituell vorgenom-

mene Selbstentmannung (XXIII 3). Dies mutet uns nur deshalb befremdlich an, weil es sich bei der Gottheit, der zu Ehren der Kaiser eine solche Handlung vorgenommen haben soll, um eine männliche Gottheit handelte. Doch hier müssen wir in Betracht ziehen, daß das Kultidol des Gottes, der heilige schwarze Stein, ursprünglich aller Wahrscheinlichkeit nach einen der zahlreichen »Kreißenden Steine« und somit die Manifestation einer *weiblichen* Gottheit darstellte. Daß solche heiligen schwarzen Steine auch in der Religion Altarabiens ihren Platz hatten, beweist der berühmte und bis heute von der gesamten islamischen Welt hochverehrte schwarze Stein der Ka'aba zu Mekka, der nachweislich eine weit in die Vor- und Frühgeschichte Altarabiens zurückreichende Kulttradition besitzt, dessen Zuordnung zu einer Gottheit wir jedoch nicht mehr genau vornehmen können: War es der männliche Gott Hobal, der vorislamische Allah oder seine Gemahlin Allat, die sich in dem Steinidol verkörperten? Wir wissen es nicht …

6. Kultische Travestie

Mit weit größerer Zuverlässigkeit als eine tatsächlich vom Kaiser vollzogene Selbstentmannung ist uns sein effeminiertes Auftreten in Kleidung, Habitus und Haltung bezeugt, was eher auf mystische Androgynie oder kultisches Hermaphroditentum hinweist: der Kaiser als Verkörperung einer »Vereinigung der Gegensätze«, der in seiner eigenen Person die Hierogamie des Männlichen mit dem Weiblichen vollzog![1] Augenzeugen verglichen den effeminierten Kaiser mit dem jugendlichen Dionysos, der ja ebenfalls gerne effeminiert oder zumindest in weiblicher Tracht dargestellt wird. Entsprechende Mythen erzählen von Verwandlungen, Verkleidungen und Geschlechtertausch. Das gleiche berichten die Kaiserbiographen über Elagabal. Er soll zum Beispiel anläßlich gewisser kultischer Begehungen in Frauenkleidern um den Altar herum getanzt haben, während Chöre syrischer Musikantinnen seine Bewegungen mit Flöten, Zymbeln und Pauken begleiteten, das heißt: jenen Instrumenten, die zum obligatorischen Zubehör aller ekstatischen Riten gehörten und in den Kulten der Magna Mater und des Dionysos die heiligen Leidenschaften entfesseln und ihrem ekstatischen Höhepunkt entgegentreiben sollten, auf dem sich die mystische Vereinigung mit der Gottheit vollzog.

Die Gewandung des Kaisers wird ebenfalls in Kategorien kultisscher Effeminierung beschrieben: Von Gewändern aus chinesischer Seide, von raffiniert aufgetragener Schminke und von kostbaren Ketten und Geschmeiden ist die Rede. Nur widerwillig und wenn es unvermeidlich war, soll der Kaiser die Toga angezogen haben. Ansonsten bevorzugte er die syrische und persische Tracht: weite durchscheinende Gewänder und darunter persische Beinkleider. Sakraler Kleidertausch, kultischerTransvestismus und effeminierter Habitus waren in zahlreichen Kulten Großer Göttinnen üblich. Selbst in Griechenland, wo man die sakrale Entmannung nicht kannte, praktizierte man die kultische Geschlechtsumwandlung – zumindest in ihren harmloseren Spielarten des Transvestismus, vor allem im Kult der »androgynen« Aphrodite, in deren Heiligtümern Priester in weiblicher Kleidung den Dienst versahen. Hier sind die altorientalischen Kulttraditionen mehr oder weniger stark wirksam geblieben – Aphrodite war ja, nach allem, was wir wissen, aus dem Vorderen Orient über Zypern nach Griechenland gekommen!

Es gibt in der griechischen Mythologie eine ganze Reihe von Erzählungen, die das Motiv vom verwandelten Geschlecht zum Inhalt haben. Hier reicht das Spektrum vom Kleidertausch bis hin zur tatsächlichen Verwandlung ins andere Geschlecht. Die Mythen von Herakles und Omphale[2], von Achilleus und den Töchtern des Königs Lykomedes, von Theseus in Mädchenkleidern[3] und – nicht zu vergessen – vom in Mädchenkleider gehüllten Dionysos gehören dazu.

Einen Mythos, in dem eine radikale Verwandlung ins andere Geschlecht erfolgt, wollen wir an dieser Stelle ausführlicher schildern: Zu den verschiedenen Versionen, wie der berühmte Seher Teiresias zu seiner Sehergabe kam, gehört auch die folgende: Eines Tages soll Teiresias zufällig ein Pärchen heiliger Schlangen bei der Paarung beobachtet haben und – schlimmer noch: Er schlug dabei mit seinem Stock nach dem Weibchen und tötete es. Daraufhin wurde der Frevler auf der Stelle in eine Frau verwandelt. Sieben Jahre später aber hatte Teiresias in seiner nunmehrigen Gestalt als Frau das gleiche Erlebnis. Abermals beobachtete er ein heiliges Schlangenpärchen beim Liebesspiel, erschlug diesmal jedoch das Männchen und wurde daraufhin sogleich in einen Mann zurückverwandelt. Nicht lange nach diesem Ereignis kam es zum Götterstreit zwischen Zeus und seiner Gemahlin Hera um die Frage, welches von den beiden Geschlechtern den größeren Genuß in der Liebe empfinde – der Mann oder die Frau. Da beide auf ihren unversöhnlichen Standpunkten beharrten, einigten sie sich wenigstens darauf,

Effeminierter Dionysos. Hellenistisches Mosaik. Delos

Teiresias zu ihrem Schiedsrichter zu bestimmen, da dieser als einziger die Empfindungen *beider* Geschlechter aus eigenem Erleben kannte. Teiresias gab zu, daß die Frau beim Liebesspiel einen neunmal größeren Genuß empfinde als der Mann, woraufhin er von Hera geblendet wurde – zur Strafe dafür, daß er die Geheimnisse des weiblichen Geschlechts verraten habe ...[4]

Abgesehen davon, daß der Mythos hier einen Opferzusammenhang schildert – den Zusammenhang zwischen der Gabe des Hellsehens und dem Verlust des Augenlichts –, enthält er auch die Anspielung auf einen uralten und weitverbreiteten Kultbrauch: die Tatsache nämlich, daß häufig gewisse sakrale Personengruppen, zum Beispiel Seher, aber auch Wahrsager, Schamanen, Priester im Dienste einer Reihe von Gottheiten, aus bestimmten rituellen Gründen das *entgegengesetzte* Geschlecht verkörpern müssen und deshalb symbolisch – etwa durch Kleidertausch, Effeminierung in Habitus, Gestik und Sprechweise o.ä. – ins andere Geschlecht verwandelt werden. Dies betrifft in der Hauptsache Männer, die rituell verweiblicht werden; doch auch die umgekehrte Form der Verwandlung kommt vor. Wir wollen uns an dieser Stelle nicht aufhalten mit so spektakulären Methoden der Geschlechtsumwandlung wie dem gezielten Zerquetschen der Hoden zukünftiger Schamanen durch eine entsprechende, eigens zu diesem Zweck ausgeklügelte Reittechnik, wie dies uns von einem bestimmten Indianerstamm überliefert wird, sondern nur die Tatsache im Auge behalten, daß gerade im Rahmen der Initiation von Schamanen die rituelle Verwandlung ins andere Geschlecht eine bedeutende Rolle spielt; sie ist uns als Sitte für zahlreiche sibirische Stämme verbürgt[5] und umfaßt ein breites Spektrum, das vom Transvestismus bis hin zum Transsexualismus reicht.[6] Auch hierbei werden manchmal Hierogamien – zum Beispiel die magische Vermählung des Schamanen mit seinem Hilfsgeist – als Erklärung angegeben; doch ist es fast unmöglich, dem eigentlichen Ursprung und Sinn des Brauchs auf die Spur zu kommen. In manchen Fällen verbindet sich auch hier die Verwandlung ins andere Geschlecht mit Praktiken kultischer Homosexualität.

Auch im Szenario der Initiation, speziell im Rahmen der Pubertäts- und Reiferiten verschiedener afrikanischer Völker, spielt kultischer Transvestismus häufig eine Rolle. Dabei werden die Knaben einer Altersklasse, die die Schwelle der Pubertät erreicht haben, vorübergehend rituell in Mädchen verwandelt, indem man sie in Mädchenkleider hüllt, ihnen Baströcke anlegt, sie mit Mädchenschmuck behängt und sie zwingt, sich auch dementsprechend mädchenhaft zu benehmen, bevor sie dann, in einem weiteren Akt des Initiationsdramas, erneut in ihr »Gegenteil« verkehrt und in junge Männer verwandelt werden können. Die Verwandlung ins andere Geschlecht gehört dem umfassenderen Komplex der Symbolik der »Verkehrten Welt« an, ohne die kein Initiationsritual auskommt.

Für kultischen Transvestismus auf dem Boden des antiken Griechenland ist für uns vor allem Plutarch ein wichtiger Zeuge. Er berichtet nämlich von einem griechischen Fest, das alljährlich von den Argivern zu Ehren der Göttin Aphrodite begangen worden sei und in dessen Rahmen ein allgemeiner kultischer Geschlechtertausch stattgefunden habe: Männer hätten sich in Frauenkleider gehüllt und, umgekehrt, die Frauen vorübergehend Männerkleidung getragen. Hängt dieses Fest womöglich mit einem Hermaphroditen-Kult zusammen, wie dies Macrobius in seinen »Saturnalia« einmal behauptet? Denkbar wäre es, weil die Göttin Aphrodite auch in Griechenland gelegentlich in doppelgeschlechtlicher Form und als »Hermaphrodit« verehrt wurde, so wie dies bei den großen orientalischen Göttinnen vom Aphrodite-Typus die Regel war. Das Fest, von dem Plutarch da erzählt,[7] trug übrigens den bezeichnenden Namen »Hybristika«. Das ist natürlich kein Zufall, sondern hat mit dem spezifischen Charakter dieses Festes zu tun: Man treibt Dinge, die sich normalerweise nicht gehören oder die sogar als Frevel, als Herausforderung der Götter gelten. Mit dem Wort »Hybris« bezeichneten die Griechen bekanntlich die Sünde der Anmaßung, des Hochmuts ihnen gegenüber – ein Verhalten, das dazu angetan war, die von den Göttern eingerichtete Weltordnung auf den Kopf zu stellen.

Wir hatten schon einmal erwähnt, daß anläßlich gewisser Feste sowie im Rahmen bestimmter Kulte die normalerweise geltenden Regeln außer Kraft gesetzt waren oder nicht galten. Das trifft auf die Riten im Zusammenhang mit den Kulten großer altorientalischer Göttinnen ebenso zu wie auf die Rituale, die Kaiser Elagabal zu Ehren seines Sonnengottes abhielt. Das gleiche läßt sich aber auch für eine ganze Reihe von Jahreswende-Riten und Neujahrsfesten oder für Fastnachtsbräuche, Karnevalsfeiern und andere Feste orgiastischen Charakters feststellen. Auch hier werden absichtlich rituelle Sakrilege begangen, Verbote übertreten, Tabus gebrochen, Grenzen der normalerweise geltenden Moral überschritten. Gerade der Bereich des Geschlechtlichen ist davon in einem erheblichen Maße betroffen: Anzüglichkeiten, Laszivität und derbe Späße werden toleriert, mehr noch: die Geschlechterrollen häufig vertauscht, sexuelle Freizügigkeit erlaubt bis hin zum Frauentausch und zu promiskuitiven Praktiken. Auch hier wird vorübergehend eine »Verkehrte Welt« anstelle der »normalen« etabliert. Eine solche »Verkehrung« der normalen Verhältnisse schließt nicht selten auch eine vorübergehende Verkehrung der sozialen Ordnung und ihrer Hierarchien mit ein, wie dies bekanntlich in den altrömischen »Saturnalien« oder ihrem griechischen Gegenstück, den »Kronia«, der Fall war (und wie es später in den byzantinischen »Brumalia« noch ein Nachleben führte).[8] Die Sklaven ließen sich dabei von ihren Herren bedienen und bewirten und durften diesen sogar lächerliche Befehle erteilen. Einer aus ihrer Mitte hatte die Rolle des sogenannten »Saturnalienkönigs« inne. Ein anderes sehr wichtiges Merkmal des »Ausnahmezustandes« ist die Rolle der Maske. Zu allen Festen karnevalistischer Prägung gehören nicht nur Maskerade und Kostümierung, sondern auch ein damit verbundenes »Maskenrecht«, das den Maskierten gewisse Privilegien zugesteht. Das typische Szenario solcher Feste umfaßt darüber hinaus ein umfangreiches Spektrum parodistischer und theatralischer Elemente, vom Mummenschanz bis zur Narrenposse, vom Satyrspiel bis zur Commedia del'arte.

Es gehört zu den wichtigsten Kennzeichen von Festen orgiastischen Charakters, daß sie auch eine Art »Kompensationscharakter« oder »Ventilfunktion« haben. Normalerweise Verpöntes, Verdrängtes oder Unterdrücktes wird in der Ausnahmezeit des Festes vorübergehend zugelassen, offiziell geduldet, ja nicht selten sogar gefordert. Dabei hat die Symbolik der »Verkehrten Welt« von Fall zu Fall einen anderen Charakter – je nach dem Charakter der Gesellschaft, in der dieser Symbolismus im Rahmen eines entsprechenden Festes rituell in Szene gesetzt wird. So wird in Gesellschaften mit institutionalisierter Sklaverei während der Ausnahmezeit häufig eine Art »Sklavenregiment« geduldet, während in streng patriarchalischen Gesellschaften oft ein »Weiberregiment« anstelle der Männerherrschaft etabliert wird. Betrachtet man unter diesem Aspekt gewisse Dionysos-Feste des antiken Griechenland, so erkennt man in ihnen nicht selten den Charakter von regelrechten »Frauenaufständen«. Dieser Zug kommt besonders deutlich in den zahlreichen Mythen und Dramen zum Ausdruck, die die Zerreißung eines Widersachers des Gottes durch seine weiblichen Satelliten – die Mänaden oder die Bacchantinnen – schildern: die Zerreißung des Pentheus, der sich seinerseits zur Tarnung bezeichnenderweise als *Frau* verkleidet hatte, die Zerreißung des Orpheus, der dem weiblichen Geschlecht entsagt und Dionysos die ihm geschuldete Verehrung verweigert hatte usw. ... Es ist in diesem Zusammenhang nicht uninteressant zu erfahren, daß auch beim Fest der »Hybristika« das Motiv des »Frauenaufstandes« eine zentrale Rolle spielt. Unser Kronzeuge hierfür ist Pausanias, der uns eine merkwürdige Ursprungslegende für das Fest mitteilt: Als die Spartaner das Heer der Argiver vernichtend geschlagen hatten, seien es die Frauen von Argos gewesen, die – angeführt von Telesilla – die Stadtmauern verteidigt und die Feinde abgewehrt hätten. Zur Erinnerung an diesen Sieg der Frauen sei das Fest »Hybristika« gestiftet worden.

Aphrodite-Kulte und Dionysos-Feste waren keineswegs die einzigen Gelegenheiten in Griechenland, kultischen Geschlechtswandel und sakralen Kleidertausch zu praktizieren. So wird uns beispielsweise aus Kos überliefert, daß der dortige Herakles-Priester in Frauengewändern amtieren mußte.[9] Dies brachte man in Verbindung mit der berühmten Episode aus dem Mythenkreis des Herakles, wonach der ansonsten doch so vor Männlichkeit strotzende Heros sich bei der lydischen Königin Omphale verdingt und, in Frauenkleider gehüllt, niedrige Arbeiten verrichtet habe. Der hierauf zurückgeführte Kultbrauch auf Kos betrifft jedoch nur den im Dienste des Herakles amtierenden Priester. Dagegen werden uns aus Griechenland noch mehrere andere Riten und Feste überliefert, bei denen ein vorübergehender Tausch der Geschlechterrollen, verbunden mit Verkleidungen und grotesken Inszenierungen, auch unter der gewöhnlichen Bevölkerung üblich war. Sehr oft handelt es sich dabei um dionysische Feste. Sogar von Mädchen mit Bärten, Mädchen mit Phallus-Attrappen und Frauen in Satyrkostümen ist in diesem Zusammenhang die Rede. Wiederum ist es Plutarch, dem wir die Mitteilung verdanken, daß es verschiedenerorts in Griechenland üblich war, im Rahmen von Hochzeiten die Identität von Bräutigam und Braut – zumindest äußerlich – zu vertauschen: Da ist u.a. von Bräutigamen die Rede, die ihre Braut in der doch ziemlich unpassenden Verkleidung als Frau im Brautgemach erwartet haben sollen. Es wird aber auch umgekehrt von Bräuten berichtet, die sich mit künstlichen Bärten schmückten oder sich in Männertracht zu ihrem Bräutigam begaben. In seiner heiteren und burlesken Art erinnert solches Brauchtum stark an die in der höfischen Gesellschaft des Barock so beliebten Verkleidungs- und Verwechslungsspiele, in denen ja übrigens auch bukolische Motive immer präsent sind. Alle Bukolik jedoch hat ihre Wurzeln im Dionysoskult – genauer gesagt: in der Heiligen Hochzeit von Dionysos und Ariadne bzw. ihren irdischen Stellvertretern im sogenannten »Bukoleion«, dem »Haus der Rinderhirten« an der Agora in Athen. Noch in mehreren Mozart-Opern gehören Verkleidungen und

Verwechslungen von Mann und Frau zu den zentralen Motiven und Spannungselementen.
Nicht immer ist es leicht, Spiel und Kult, Burleske und Ritual, Komik und mystischen Ernst streng voneinander zu trennen. Die eigentlichen Gründe für die Faszination von Camouflage, Verwandlung und Maskerade müssen tiefer liegen, als die häufig banalen Anlässe und die scheinbare Harmlosigkeit solcher Vergnügungen dies vermuten lassen. Die »Verkehrte Welt«, deren Symbolismus bei allen derartigen Bräuchen mehr oder weniger unverhüllt zutage tritt, ist die Welt des eigentlich und normalerweise Unerlaubten, Geheimnisvollen, Verbotenen, aber gerade aus diesem Grunde um so heftiger Begehrten. Im Spiel mit Verwandlungen und Verwechslungen, im Tausch der Identität, und mag sich solches Treiben auch in noch so harmlosen Formen ausdrücken, offenbart sich die *mythische* Welt mit ihren Monstren, Mischwesen und Zwittergestalten. »Die Natur«, sagt Heraklit in einem seiner berühmtesten und zugleich dunkelsten Fragmente, »liebt es, sich zu verbergen«. Es sollte zu denken geben, daß der römische Schriftsteller Macrobius in seinen »Saturnalien« das wohl merkwürdigste altgriechische Verkleidungsfest, eben die »Hybristika«, mit einem *Hermaphroditen*-Kult in Verbindung bringt. Die Faszination des zwittergestaltigen Sohnes des Hermes und der Aphrodite ist die Faszination des »vollkommenen Menschen«, des androgynen urzeitlichen Geschlechts, wie es die Mythen vieler Völker beschwören. Diese Faszination ist nicht auf eine Epoche oder eine bestimmte religiöse Kultur beschränkt, sondern reicht vielmehr bis in unsere Gegenwart. Ein seinerzeit berühmter, heute vergessener Vertreter des literarischen Symbolismus des ausgehenden 19. Jahrhunderts, der der Pariser Décadence zugerechnet wird, nämlich Josephin Péladan, verfaßte 1891 einen »alchymistischen« Roman mit dem bezeichnenden und programmatisch gemeinten Titel »Androgyne«. Darin besingt der Dichter, ganz in der Tradition Platons und seiner Lehre von den »zwei Aphroditen«, den »*uranischen* Eros«. Er spricht von der »monströsen Maske, die sich der Profanen zu erwehren hat«. In seinem Hymnus auf das »androgyne Geschlecht« findet man Sätze, die von geradezu ekstatischer Qualität sind:

> O Geschlecht der Urzeit,
> o abgeschlossenes Geschlecht,
> o Absolutes der Liebe, der Form:
> Sexus, der den Sexus negiert,
> Sexus der Ewigkeit.[10]

Hier erfährt die uralte mystische Utopie einer allumfassenden *»Vereinigung der Gegensätze«* ihre literarische Fortsetzung bei einem unmittelbaren Vorläufer der Moderne. Auch im Jugendstil der Wiener Sezessionisten wimmelt es förmlich von Androgynen beiderlei Geschlechts: Knabenhaften Mädchen stehen ätherische und zerbrechliche Jünglinge gegenüber. Die blasse, welke und morbide Schönheit der Gestalten von Klimt, Schiele, Kokoschka und anderen ist die dekadente Schönheit jener Wesen, die von Péladan mit so verzückten Worten besungen werden. Das Artifizielle aller dieser Wesen entspricht gerade ihrem Charakter als Metapher für die *Überwindung* der Natur. Es symbolisiert den paradiesischen Ur- wie auch Endzustand gleichermaßen: den Menschen vor dem »Sündenfall« und der Vertreibung aus dem Paradies wie auch im Zustand seiner eschatologischen Vollendung. Gilt in der europäischen Tradition seit der Antike der Androgyn als mythische Metapher für Ganzheit und Vollkommenheit, so gilt in ähnlicher Weise Homosexualität als Metapher für Androgynie: die Absage an das »andere« Geschlecht, da es ja bereits Bestandteil des eigenen ist. Im antiken Griechenland ist die gleichgeschlechtliche Spielart des Eros sogar ein wesentlicher Bestandteil der »Paideia«. Daher auch die gerade in Griechenland so häufige Beziehung zwischen dem Knaben an der Schwelle zur Pubertät und dem älteren Mann – nicht selten einem Philosophen, der die Rolle des geistigen Lehrers, Erziehers und »Initiationsmeisters« innehat. Prototypen hierfür sind sowohl Orpheus als auch Sokrates. Die große Wertschätzung, die der sogenannte »Eros paidagogikos« im antiken Griechenland genoß, ergibt sich schon aus der Tatsache, daß solche Beziehungen zwischen einem Jüngling und einem reifen Mann auf Kreta und in Sparta zum traditionellen Initiationsszenario gehörten. Im Rahmen der altgriechischen Pubertäts- und Reifezeremonien bekam der Knabe einen Paten zugesellt, mit dem er sich für einen gewissen Zeitraum, zum Beispiel für einige Monate, aufs Land zurückzog, um während dieser Zeit mit ihm in einer Art »ehelichen« Gemeinschaft zusammenzuleben und nach Ablauf dieser Periode ein Geschenk – etwa ein Tier, eine Rüstung oder ein kostbares Gefäß – aus der Hand seines Paten zu erhalten.

Anders als in Griechenland erfreute sich in Rom lediglich die »aktive«, »männliche« Spielart der Homosexualität öffentlicher Billigung; sich dagegen als Mann einem anderen Mann hinzugeben, galt als erniedrigend und wurde verachtet. So verlor der Herr zum Beispiel nichts von seiner Würde, wenn er sich an seinem Sklaven verging, während dieser zwar seinem Herren zu Willen sein mußte, aber dafür verachtet wurde. Wenn also von den Biographen Elagabals berichtet wird, der Kaiser habe sich als »Lustknabe« feilgeboten, so soll damit gerade das Verwerfliche und Verächtliche seines Tuns besonders kraß zum Ausdruck kommen, da er ja damit gleichsam zur männlichen Dirne und zum Sklaven gestempelt wird. Nichtsdestoweniger haben wir es auch hierbei mit *kultischen* Phänomenen zu tun und nicht mit den Ausdrucksformen einer vermeintlich »perversen Veranlagung«. Elagabals passive Homosexualität muß im Zusammenhang mit allen übrigen Erscheinungsformen des kultischen Komplexes der »Verwandlung ins *andere* Geschlecht« gesehen werden. Denn nur dann wird sich das, was auf den ersten flüchtigen Blick als Ausdruck eines exzentrischen Naturells erscheint, als Bestandteil eines kultischen Gesamtkonzepts enthüllen. Alle von den Biographen Elagabals erwähnten Details lassen selbst noch in ihrer deformierten Wiedergabe ein logisches Konzept erkennen, das nach den Spielregeln einer Partitur oder Choreographie aufgebaut ist: Passive Homosexualität, Effeminierung, Transvestismus, Hierodulismus, sakrale Prostitution, geplante oder realisierte Selbstentmannung – bei alledem geht es um nichts anderes als um eine umfassende Verwandlung der »naturgegebenen« Geschlechtlichkeit in eine »artifizielle« Form von Sexualität und Erotik, die sich ausschließlich sakral definiert. Nicht Befriedigung von Trieben und Leidenschaften ist hier das Ziel, sondern deren Transfiguration. Ähnliche Praktiken – mit dem Ziel einer umfassenden Verwandlung der gesamten Sinnesorganisation, die Sexualität eingeschlossen – kennt man von den Ritualen, die bei der Initiation von Schamanen zur Anwendung kommen. In ähnlicher Form findet man sie auch bei Sehern, Priestern, Sakralkönigen und Priesterfürsten wieder. Zu dieser Kategorie zählt auch der römische Kaiser, dem dieses Kapitel gewidmet war.

Maske und Verwandlung

7. Kontakte zum Reich des Todes

»Sterben heißt eine Maske sein,
denn der ist nur die Maske eines Menschen,
der nicht das Leben eines Menschen hat.«
(Shakespeare, King Henry IV.)

Das Wort »Maske« kommt aus dem Langobardischen. Dort bedeutet »masca« soviel wie böser Geist, Unhold oder Dämon. Das entsprechende althochdeutsche Wort lautet dagegen »grima«, das heißt Gespenst oder Dämon (vgl.: »Grimasse«), kann aber auch im Sinne des lateinischen »striga« verwendet werden und mithin »Hexe« (ahd. »hagazussa« = »Zaunreiterin«) bedeuten. Wenn wir an eine Maske denken, so beziehen wir dieses Wort hauptsächlich auf die Gesichtsmaske. Selbstverständlich ist das Verbergen des Gesichts und damit das Unkenntlichmachen des Trägers eines der Hauptmerkmale einer Maske; doch die Grenzen zur Kostümierung, Verkleidung und damit zur Einbeziehung des ganzen Körpers in die Verwandlung sind fließend – Maske und Kostüm gehören meist zusammen.
Von vielen Forschern (Meuli[1] u.a.) ist das Phänomen der Maske insbesondere mit dem Tod und den Totengeistern in Verbindung gebracht worden. Da vor allem in den Kulturen Altafrikas (d.h. in allererster Linie West- und Zentralafrikas) und Ozeaniens – also den klassischen Maskenkulturen par excellence – die Masken hauptsächlich im Rahmen des Totenkults und damit im Zusammenhang mit den Geheimbünden, denen die Ausführung der Totenrituale normalerweise obliegt, zur Geltung kommen, hat dies zu der Annahme geführt, die Masken stellten überhaupt Tote – also Ahnen- und Totengeister – dar. Auf den ersten Blick scheint eine solche Verallgemeinerung auch tatsächlich gerechtfertigt zu sein. So steht zum Beispiel bei den Dogon in Mali die Maske in engstem Zusammenhang mit dem Totenkult. Es heißt, die Masken »steigen aus den Gräbern auf«, und dieser intime Zusammenhang mit Tod und Grab ist auch der Grund dafür, weshalb es gilt, unzählige Vorschriften, Riten

und Tabus zu beachten, sobald man den Bereich betritt (oder sich ihm auch nur nähert), in dem die Maske herrscht. Ihr haftet die unheimliche und gefährliche Macht des Todes an. Nichtinitiierte und Frauen sind vom Tragen der Maske, ja sogar von ihrem Anblick bei Todesstrafe ausgeschlossen. Häufig nimmt man lange und schwierige Umwege in Kauf, um nicht versehentlich einer Maske zu begegnen oder in die Nähe der Höhlen zu kommen, in denen die Masken außerhalb der Festzeit aufbewahrt werden.

Eine sehr anschauliche Schilderung des Maskenwesens bei den Yoruba in Nigeria verdanken wir dem Afrikaforscher Leo Frobenius. Im Mittelpunkt des Maskenwesens steht dabei der sogenannte »Egunun«. Wie schon aus der Bedeutung des Namens hervorgeht – das Wort »Egunun« bedeutet soviel wie Skelett oder Totenschädel –, verkörpert die Maske des Egunun einen Toten, um nicht zu sagen: den Toten schlechthin, der anläßlich gewisser Ereignisse, zum Beispiel für die Zeit der großen Allerseelenfeste im Juni jeden Jahres, aus dem Totenreich in die Welt der Lebenden zurückkehrt. Träger der gefährlichen Egunun-Maske ist ein ausgewähltes Mitglied des Geheimbunds; man kann auch sagen, daß der Totengeist vom Träger seiner Maske vorübergehend Besitz ergreift. Der Träger der Egunun-Maske stellt also nicht nur den Totengeist dar, sondern er *ist* dieser selbst für die Dauer der Riten, und er bringt jedem, der ihn berührt oder auch nur in seine Nähe kommt, unweigerlich den Tod – jeder Kontakt mit dem Tod tötet! Man könnte sich fragen, warum der Egunun nicht auch denjenigen tötet, der seine Maske trägt. Dies würde uns zur Beschäftigung mit den Initiationsriten führen, denen sich die Mitglieder eines Geheimbundes bei ihrer Aufnahme zu unterziehen haben. Denn diese – wie alle – Initiationsriten bestehen in erster Linie in einem symbolischen Tod und einer darauffolgenden Wiedergeburt in neuer Seinsweise, so daß die Antwort lauten könnte: Durch seine intime Berührung mit dem Tod während der Initiation ist der Initiierte gewissermaßen gefeit gegen ihn: er hat ihn sozusagen schon vorweggenommen und vermag ihm dadurch zu widerstehen.

Außerhalb der alljährlich stattfindenden Allerseelenfeste jedoch erscheint der Egunun auch bei jedem Todesfall. Er fungiert hierbei als Totengeleiter und Bote aus der »anderen« Welt, der den Hinterbliebenen Nachrichten von der Ankunft des Toten im Jenseits und seinem Schicksal im Totenland übermittelt. Zum Dank für seine Mittlerdienste wird der Egunun von den Angehörigen des Verstorbenen bewirtet; doch muß er zusammen mit seinem maskierten Gefolge allein essen, denn einem Totengeist beim

Essen zuzuschauen, hätte für den Betrachter unweigerlich selbst den Tod zur Folge.
Dort, wo die Maske nicht ausdrücklich als Verkörperung des Totengeistes selbst angesehen wird, stellt sie zumindest die anderen dämonischen Bewohner des Totenreiches dar, beispielsweise die Geister des Waldes, die mit den Totengeistern ihrerseits in allerengster Verbindung stehen, denn die Wildnis ist zugleich Aufenthaltsort der Toten und Ahnen. In Japan tritt der Besucher aus dem Jenseits vor allem in der Gestalt des sogenannten »marebito« auf, was wörtlich übersetzt soviel wie »Besucher« bedeutet. Die Maske eines solchen Besuchers aus dem Totenreich ist denkbar einfach und stellt zugleich die äußerste Reduktion einer Maske dar; sie besteht nämlich lediglich aus einem sehr breitkrempigen Hut, den sein Träger so tief ins Gesicht zieht, daß sich die Gesichtszüge im Schatten der Krempe total verwischen, der Träger der »Maske« also völlig unkenntlich wird. Dieses Zerfließen der Gesichtszüge zeigt, daß man sich den Toten gleichsam »gesichtslos« vorstellt. Indem die Hutmaske das Gesicht verbirgt, enthüllt sie zugleich die Wesenlosigkeit und Leere, die den Toten umfängt und die alle Individualität bis zur Unkenntlichkeit tilgt. In Japan wie im antiken Griechenland scheint im übrigen ein Zusammenhang zwischen dem Gebrauch der Maske im Totenkult und dem Theater zu bestehen.
Stellt der »Egunun« der Yoruba Nigerias den anonymen Toten oder Totengeist, sozusagen den Tod selbst dar, so verkörpert demgegenüber bei den Kiwai-Papuas die Maske den bestimmten, individuellen Toten, dessen unverwechselbare Merkmale wie Gesichtsausdruck, Habitus, Gang usw. genau kopiert werden, so daß die Person, die den Toten spielen soll, zu dessen Double stilisiert wird. Sie trägt auch zum Beispiel den Schmuck des Verstorbenen und ahmt ihn in jeder Weise nach. Das erinnert an die »imagines« im römischen Totenkult – wächserne Gesichtsmasken, die unmittelbar vom Gesicht des Verstorbenen abgenommen und in der Totenparade mitgeführt wurden, genauso wie die Wachsmasken der Vorfahren im Totengeleit anwesend waren und von irdischen Darstellern getragen wurden. Es besteht Grund zu der Annahme, daß die römische Porträtkunst überhaupt aus dem Maskenbrauch im Zusammenhang mit dem Totenkult hervorgegangen ist.
Es gibt im Langobardischen noch ein anderes Wort zur Bezeichnung Maskierter, bei dem die Beziehung zum Tod und den Toten noch deutlicher hervortritt als bei dem allgemeineren »masca«, nämlich »walapauz« – ein Wort, das aus »wala« = Erschlagener, Gefallener, Toter

(vgl. Walfeld, Walstatt, Walhall usw.) und »pauz« = »Vermummter« (vgl. »butz«, »Butzemann« usw.!) zusammengesetzt ist. In dieselbe Richtung weist auch das Wort »Schembart« (man denke an das alljährlich im Karneval stattfindende berühmte »Nürnberger Schembartlaufen«!), das etymologisch mit »Schemen«, also Gespenst, Trugbild, Erscheinung zusammenhängt und sich gleichfalls auf den Totengeist bezieht. Ebenso ist auch der »Harlekin« (von nordfranzösisch »hellequin«) ursprünglich ein dem »Wilden Heer« der Totengeister zugerechnetes Wesen. »Maske« heißt im Lateinischen »persona«, woraus unser deutsches Wort »Person« hergeleitet ist. Etymologen haben dieses Wort »persona« meist mit »personare« in Zusammenhang gebracht, was angeblich mit dem jeder römischen Maske eigentümlichen »Schallrohr« zu tun haben soll, durch das die Stimme des hinter der Maske verborgenen Schauspielers »hindurchtönte«. Abgesehen von der sprachlich nicht korrekten Ableitung des Wortes »persona« von einem hypothetischen Verbum »personare« gibt es dank der Forschungsarbeit von Franz Altheim[2] für die Herkunft von »persona« eine viel einleuchtendere Erklärung. Danach geht dieses lateinische Wort auf den Namen des etruskischen Totendämons Phersu zurück.[3] Der Gedanke liegt nahe, daß sich die Etrusker den Tod überhaupt als *Maske* vorgestellt haben. Ob sich die Vorstellung vom Tod als Maske in den größeren Rahmen der Verhüllung des Toten, des Zudeckens seines Gesichts usw. einfügt, bleibe hier zunächst dahingestellt. Aus der lateinischen Literatur gut bezeugt ist jedoch das häufig gebrauchte Bild vom Leben als Maskenspiel und vom Tod als Ablegen der Maske, unter der dann das *wahre* Gesicht, nämlich der Totenschädel zum Vorschein kommt. Hier ist der Tod also kein Vorgang des Verhüllens, sondern im Gegenteil: des Enthüllens, der Augenblick der Wahrheit. Dies ist jedoch kein Widerspruch zum vorher Gesagten. Denn das Wesen der Maske bewegt sich grundsätzlich im Rahmen der Antinomie von »Verbergen« und »Enthüllen«; was sie in jedem Falle bewirkt, ist die *Verwandlung* dessen, der sie anlegt. Wir werden gleich noch einmal hierauf zurückkommen.

Das Leben als Maskenspiel. Spätantiker Sarkophag

8. »Dionysische« Feier der Fruchtbarkeit

In Griechenland haben wir es mit den Resten einer wohl ehedem sehr reichen Maskenkultur zu tun; doch hier ist der Bezug zum Tod und Totenkult weit weniger offensichtlich als in den bereits erwähnten Kulturen. Aus vielen Quellen geht hervor – und zahlreiche Darstellungen bezeugen es ebenfalls –, daß das gefürchtete Antlitz der Medusa eigentlich eine Maske ist. Das wäre für eine Todesgöttin – denken wir nur an den etruskischen Phersu! – im Prinzip nichts Außergewöhnliches. Besonders deutlich wird diese Maskennatur der Medusa am sogenannten »Gorgoneion«, wie es uns auf Rüstungen, Schildbuckeln und auch an Wasserspeiern oder Brunnen unzählige Male entgegentritt. Als Applikation auf Brustpanzern, Harnischen, Schilden oder auch als Firstbekrönung von Tempeln ist die Funktion der Gorgonenmaske einleuchtend; ihr liegt die uralte mythische Vorstellung zugrunde, daß jedermann, der sich dem Blick des Medusenhauptes aussetzt (oder besser: diesem ins Antlitz blickt), unweigerlich zu Stein erstarren muß. Der Mythos von der Enthauptung der Gorgo Medusa durch Perseus wird häufig als Triumph über Schicksal und Tod verstanden; er ist aber mehr: Er erzählt nämlich zugleich die Geschichte vom Ursprung der Maske. Nun geht jedoch das Wesen der Medusa nicht in ihrem Charakter als schreckeneinflößende Todesdämonin auf; archaische griechische und etruskische Darstellungen zeigen die Todesgöttin nämlich häufig als »Magna Mater«-Gestalt und als »Herrin der Tiere«, vergleichbar eher entsprechenden kleinasiatischen und skythischen Darstellungen. Damit wird ihr entgegengesetzter Pol ausgedrückt: Medusa als Muttergöttin und Lebensursprung. An diese – positive und lebenspendende – Seite ihres Wesens ist zu denken, wenn man die Gorgonenmaske in Verbindung mit Brunnen, Quellen und Wasserspeiern antrifft. Neben dem gräßlichen Medusenhaupt mit Schlangenhaar, Eberhauern und blutig-roter, aus dem fletschenden Maul heraushängender Zunge gibt es den Typus der wunderschönen, von Melancholie und Trauer leicht umwölkten Medusa, wie er uns im berühmten Bilde der »Medusa Rondanini« entgegentritt. Diese Ambivalenz von Schönheit und Grauen, Anmut und Geheimnis, Eros und Tod, die uns an der Gestalt der Medusa bis zum heutigen Tage fasziniert, hat auch den Dichter Shelley, einen der Hauptvertreter der englischen Romantik, zu jenen berühmten Versen inspiriert, in denen es unter Anspielung auf die abgründige und gefährlich-schöne Natur des Medusenantlitzes heißt: »Its horror and its beauty are divine ...«.

Eine andere berühmte griechische Gottheit, die immer und immer wieder in Verbindung mit Maske, Kostüm und Verkleidung dargestellt wird, ist Dionysos. Die Nähe dieses Gottes zur Maske kann bis zur Identität gehen und drückt sich allein schon dadurch aus, daß das Bild des Gottes – hierin der Medusa ähnlich – eigentlich eine Maske *ist*. Als Maske wird er auch unzählige Male auf Vasen, Schalen, Trinkgefäßen dargestellt, und einige Abbildungen lassen erkennen, daß das Standbild des Gottes häufig nur aus einer Säule bestand, über die man eine Querstange legte, mit einem Gewand drapierte und mit einer Maske bekrönte. Manchmal – so zum Beispiel auf den berühmten »Augenschalen« – ist die bärtige schwarze Maske des Gottes mit dem bannenden Blick noch weiter reduziert, nämlich auf das hypnotisch wirkende Augenpaar, nach dem eine ganze Gattung griechischer Gefäße benannt ist. Daß Dionysos ein Gott der Masken ist, hängt mit seinem chthonischen Wesen zusammen; alle Mythen aus dem Kreis dieses Gottes erzählen von Verwandlung und Verhexung, Besessenheit, Wahnsinn und Tod, von Verblendung und Zerreißung – mit einem Wort: von Schicksalen, die mit der Macht von Maske und Camouflage zu tun haben. Wenn Dionysos selbst ein Gott der Maske ist, so gilt das gleiche auch für die Mehrzahl seiner mythischen Begleiter und Satelliten, vor allem für die Satyrn und Silene. Den »stumpfnasigen Silenen«, wie sie häufig tituliert werden, sind vor allem pferdehafte Wesensmerkmale eigen; besonders auffällig dabei ist ihr Pferdeschweif. Ein weiteres Kennzeichen, das zum Erscheinungsbild der Silene gehört, ist ihr ithyphallischer Charakter. Doch weshalb stumpfnasig? Dabei muß man im Auge haben, daß bis auf die Dionysosmaske selbst fast alle Typen von Masken, die im Rahmen dionysischer Rituale und Begehungen Verwendung finden, allem Anschein nach von einem einzigen Prototyp abgeleitet sind: der Bocksmaske. Die Satyrn sind ebenso bocksgestaltige Wesen wie der Gott Pan, der ja – besonders in der Spätantike – häufig im Thiasos des Dionysos mitzieht. Auch die sprichwörtliche »Stumpfnasigkeit« der pferdeschwänzig dargestellten Silene geht auf diesen bocksgestaltigen Maskenprototyp zurück, nach dem im übrigen auch das überlieferte »Porträt« des Sokrates gestaltet ist. Grundlage hierfür ist die berühmte Rede des Alkibiades auf Sokrates in Platons »Symposion«, wobei der Redner den Philosophen mit einem Silen vergleicht.

Es wird uns kaum noch verwundern zu erfahren, daß auch die griechische Theatermaske aus dem genannten Prototyp der Bocksmaske entwickelt worden ist, wie der Schweizer Professor Seiterle vor einigen Jahren in einem aufsehenerregenden Experiment nachweisen konnte. Wir glauben zu wissen, daß die griechische Tragödie aus dem Zusammenhang mit dem dionysischen Bocksopfer hervorgegangen ist; daher auch die Herleitung der Bezeichnung »Tragödie« aus »trag-odia« = »Bocksgesang«, wie sie heute von den meisten Gelehrten akzeptiert wird. Daß im griechischen Theater, wie allgemein bekannt, auch die Frauenrollen von männlichen Darstellern gespielt wurden, dürfte damit zusammenhängen, daß das Theater ja im Maskenwesen wurzelt und gewisse, seit jeher mit der Maske verbundene Tabus bewahrt hat. Dem scheint andererseits das häufige Auftreten von Masken in Verbindung mit weiblichen Gottheiten (Artemis, Hekate, Demeter, Medusa u.a.) zu widersprechen. Dazu kommt noch, daß Dionysos, der Herr des Theaters, sowohl ein sehr stark effeminierter Gott ist (häufig ist er in Frauenkleidern zu sehen), als auch ein Gott, dessen Gefolge in der Mehrzahl aus weiblichen Trabanten besteht. Das Verhältnis von Maske und Rausch, Maske und Besessenheit ist ein Thema, auf das wir später noch ausführlich zurückkommen werden. Fürs erste scheint sich jedoch bereits ein Antagonismus herauszukristallisieren: Während der Anblick der Gorgonenmaske den Blickenden zu Stein erstarren läßt, ruft das Auftreten der Maske im dionysischen Kult genau die entgegengesetzte Wirkung hervor: Gott-Trunkenheit (enthousiasmos), Entfesselung von heiligen Leidenschaften, ekstatische Hingabe an den Gott, dessen Epiphanie im plötzlichen Erscheinen der Masken beschworen wird. Auf einem der Fresken aus dem Einweihungszyklus in der »Villa dei Misteri« zu Pompeji wird dem Novizen eine Silensmaske gezeigt, die sich offenbar in einem – wohl halb mit Wein gefüllten – Gefäß spiegelt.[1] Der Mysterienanwärter erblickt also nicht etwa die Maske selbst, die von einem Ministranten hinter seinem Kopf emporgehalten wird, sondern nur deren Spiegelbild, das plötzlich im Wein erscheint. Das ist Mysteriensymbolik, und ihr tieferer Sinn läßt sich nur schwer erraten. Auf jeden Fall handelt es sich um die Inszenierung eines epiphanischen Ereignisses. Die stechenden Augen der Silensmaske lassen übrigens an die magischen Augenpaare auf den berühmten »Augenschalen« denken, die ja ebenfalls dem dionysischen Kultkreis zugehörig sind. Doch nun wieder zurück zu jenem Prototyp, der allen dionysischen Maskentypen zugrunde zu liegen scheint: der Bocksmaske.

Dem ganzen Altertum galt der Ziegenbock als das geile, lüsterne Tier, als Sinnbild der Sexualität und der Fruchtbarkeit schlechthin – ein Zusammenhang, der sich im Bereich der Vulgärsprache bis zum heutigen Tage erhalten hat. So begegnet uns der Bock im Szenario von Vegeta-

Silensmaske. Fresko aus der Villa dei Misteri. Pompeji

tionskulten immer und immer wieder, allem voran natürlich im dionysischen Kultzusammenhang. Auch hier ist die Verbindung zum Tod, ist der opferkultische Aspekt immer gegenwärtig: Das Opfer des Bocks ist die unabdingbare Voraussetzung für die alljährliche Erneuerung der Vegetation, für neue Fruchtbarkeit und neues Leben – und bekanntlich ist es der Gott Dionysos selbst, der (wie es auch im kretischen Mythos von der Zerreißung des Dionysos zum Ausdruck kommt), in Gestalt des Ziegenbocks geopfert und zerrissen wird. Verschiedentlich wird der Gott auch als »Melanaigis«, als »der mit dem schwarzen Ziegenfell«, bezeichnet. Im Einklang mit dem zentralen dionysischen Mysterium und dem ihm zugrundeliegenden Opferzusammenhang wäre auch daran zu denken, daß die Bocksmaske beziehungsweise die aus ihr hervorgegangenen Silens- und Satyrmasken den Symbolismus der Erneuerung des Lebens aus einem vorausgegangenen Tod – dem Bocksopfer nämlich – beschwören; anders gesagt: In den »Vegetationsdämonen« der Silene und Satyrn ersteht der geopferte Bock in Gestalt seiner Maske wieder auf. Damit haben wir gleichzeitig an ein normalerweise viel zu wenig beachtetes, aber naheliegende Phänomen erinnert, nämlich an die Tatsache, daß zumindest die Tiermasken aus dem Trophäenkult hervorgegangen sind und somit ein Opferritual zur Voraussetzung haben: Wer in die Maske (oder die Haut) eines Tieres schlüpft, läßt damit gleichsam das getötete Tier in neuer Gestalt wiederauferstehen! Hiermit haben wir aber zugleich auch das kultisch-religiöse Umfeld erweitert, dem die Maske ihre Entstehung verdankt: Zum Zusammenhang mit Tod und Totenkult tritt nun noch der Aspekt der Fruchtbarkeit. Das wird sich auch an den folgenden Beispielen zeigen.

Es gibt im antiken Griechenland noch zwei andere Gottheiten, die mit Masken und Maskenumzügen verbunden waren, nämlich Artemis und Hekate. Artemis ist nämlich nicht nur die »Göttin der Jagd«, als die sie in Verkennung ihrer eigentlichen Machtsphäre meist verharmlosend bezeichnet wird. Denn mehr noch als Göttin der Jagd ist sie die »Herrin des Draußen«, die Göttin der Wildnis und der Wildheit, also die Verkörperung der elementaren Natur im umfassenden und damit auch ambivalenten Sinne des Wortes: lebenspendende und todbringende Macht in einer Gestalt, Göttin des Lebens und der Fruchtbarkeit wie auch des Todes, Herrin der Tiere und Große Mutter par excellence, was besonders deutlich wird am Typus der Artemis von Ephesos. Als Göttin mit düsteren und nächtlichen Aspekten rückt sie oft in die Nähe der Toten- und Gespensterherrin Hekate. Hekate, eine – wie die meisten Schicksalsmächte und Todesdämoninnen – in Dreigestalt auftretende Göttin, ist die Anführerin des Heeres der anonymen Totengeister, Herrin der Zauberinnen, Hexen und anderer gefürchteter Spukgestalten (wie der Empusa), die ihre Heiligtümer vor allem an Dreiwegen hatte. Denn Dreiwege galten nach der Sakraltopographie der Griechen und Römer als Topoi der »offenen Grenze«: Hier stand die Welt der Lebenden zum Reich der Toten hin offen, und Dreiwege waren allgemein bekannt und gefürchtet als Treffpunkt von Gespenstern, Totengeistern und dämonischen Mächten.[2] Die der Totengöttin zu Ehren abgehaltenen Mysterien beging man als »Pannychis«, als nächtliche Feier bei Fackelschein und mit Hundeopfern (der Hund ist bekanntlich das Totentier par excellence!). Das sich um Hekate scharende Gespensterheer ist gleichsam das antik-griechische Gegenstück zum »Wilden Heer« der germanischen Völker, und genau wie dieses braust es im Tosen der Stürme über den nächtlichen Himmel. Doch selbst bei dieser so ausgesprochenen Todesgöttin darf der Bezug zu Wachstum, Erneuerung der Vegetation und neuem, aus dem Totenreich hervorkeimendem Leben nicht fehlen: Auf dem Münchener Hekate-Altärchen (Glyptothek München) wird die dreigestaltige Göttin umtanzt vom Reigen der Chariten, jenen gleichfalls in der Dreizahl auftretenden Wachstumsgenien, die uns besser bekannt sind unter ihrem lateinischen Namen »Grazien«.

Für unseren Zusammenhang besonders wichtig ist die Tatsache, daß das Geisterheer der Hekate ein Maskenheer war, genauso wie die Hexen- und Nymphenschwärme, die das Gefolge der Artemis, jener anderen großen Maskengöttin, bildeten. Hirschmasken und Bärenverkleidungen spielten in vielen Artemis-Kulten eine ebenso bedeutende Rolle wie rituelles Transvestitentum beiderlei Geschlechts, Heischeumzüge, Phallophorien und Aischrologie. Aus Lakonien sind uns anläßlich gewisser kultischer Begehungen zu Ehren der Artemis in ihrer Eigenschaft als Göttin des Wachstums und der Fruchtbarkeit obszöne Riten und Tänze, Travestien und Maskenbräuche bezeugt. Männer trugen häßliche Weibermasken, und Frauen banden sich Phallen vor. Zum Kult gehörten auch obszöne Anspielungen in Worten und Gesten – kurzum, es herrschte eine orgiastische Atmosphäre von beinahe »dionysischem« Zuschnitt. Manches scheint gar die Perchtenumzüge des süddeutschen und österreichischen Raumes vorwegzunehmen. Daß dieser Gedanke nicht ganz unbegründet ist, wird sich zeigen.

Bevor wir jedoch auf diesen Zusammenhang näher eingehen, wollen wir uns dem berühmtesten Verwandlungsmythos aus dem Mythenkreis um die Göttin Artemis zuwenden – einem Mythos, der wie kaum ein anderer hinter der Göttin der Jagd die verwandlungs- und zerreißungsmächtige Todesgöttin und Rächerin sichtbar werden läßt und damit Artemis und Hekate in engere Nachbarschaft zueinander rückt als gewöhnlich vermutet: dem Mythos von Artemis und Aktaion. Dieser Mythos erzählt von der Macht der Leidenschaft und der Macht der Maske. Vielleicht sollten wir die Gelegenheit nutzen und darauf hinweisen, daß im *Ritual* die Maske meist dort ihren Platz hat, wo die Mythen, die sich auf das entsprechende Ritual beziehen, von *Verwandlungen* erzählen. So war auch der Mythos von Aktaion mit einem Ritual verbunden, bei dem ein Mann, der den Aktaion zu spielen hatte, eine Hirschmaske angelegt bekam und in einer rituellen Jagd verfolgt wurde[3].

Der Mythos in seiner bekanntesten Version[4] erzählt, daß der Jäger Aktaion bei der Verfolgung eines Hirschen tiefer und tiefer in den Wald eindrang und dabei schließlich in die Nähe einer Lichtung geriet, wo die Göttin Artemis im Gefolge ihrer Nymphen in einer Quelle badete. Aktaion belauschte die Göttin, wurde aber entdeckt und zur Strafe für seinen Frevel selbst in einen Hirschen verwandelt. Die den Jäger begleitende Hundemeute erkannte ihren Herrn nicht mehr, und Aktaion wurde in seiner Hirschgestalt von seinen eigenen Hunden angefallen und zerrissen. Es gibt eine Version des Mythos, die erzählt, daß die Göttin dem Jäger ein Hirschfell – also eine Maske! – übergeworfen habe. Wie auch immer: Gerade dieser Mythos ist immer wieder und vorzugsweise in der Renaissance Gegenstand geistreicher Interpretationen und Ausdeutungen geworden – Künstler und Gelehrte, so Giordano Bruno,[5] haben ihr Schicksal mit dem Aktaions identifiziert; hier schien vor allem der Geist-Trieb-Konflikt und damit der Gegensatz von Natur und Kultur wie nirgendwo sonst thematisiert worden zu sein: Der Jäger, der die Fährte des Wildes verfolgt, gerät schließlich an eine Grenze, an der sich das Verhältnis zwischen Jäger und Beute genau umgekehrt und der Jäger selbst zum Gejagten wird. Aktaion ist die Metapher für das neuzeitliche Subjekt selbst, das an seiner eigenen schrankenlosen Gier, sich die Natur total zu unterwerfen, zugrunde geht – zugrunde geht, indem es von seinen eigenen Instinkten (den »Hunden«) zerrissen wird.[6]

Seiner ursprünglichen Bedeutung nach dagegen thematisiert der Mythos die Ambivalenzen im Wesen der Göttin Artemis selbst: Das Bad in der Quelle (Symbol des Lebensursprungs) läßt sie zunächst als lebenspendende Göttin des Wachstums und der Fruchtbarkeit erscheinen, darin den Nymphen in ihrem Gefolge gleichend, die ja ebenfalls als Quell- und

Artemis als »Herrin der Tiere« und aller Reiche des Lebendigen (Wasser, Erde, Luft). Böotische Vase. Anfang 7. Jh. v. Chr.

Wachstumsgenien anzusprechen sind. In ihrer Eigenschaft als Göttin der Jagd ist ihr die Hirschkuh heilig – genau jenes Tier also, das von Aktaion verfolgt wird. Der Mythos setzt sogar die Verfolgung des Hirschen mit der Belauschung der Göttin in Beziehung – in beidem äußert sich das Begehren des Jägers und beides bezieht sich letztendlich auf ein und dasselbe Objekt: Göttin oder Hirschkuh sind ja nur zwei verschiedene Erscheinungsweisen einer einzigen Macht. Diese Beziehung zwischen dem Beutetier und der Göttin drückt sich auch noch in anderer Weise aus: Aktaion erspäht nämlich Artemis in genau dem Augenblick, wo er die Fährte des Wildes verloren hat. Man könnte diese Synchronizität auch so deuten: Die vom Jäger aus den Augen verlorene Hirschkuh hat nur die Gestalt gewandelt und zeigt sich nun in ihrem wahren Wesen – als die Göttin selbst! So wie Aktaion zuvor das Wild ausspähte und verfolgte, späht er jetzt nach der entblößten Göttin. Doch beides ist frevlerisches Begehren, und so wird Aktaion zur Strafe für seinen doppelten Frevel seiner Identität beraubt und in das verwandelt, was er als Beute zu besitzen begehrte: den Hirschen (oder die Göttin in einer ihrer Epiphanien), in dessen Gestalt er auch zerrissen wird.

In der Zerreißung des Heros durch seine eigene Hundemeute gibt sich die Göttin von ihrer dunklen, todbringenden Seite zu erkennen; von dieser Seite ihres Wesens her betrachtet, wird sie gleichsam zum Double der Totengöttin Hekate. Diese enge Verwandtschaft beider Göttinnen war ihren antiken Verehrern immer bewußt. So war im Tempel der ephesischen Artemis auch ein Standbild der Hekate aufgestellt, und ein berühmtes Wandgemälde aus dem »Haus der Livia« auf dem Palatin in Rom, das aus frühaugusteischer Zeit stammt und ein ländliches Heiligtum der Artemis – oder Diana, wie sie bei den Römern heißt – zeigt, stellt die Göttin *dreigestaltig* dar, nämlich als Artemis (Diana), Selene (Luna) und Hekate (Trivia).[7] Auch die Umgebung zeigt die uns aus dem Aktaion-Mythos bekannten Motive einer mit dieser Göttin verbundenen Sakrallandschaft: Baum und Wasser. Neu an diesem Szenario ist allenfalls der Trophäenbaum mit den Protomen dreier der Artemis heiliger Tiere: Hirsch, Bock und Eber.

Wir haben vorhin schon darauf hingewiesen, daß ein Zusammenhang zwischen den beiden Göttinnen und ihren maskierten Schwärmen einerseits und den Hexensabbathen und Perchtenumzügen des mittelalterlichen und neuzeitlichen Europa andererseits nicht so ohne weiteres von der Hand zu weisen ist. Heischeumzüge und Maskenprozessionen im Rahmen von Artemiskulten waren nichts Außergewöhnliches. In der Regel ge-

Artemis/Diana als dreigestaltige Göttin. Römisches Wandgemälde vom »Haus der Livia« auf dem Palatin in Rom. Ca. 30 v. Chr.

hörten auch Verkleidungen und saturnalienhafte Ausgelassenheit zum Szenario solcher Feste. Viele Artemisfeste waren sogar reine Frauenfeste und erinnern tatsächlich in mancher Hinsicht schon stark an den mittelalterlichen Hexensabbath. Im Heiligtum der Artemis Orthia (Sparta), das zwischen 1906 und 1910 von britischen Archäologen ausgegraben wurde, kamen Masken und Bleifiguren-Tänzer aus archaischer Zeit in großer Zahl zum Vorschein. Die Feste der Artemis Orthia waren Tanz- und Maskenfeste mit bukolischen Umzügen, die der Wildheit und Ausgelassenheit der Göttin, der sie galten, alle Ehre machten. Denn hier wie in zahlreichen anderen Kultorten galt Artemis vor allem als »Herrin der wilden Tiere«, im Gefolge von Löwen, Bären, wilden Ebern und Hirschen einherziehend; man verglich sie gerne mit der berüchtigten »taurischen Artemis« aus dem Iphigenie-Drama, die nach Menschenopfern verlangte und bei deren Anblick man dem Wahnsinn verfiel. Doch wo ist hier – von ein paar Äußerlichkeiten abgesehen – die Beziehung zum Hexenkult und zu den Perchtenumzügen späterer Zeiten? Um diese Frage zu beantworten, wollen wir zunächst einige Quellen sprechen lassen.
Nach dem Wortlaut eines Konzilsbeschlusses zu Ankyra aus dem Jahre 341 heißt es, »man müsse unbedingt der Vorstellung entgegenwirken, daß des Nachts die Weiber mit einer heidnischen Göttin Diana ... und einer unzähligen Menge anderer Weiber und auf Tieren reitend unterwegs seien ...«. Caesarius von Arles weiß zu berichten, daß unter gallischen Bauern von einer Dämonin die Rede sei, die sie Diana nennen. Im 15. Jahrhundert verfaßte ein gewisser Stephanus Lanzkranna eine Streitschrift gegen den Aberglauben, worin er die zu seiner Zeit hierzulande in weiten Kreisen populären heidnischen Vorstellungen aufzählt, darunter den Glauben »an die frawen bercht (= Percht) oder an die frawen holt (= »Frau Holle«), an herodiasis (Herodias), an dyana, die heidenisch goettin oder tewfelin ...«. In einem lateinisch geschriebenen, aber im 18. Jahrhundert ins Deutsche übersetzten Text von Burchard von Worms aus der Zeit um 1000 n.Chr. heißt es: »Hast du geglaubt oder teil an dem Unglauben gehabt, daß einige gottlose und vom Teufel verblendete Weiber vorgeben, daß sie zur Nachtzeit mit der Göttin Diana und mit einem Haufen von Teufeln in Weibergestalt, die man Strigholden (Strigen = Hexen) nennt, einherfahren ...?« Und zweihundert Jahre nach Burchard läßt sich Johannes Parvus, Bischof von Salisbury, über die Täuschungen aus, »welche der Teufel Frauen vorzuspiegeln wisse, so daß sie sich einbildeten, zu erleben, was sie im Geiste sähen: daß beispielsweise Diana oder auch die Herodias bei Nacht Zusammenkünfte mit Gastmählern

abzuhalten pflegten, Kinder den Lamien opferten und sie danach wieder in die Wiegen trügen«. Und zuletzt schließlich sei noch ein Satz des Discipulus (Johannes Heroldt) aus dem 15. Jahrhundert zitiert, der von Leuten zu berichten weiß, »qui credunt quod Diana, quae vulgariter dicitur fraw Percht, cum exercitu suo de nocte solet ambulare per multa sapatia terrarum …«[8].

Die Perchten gehören in der Regel zum Szenario der »Zwölf Rauhnächte«, also der Zeit zwischen dem 25. Dezember und dem 6. Januar. Auch der »Thesaurus pauperum« aus dem Jahre 1468 bezieht die Perchtenumzüge auf diese Zeit und drückt dies mit den Worten aus: »Multi credunt sacris noctibus inter natalem diem Christi et noctem epiphaniae evenire ad domos suas quosdam mulieres, quibus praeest domina Perchta …«. Die »Zwölf Rauhnächte«, auch »Zwölften« genannt, sind die berühmte »Zeit *zwischen* den Jahren« in den archaischen Zeitrechnungssystemen – jene Zeit *außerhalb* der Zeit, die weder dem zu Ende gegangenen alten noch dem erst beginnenden neuen Jahr angehörte und damit auch außerhalb der regulären Ordnung stand, sondern einer heiligen und zugleich zutiefst gefährlichen, einer mythischen Zeit angehörte. Die normale Ordnung war für diesen Zeitraum vorübergehend außer Kraft gesetzt; an ihrer Stelle herrschte eine Art »ritueller Anarchie«, die bestimmt war vom Symbolismus der »Verkehrten Welt« und die Züge einer Saturnalienfeier oder eines Karnevals trug. Oft herrschte jedoch eine eher düstere Stimmung vor. Denn in dieser Zeit stand die Welt der Lebenden zur Welt der Totengeister und Dämonen hin weit offen: Gegenwart und Vergangenheit, Lebende und Tote vermischten sich und wurden eins; das uranfängliche Chaos kehrte zurück, die Zeit war aufgehoben. Hier brauste Wotan mit seiner »Wilden Jagd« durch die Lüfte; Hexen, Werwölfe, Wiedergänger und alle möglichen Spukgestalten trieben ihr Unwesen, und die geläufige Erscheinungsform dieses ganzen Pandämoniums ist die *Maske*, insbesondere die Perchtenmaske. In der Schweiz nennt man die »Zwölf Nächte« manchmal auch die »Klöpflenächte«. Denn da gehen die »Anklopfer« um, und die »Chlungeri« schaut sich in sämtlichen Stuben um, ob alles ordentlich ist. Auch die beiden Hexen Strudeli und Strätteli ziehen umher. An Epiphanias wird dieses ganze heidnische Pandämonium dann wieder ausgetrieben und verjagt – die Masken verschwinden, und die reguläre Ordnung tritt wieder in ihre Rechte.

Außerhalb der »Zwölf Nächte« tritt die Percht und treten die Perchten auch bereits zur Adventszeit sowie im Fasching auf. Ignazius Vinzenz von Zingerle, ein Tiroler Brauchtumsforscher aus dem 19. Jahrhundert, gab 1857 ein Werk über »Sitten, Bräuche und Meinungen des Tiroler Volkes« heraus, aus dem ich einen Passus über das berühmte »Perchtenlaufen« wiedergeben möchte: »Am letzten Faschingsabende«, so schreibt der Gelehrte, »war früher das Perchtenlaufen üblich. Es war eine Art Maskenzug; die Vermummten hießen Perchten. Man unterschied sie in schöne und schiache (häßliche). Erstere waren schön gekleidet, mit Bändern, Borten und ähnlichem geschmückt; letztere zogen sich so häßlich als möglich an, behängten sich mit Mäusen und Ratten, Ketten und Schellen. Alle Perchten trugen Stöcke. Die der schönen waren mit bunten Bändern geziert, die der häßlichen endeten oben in einem Teufelskopf. So ausgestattet, sprangen und liefen die Perchten über die Gassen und kamen auch in die Häuser. Unter den schiachen Perchten war auch ein Aschenschütz, der mit einer Windbüchse Asche und Ruß den Leuten ins Gesicht schoß. Die schönen Perchten teilten manchmal Geschenke aus. So ging es laut und fröhlich her, wenn die wilde Percht nicht selbst darunter kam. Mischte sich dieses Gespenst darunter, so war das Spiel gefährlich. Die Anwesenheit der wilden Perchte erkannte man, wenn die Perchten ganz wild und rasend tobten und über den Brunnenstock hinaus sprangen. In diesem Falle liefen die Perchten bald voll Furcht auseinander und suchten das nächstbeste Haus zu erreichen … In einigen Orten, zum Beispiel in Oberlienz, lebt die Sitte des Perchtenspringens noch fort.«[9]

In dem hier wiedergegebenen Bericht ist von zweierlei Perchten die Rede: den *»schönen«*, sprich gutartigen, wohlgesonnenen, die alle positiven und lebenserhaltenden Kräfte verkörpern, und den *»schiachen«*, das heißt häßlichen, gefährlichen und bösartigen Perchten, die das entgegengesetzte Prinzip, nämlich die todbringenden und dämonischen Kräfte darstellen. Diese letzteren – die schiachen Perchten – haben das Aussehen von Teufels- oder Tierfratzen, mit Eberhauern oder Bockshörnern versehen, und gebärden sich wild und entfesselt; sie veranstalten einen infernalischen Lärm, schreien, brüllen oder knurren – je nach ihrer Tiergestalt – und machen wilde Sprünge, wie sie sich auch sonst in jeder Weise als schreckenerregende Monstren gebärden. Von den »schiachen« Perchten zu unterscheiden ist noch einmal die »Wilde Percht«. Ihre Maske ist in der Regel ein häßliches, uraltes Weib mit glänzenden Triefaugen und auffallend langer Nase. Sie ähnelt also in vieler Hinsicht dem Bild, das man sich von einer Hexe macht. Der Brauchtumsforscher Waldemar Liungman gibt uns eine recht anschauliche Beschreibung von den »schiachen« Perchten, die noch Anfang des vorigen Jahrhunderts in Lend im

Pongau an drei Donnerstagen in der Adventszeit umgingen: »Zwölf Burschen waren in schwarze Schaffelle (!) gehüllt, hatten zu Hauben genähte Dachsfelle auf dem Kopf (die sogenannte Perchtenhaube) und holzgeschnitzte Masken mit groben menschlichen Gesichtszügen, langen Zähnen, Hörnern oder solche von fabelhaften Tieren mit Schnäbeln und Borsten oder beweglichen Kiefern vor dem Gesicht«[10]. Berichte aus anderen Regionen wiederum schildern uns die schiachen Perchten als Tiermasken, wobei Hirsch- und Bärenmasken besonders häufig vorkamen, aber auch als hexenähnliche Gestalten.

Bemerkenswert an Liungmans Beschreibung ist die Erwähnung von schwarzen Schaffellen als einem wesentlichen Bestandteil des Perchtenkostüms. In der griechisch-römischen Antike, aber auch bei zahlreichen Völkern, die nicht zum antiken Kulturkreis zählen, ist das (schwarze) Schaf (Hammel, Widder) nämlich das bevorzugte Opfer an die »Unterirdischen«. Diese sehr enge Beziehung des Schafes zur Welt der Totengeister und Dämonen scheint auch hier zu bestehen. Aber auch die Masken anderer »chthonischer« Tiere, wie Eber oder Bock, tauchen immer wieder im Perchtenzug auf. Hierbei ist auch daran zu erinnern, daß ja der Teufel selbst in der volkstümlichen Überlieferung gerne bocksgestaltig dargestellt wird. Ob und inwieweit sich hier antike Bräuche in die religiöse Subkultur des mittelalterlichen und neuzeitlichen Europa hinübergerettet haben, dürfte genauso schwer zu ermitteln sein wie die Beziehung zwischen den Perchten oder den Hexen und dem schwärmenden Gefolge der Göttin Artemis.

Es gibt im antiken Griechenland nur drei Gottheiten, die ein Gefolge von Schwärmen maskierter Gestalten um sich haben: Artemis, Hekate und vor allen Dingen Dionysos. Von Artemis und Hekate war bereits die Rede; sprechen wir nun noch einmal von Dionysos (vgl. auch das Kapitel »Mystischer Dionysos«!). Auch von den Satelliten dieses Gottes haben wir einige der wichtigsten Gestalten schon genannt und sogar näher beschrieben: die »stumpfnasigen« und ithyphallisch dargestellten Silene und die Satyrn, von denen wir sagten, daß sie Tiermasken – genauer gesagt: Bocksmasken – seien. Auch den Hirtengott Pan dürfen wir diesem Gefolge zurechnen; manchmal erscheinen in der Begleitung des Dionysos auch noch Kentauren sowie verschiedene Arten von Raubtieren (Löwen, Panther etc.). Von seinen weiblichen Trabanten – den Mänaden – haben wir jedoch bis jetzt noch nicht gesprochen, und dies, obwohl gerade sie es sind, die eine bisweilen frappierende Affinität zu den Hexenschwärmen des mittelalterlichen und neuzeitlichen Europa aufweisen.

Eine – leider verlorengegangene – Tragödie des Dramatikers Aischylos hieß »Die Bassariden«. Es scheint sich bei diesem Drama, soviel wir wissen, um ein Gegenstück zu den »Bakchen« des Euripides gehandelt zu haben. Der Name »Bassariden« bezieht sich auf Dionysos Bassareus, den »Dionysos im Fuchsfell«, nach dessen Vorbild sich auch die Mänaden verschiedentlich in jene charakteristischen rötlichen Fuchsfelle hüllten, auf die ihr Name »Bassariden« hindeutet. Doch war der Fuchsbalg keineswegs das einzige Requisit aus dem Fundus der Tiermasken, das die Mänaden bei ihren ekstatischen Begehungen anzulegen pflegten. Hier bestand vielmehr eine reiche Auswahl. Doch für welche Verkleidung man sich entschied, das hing vom »Programm« der Rituale selbst ab. Bekanntlich stellten die Riten des »Sparagmos« und der »Omophagie« – das Zerreißen wilder oder zahmer Tiere mit den Zähnen, um ihr Fleisch roh hinunterzuschlingen – ein Kernstück der dionysischen Orgiastik dar. Hier jagten die Mänaden in einem Zustand des förmlichen »Blutrausches«, wobei sie sich zunächst ihrer Kleider entledigten, statt dessen Löwen- oder Pantherfelle anlegten und durch diese Raubtierverkleidung selbst in Raubtiere verwandelt wurden. Daß sie mit dieser Tierverkleidung zugleich in die Maske ihres Gottes selbst schlüpften und mystisch mit ihm eins wurden, steht hier nicht zur Debatte. Wir stellen lediglich fest, daß die Mänaden die Riten des Sparagmos und der Omophagie häufig in Raubtierverkleidung vollzogen und – dergestalt zu Raubtieren geworden – Rehkälbchen oder Zicklein, ja Euripides zufolge sogar einen Stier mit den Zähnen zerrissen und das Fleisch roh verschlangen. Im Anschluß daran aber pflegten sie nicht selten auch die Felle der von ihnen erbeuteten und verschlungenen Tiere anzulegen und – ebenso wie die Raubtierfelle – über der Brust zu verknoten, so wie es uns Darstellungen auf Vasen vielfach zeigen.
In ihrer Raubtierverkleidung machte die Mänade eine totale Verwandlung durch, die in der Ekstase des »Rohfleischessens« ihren Höhepunkt fand. Maskierung und Verkleidung bilden also ein nicht unwesentliches Zubehör ekstatischer Kulte und Rituale, und nicht selten ist es die Maske, die den »Rausch der Verwandlung« und die Entfesselung heiliger Leidenschaften erst auslöst. So stellt die Maske eines der wichtigsten Hilfsmittel dar, um die mystische Identität mit dem Ahn, der Gottheit, dem Dämon, Tier oder Totengeist zu erreichen. Das ist auch der Grund, weshalb Dionysos als ein Gott des Rausches, der Besessenheit und der Verwandlung ein Gott der Masken, ja der Maskengott schlechthin ist.
So wie die Bacchantinnen nach Euripides' gleichnamigem Drama in die

Wälder und auf die Berge des Kithairon ausschwärmten, um dort ihre Begehungen abzuhalten, so wie sie sich in der Ekstase in wilde Tiere verwandelten, die blutigen Riten der Omophagie vollzogen und ihre Orgien feierten, genauso sagte man es im mittelalterlichen und neuzeitlichen Europa oft genug auch den Hexen nach. Man könnte sogar noch weiter gehen und sagen: Das Bacchanal *ist* der antike Hexensabbath, so wie der Kithairon der antike »Blocksberg« oder »Brocken« ist. Man braucht nur die Gerichtsakten des berüchtigten »Bacchanalienprozesses«, der im Jahre 186 v.Chr. in Rom stattfand, zu studieren und sich die Anschuldigungen vor Augen zu führen, die damals gegen die Mitglieder dieses dionysischen »Geheimbundes« erhoben worden sind, um auf den Gedanken zu kommen: Hier hat der erste Hexenprozeß in der europäischen Geschichte stattgefunden! Bezeichnend, wie auffallend viele Punkte der Anklageschrift von damals den Anschuldigungen gleichen, die man später gegen die Hexen vorbringen wird. Da ist von nächtlichen Begehungen und von Ausschweifungen die Rede, von Verschwörung und Geheimbündelei, ja – um das Maß voll zu machen – sogar von Kinderschändung und Anthropophagie!

Auch in den Geschichten und Erzählungen von »Werwölfen« (von ahd. »wer« = »Mann«) kehren die Motive der Omophagie wie auch der Anthropophagie immer wieder. Und genauso wie die Hexen, die Vampire und andere Schreckensgestalten der religiösen Subkultur Europas haben auch die Werwölfe ihre Vorläufer bereits in der griechisch-römischen Antike. Die Überlieferungen von den geheimen Begehungen beim Lykäenfest zu Ehren des arkadischen Zeus Lykaios sind voll von Gerüchten über Menschenopfer und Anthropophagie – man munkelte von einem Säugling (oder einem Knaben), der geopfert und anschließend rituell verzehrt worden sein soll. Diejenigen, die am Opfer beteiligt waren und Menschenfleisch gegessen hatten, wurden angeblich in Wölfe verwandelt: Sie mußten ihre Kleider ablegen und an einer Eiche aufhängen, danach einen See durchschwimmen, und waren, sobald sie das andere Ufer erreicht hatten, zu Werwölfen geworden und verschwanden in der Wildnis Arkadiens. Nur wer sich, so hieß es, neun Jahre lang von Menschenfleisch enthalten hatte, konnte seine menschliche Gestalt wiedererlangen: Er mußte abermals den See – diesmal in die entgegengesetzte Richtung – durchschwimmen, erreichte das andere Ufer wieder als Mensch, nahm seine Kleider vom Baum und durfte in die menschliche Gemeinschaft zurückkehren.[11]

Den »Werwölfen« in mancherlei Hinsicht verwandt sind die legendären

»Berserker«, berühmt und berüchtigt für ihre sprichwörtliche »Berserkerwut«. Ihren Namen verdanken sie ihrer Tierverkleidung, dem Bärenfell, mit dem sie sich umhüllten (altnord. »serkr« = »Hemd«, also »berserkr« = »Mann im Bärenhemd«). Vielfach werden sie mit bestimmten germanischen Krieger- oder Männerbünden in Beziehung gebracht. In der Örvaroddssaga heißt es von den Berserkern sogar, sie tränken Blut und äßen rohes Fleisch – mit anderen Worten: sie huldigten der »Omophagie«. Nun sind gerade Raubtierverkleidungen bei Mitgliedern archaischer Kriegerbünde eher die Regel als die Ausnahme, und viele Helmformen und Kriegstrachten (wie im übrigen auch zahlreiche Jägertrachten) lassen ihre Herkunft aus Tierverkleidungen, Tiertrophäen und insbesondere Tierschädeln auch oft noch später erkennen, wenn die Schädel und Bälge längst künstlichen Materialien gewichen sind. Dabei gehören Wolfs- und Bärenfelle bzw. -schädel zu den häufigsten Grundbestandteilen alteuropäischer Kriegstrachten. Auch hier war die magische Verwandlung des Maskierten in das Raubtier, von dem die Maske stammte, der eigentliche Zweck der Kostümierung: Sie weckte Raubtierinstinkte und rief den sogenannten »furor heroicus« oder die sprichwörtliche »Berserkerwut« hervor, von der bereits die Rede war. Auch in der »Heimskringla« des Snorri Sturluson finden die Berserker Erwähnung. Hier gehören sie zur engsten Umgebung des Gottes Odin; vielleicht sind sie identisch mit den sogenannten »Einheriern«. Von diesen um den Gott gescharten Mannen heißt es nun: »... Sie waren wild wie Hunde oder Wölfe. Sie bissen in ihre Schilde und waren stark wie Bären oder Stiere. Sie erschlugen das Menschenvolk, und weder Feuer noch Stahl konnte ihnen etwas anhaben. Man nannte dies ›Berserkergang‹«.

Kehren wir nun zum Abschluß dieses Kapitels noch einmal in die Welt der Antike zurück. Wir hatten uns bei der Beschäftigung mit einigen Aspekten des antiken Maskenwesens vor allem auf drei Göttergestalten bezogen, in deren Umkreis Masken und Schwärme maskierter und entfesselter Trabanten häufig zu finden sind, nämlich: Artemis, Hekate und Dionysos. Diese Gottheiten haben nun in der Tat ein sehr wesentliches Merkmal gemein miteinander: Sie alle gehören einer Sphäre des »Draußen« an – der Sphäre der Wildnis, des Todes, der Nacht, des Wahnsinns und der Ekstase. Und genau diese Sphäre ist der Bereich, in dem die Maske herrscht. Doch es ist ein Bereich, der mit dem Verfall der antiken Religionen und der wachsenden Verbreitung des Christentums immer weiter zurückgedrängt wird und schließlich der Verfemung verfällt. Je stärker aber dieser dämonische Bereich der Religion aus dem offiziellen

Kultus verbannt wird, desto mehr beginnt er das bevorzugte Terrain einer heterodoxen Subkultur zu werden, aus der die großen religiösen Gegenströmungen zur Staatskirche des christlichen Europa hervorgehen sollten: Hexenkulte, Satanskulte, Magie und Pansophie.

Neben den drei genannten Gottheiten – Artemis, Hekate und Dionysos – gehört noch eine Reihe von sogenannten »Naturgottheiten« und dämonischen oder halbdämonischen Gestalten der Sphäre des »Draußen« an. Unter diesen nimmt der »Hirtengott« Pan eine bevorzugte Stellung ein. Auch er ist ein Gott der Masken. Nicht selten wird er – als eine den bocksgestaltigen Satyrn vergleichbare Gestalt – den Trabanten des Dionysos zugerechnet, in dessen Thiasos er häufig mitzieht. In der Spätantike wird er gelegentlich sogar als »Allgott« (griech. »pan« = »All« oder »Alles«) und Kosmokrator tituliert und – z.B. auf Gemmen – auch so dargestellt: im Tierkreis stehend und das Weltall in Bewegung haltend (bzw. den Umschwung der Sphären bewirkend). Doch von dieser Sondertradition abgesehen, war er vor allem ein Gott der ländlichen Gegenden, ein Gott der Weiden, Haine und Wälder wie auch der Grotten und Höhlen. Sein plötzliches Erscheinen konnte den sprichwörtlichen »panischen Schrecken« auslösen; zu den Requisiten des bocksgestaltigen Gottes gehört neben der Maske auch die nach ihm benannte »Panflöte«, auf griechisch »Syrinx« genannt – ein weiteres Merkmal der entfesselnden, ja orgiastischen Atmosphäre, die Pan um sich verbreitet.

In einer nicht sonderlich umfangreichen Schrift mit dem beziehungsreichen Titel »Über den Verfall der Orakel« berichtet Plutarch von einer äußerst rätselhaften Begebenheit, die sich zur Regierungszeit des Kaisers Tiberius ereignet haben soll und die bis heute die Phantasie der Gelehrten beschäftigt:

»Epitherses, der Vater des Rhetors Aemilianus, erzählte, er habe einst die Reise nach Italien auf einem Schiff unternommen, und eines Abends, als sie zu den Echinadischen Inseln gelangten, sei plötzlich der Wind ausgeblieben und das Schiff in die Nähe der Insel Paxoi getrieben worden. Die meisten von den Passagieren waren noch wach; viele tranken auch noch nach dem Abendessen, als man mit einem Male von dieser Insel eine Stimme vernahm – so, als würde jemand den Thamus (so hieß nämlich der Steuermann) rufen. Es entstand eine allgemeine Verwunderung; der Steuermann gab auch nach dem zweiten Ruf keine Antwort, und erst beim dritten Mal antwortete er, worauf der Rufende mit angestrengter Stimme ihm erwiderte: ›Wenn du zum Orte Palodes gekommen bist, so melde, daß der große Pan tot ist!‹ Darüber waren alle sehr betroffen und überlegten miteinander, ob es wohl ratsam sei, dieser Aufforderung nachzukommen, oder sich darum nicht zu kümmern und es gehen zu lassen. Thamus aber erklärte, er wolle, wenn der Wind ginge, vorbeifahren; wenn aber an der Stelle eine Windstille eintrete, so wolle er das, was er vernommen habe, ausrufen. Als man bei dem Orte Palodes angekommen war, herrschte Windstille und das Meer war ganz ruhig. Da rief Thamus, vom rückwärtigen Teil des Schiffes aus nach dem Lande hin blickend, die Worte, so wie er sie gehört hatte: ›Der große Pan ist tot!‹ Kaum hatte er diese Worte gerufen, als man ein gewaltiges, mit Verwunderung gemischtes Seufzen, nicht wie von einem einzigen Menschen, sondern wie von vielen, vernahm«.[12]

Gewöhnlich wird die geschilderte Begebenheit mit dem Tod der antiken Naturkulte und Naturreligiosität in Verbindung gebracht: Der Tod Pans bezeichnet das unwiderrufliche Ende der mythischen Welt. Mit dieser aber schwindet auch die Welt der Masken und der Metamorphosen immer mehr dahin oder wird zumindest unterdrückt und der Verfemung preisgegeben. Das Christentum verschmilzt die Gestalt Pans mit der des Teufels – bocksgestaltig auch dieser – und assoziiert alles, was zum Maskenwesen gehört, gerne mit »Teufelskult«. So stellt der Teufel innerhalb der christlichen Religion die einzige Gestalt dar, die mit dem Requisit der Maske in Verbindung gebracht wird. Diese nunmehr einhellig negative Einstellung gegenüber Maske und Maskenbrauch hat sich bis hin zur Haltung gegenüber dem Theater und den Schauspielern ausgewirkt. Der im buchstäblichen Sinne »tödliche« Ernst, der sich einst mit der Maske verband, weicht nun, da die Maske ihrer einstigen Sakralität entkleidet wird, einer Haltung, die das Doppelbödige, Doppeldeutige, Hintergründige, das der Maske innewohnt, nicht mehr erträgt, sondern als subversiv und anstößig empfindet. Mit dieser Wertung wird sich auch das tragische Schicksal der religiösen Subkulturen des mittelalterlichen und neuzeitlichen Europas verbinden.

Mystischer Dionysos

9. Vom Kannibalismus …

Wir sind gewohnt, die griechische und – mehr noch – die römische Religiosität eher mit feierlicher Formstrenge und zeremoniellem Gepränge zu verbinden als mit Ekstase, Trance, Besessenheit, Rausch, Zauberei und Magie – den für unser Empfinden typischen Charakteristika »archaischer« Religionen. Erst seit Nietzsche in seiner Frühschrift »Die Geburt der Tragödie aus dem Geist der Musik« die Polarität von »Apollinischem« und »Dionysischem« als Wesensmerkmal der griechischen Religion erkannt und ins Bewußtsein gerückt hatte, begann man immerhin zu ahnen, daß apollinische Formstrenge keineswegs der alleinige Charakterzug der griechischen Religion gewesen ist, sondern daß sich alle von solch apollinischer Haltung nicht angesprochenen Gefühle und Leidenschaften um so stärker auf den dionysischen Gegenpol konzentrierten und dem Kult des Dionysos sein unverwechselbares »orgiastisches« Gepräge verliehen. So bewegt sich das Spektrum der dionysischen Religion zwischen kannibalistischen Phantasien und erotischer Mystik, zwischen Phallus-Kult und spiritualisiertester Mysterientheologie.

Die der griechischen (wie auch der römischen) Religion im Grunde so fremde Vorstellung, von einem Gotte »trunken« oder »erfüllt« zu werden (was die ursprüngliche Bedeutung von »enthousiasmos«, also »Enthusiasmus« ist), ja mit ihm »mystisch eins« werden zu können, verbindet sich in Griechenland ausschließlich mit Dionysos. Nicht einmal die altehrwürdigen Eleusinischen Mysterien faßten den Gedanken einer »mystischen Identität« von Adept und Mysteriengottheit in einem so wörtlichen und unmittelbaren Sinne auf, wie dies die von ihrem Gott trunkene Gefolgschaft des Dionysos für ihresgleichen reklamierte: Hier war tatsächlich an ein Grundprinzip der griechischen Religion überhaupt gerührt worden – ein Prinzip, demzufolge die Grenzen zwischen Mensch und Gottheit um keinen Preis verwischt werden dürfen. Diese Grenzen gar zugunsten einer mystischen Identität von Mensch und Gottheit aufzuheben, galt als unerhört und erfüllte in den Augen der Griechen sowohl den Tatbestand der »Hybris« als auch den der religiösen und politischen

Subversion. Die »dionysische Religion« hatte demnach den Charakter einer Gegenströmung zur offiziellen Religion der griechischen Polis, und gerade dieser Zug kommt besonders deutlich in den zahlreichen Mythen zum Ausdruck, in denen es um den erbitterten Widerstand geht, auf den das Vordringen des fremden Gottes nach Griechenland zunächst gestoßen war. In allen Fällen begegnet der Gott diesem Widerstand auf die gleiche Weise: Er bricht ihn sozusagen »von innen her«, indem er vom Geist seiner Widersacher Besitz ergreift, sie in den Wahnsinn und den selbstzerstörerischen Taumel treibt und dazu bringt, Dinge zu tun, die den Triumph des Gottes über seine Feinde besiegeln. Denn die Taten, zu denen die von Dionysos mit Wahnsinn Geschlagenen in ihrem Zustand getrieben werden, sind in Wahrheit bereits Teil jenes orgiastischen Treibens, mit dem die Anhänger des Dionysos die Gegenwart ihres Gottes feiern.

Dieser Ablauf hat etwas von der Unerbittlichkeit jenes Schicksals an sich, mit der in der griechischen Tragödie der Heros selbst schließlich seinen eigenen Untergang herbeiführt, indem er ihm zu entgehen sucht. Je energischer und verzweifelter er sich müht, sein Schicksal abzuwenden, desto mehr beschleunigt er es. Nun wissen wir ja, daß die griechische Tragödie – wie das griechische Theater überhaupt – im Zusammenhang mit dem dionysischen Kult entstanden ist, wenn auch die Hintergründe, die zu dieser Entstehung geführt haben, noch immer nicht restlos geklärt sind. Doch beim Vergleich von Mythos und Drama fällt auf, daß die Mythen vom Siegeszug des Dionysos durch Griechenland der gleichen Logik gehorchen, die die Handlung in der griechischen Tragödie bestimmt. Das wird besonders deutlich im tragischen Ereignis der Zerreißung des Pentheus durch die Mänaden im Gefolge des Dionysos – Höhepunkt des im Jahre 405 v.Chr. uraufgeführten Dramas »Die Bakchen« des Tragödiendichters Euripides. Die Bakchen – das sind die Bacchantinnen oder, wie sie häufiger genannt werden, die »Mänaden«, d.h.: die »Rasenden« (von griech. »mania« = »Wahnsinn«, »Raserei«). Der Bezeichnung »Bakchen« liegt einer der häufigsten Kultnamen des Dionysos zugrunde, nämlich »Bakchos« oder – latinisiert – »Bacchus«, was vielleicht ursprünglich »Zweig«, »Sproß« oder »Sprößling« bedeutet und auf den Rang des Gottes als Herr des Wachstums und der Fruchtbarkeit hinweist. Schon darin, daß sich die Verehrerinnen des Gottes mit seinem Kultnamen schmücken, wird die mystische Identifikation von Mensch und Gottheit in der Trunkenheit der Ekstase erkennbar. Dem Einswerden von Mensch und Gott entspricht – und dies ist das Thema des Dramas wie zahlreicher anderer Mythen – ein allumfassendes Einswerden von Mensch und Natur im dionysischen Ritual, das notwendigerweise begleitet ist von einer Auflösung aller zivilisatorischen Ordnung und einem Rückfall in den Status präkultureller Wildheit und Barbarei. Nirgendwo kommt dies in solcher Dramatik zum Ausdruck wie in den orgiastischen Begehungen, die die Szenerie der Tragödie von Euripides beherrschen. Der ungehemmten Violenz, die hier entfesselt wird, fallen Menschen wie Tiere gleichermaßen zum Opfer. Auf seinem Triumphzug durch Asien und Griechenland kommt Dionysos zusammen mit seinem enthemmten und trunkenen Gefolge schließlich auch nach Theben, dem Ort seiner Geburt. Auch hier, genauso wie überall, wo der Gott, begleitet von der lärmenden Schar seiner Anhänger, vorbeizieht, werden die Menschen, vor allem die Frauen, vom bacchantischen Taumel erfaßt: Beim Herannahen des Gottes verlassen die Thebanerinnen die Stadt und schwärmen in die Wälder des nahegelegenen Kithairon-Gebirges aus, wo sie den Riten des *Sparagmos* und der *Omophagie* (des kultischen »Rohfleischessens«) huldigen. In der Ekstase stürzen sie sich wie wilde Tiere auf eine Kuhherde; einen Stier zerreißen sie mit bloßen Händen und schlingen sein Fleisch roh hinunter:

Und sie zerrissen, was nicht floh. Das Vieh
Erlegten sie mit eisenloser Hand.
Da sah man manche Milchkuh mit Gebrüll
Verenden in dem gnadenlosen Arm,
Dort wurden Kälber gleicherweis zerstückt,
Und manche Rippe, manch gespaltner Huf
Flog durch die Luft, verfing sich im Geäst
Der Tannen, träufelte den blutgen Tau.
Die Stiere senkten erst zum wilden Stoß
Die spitzen Hörner, wurden aber bald
Von tausendfacher Frauenhand gestürzt,
Und schneller wurde noch ihr Fleisch zerteilt,
Als deine königliche Braue zuckt … –

Dies berichtet der Hirt dem König Pentheus von Theben über das orgiastische Treiben der Bacchantinnen auf dem Kithairon in den »Bakchen« des Euripides.[1]

Wir werden später noch Gelegenheit haben, hinter der Fassade solch abstoßenden Treibens den *sakralen* Charakter zu erkennen: Es sind

Opferhandlungen, bei denen in Wahrheit der Gott in Tiergestalt verspeist und so die mystische Kommunion mit ihm vollzogen wird. Doch bleiben wir zunächst bei den Ereignissen, die im Drama geschildert werden.

Dem epidemischen Wahnsinn, der alle erfaßt, die in das Magnetfeld des Gottes und seiner Satelliten geraten, sucht als einziger Pentheus, der König von Theben, Einhalt zu gebieten. Noch dazu ist Pentheus ja mit dem Gotte eng verwandt, denn Semele, die Mutter des Dionysos, ist die Schwester von Agaue, der Mutter des Königs. Doch wird sich sein verzweifeltes Bemühen als vergeblich erweisen und lediglich dazu führen, den Triumph des Gottes zu vollenden. Pentheus scheitert nämlich am Wesen des Dionysos selbst: So wie der König die staatliche Ordnung der Polis mit ihrer Hierarchie, ihren Gesetzen und ihren klaren, festgefügten Strukturen repräsentiert, verkörpert der Gott genau deren Gegenteil, nämlich alle Kräfte der Subversion, der Auflösung und der grenzenlosen Vermischung. Die Gegenwart des Gottes ist immer ein Fest der Verwandlungen und Verwechslungen, des Maskentausches und der Camouflage, des Identitätsverlustes und des Wahnsinns: Dionysos ist wie kein anderer Gott der Repräsentant einer *»Verkehrten Welt«!* Und genau dieses Unkalkulierbare, Unberechenbare, das plötzlich und schockartig die Menschen überfällt, ist es, woran der König scheitern *muß*.

Dionysos verkleidet sich nämlich als einer seiner jugendlichen Anhänger, läßt sich vom König, der den Gott in seiner Maske nicht erkennt, gefangennehmen und in den Kerker werfen, um dann durch geschickte Strategie das Vertrauen des Königs zu gewinnen und ihn zielsicher in die tödliche Falle zu locken, die der Gott für ihn vorgesehen hat. Dionysos, immer noch verkleidet, überredet Pentheus, gemeinsam mit ihm den Kithairon – Schauplatz der Begehungen – aufzusuchen, unter dem Vorwand, der König könne dort ohne Gefahr aus einem Hinterhalt die Bacchantinnen bei ihrem geheimnisvollen Treiben beobachten. Auf Anraten des Gottes verkleidet sich der König als Frau und verbirgt sich im Geäst einer Fichte. Nun jedoch wird offenbar, wer hier Regie geführt hat: Das vermeintliche Versteck erweist sich als Blickfang für die von ihrem Gotte trunkenen Bacchantinnen, zu denen auch des Königs Mutter und Tanten gehören. Sie entdecken den König, den sie in ihrem göttlichen Wahnsinn jedoch für einen Berglöwen halten, stürzen sich auf ihn und reißen ihn in Stücke. Agaue wird zur Mörderin am eigenen Sohn, den auch sie in ihrem Wahnsinn nicht erkennt. Das abgerissene Haupt des Königs pflanzt sie, im Glauben, es handle sich um das Haupt eines

Löwen, auf einer Stange auf und trägt die vermeintliche Trophäe im Triumphzug nach Theben …
Wir hatten schon ganz kurz darauf hingewiesen, daß es sich bei den Tieren, die da von den trunkenen Bacchantinnen mit bloßen Händen zerrissen (und dann zum Teil roh hinuntergeschlungen) werden, um Tiere handelt, in deren Gestalt sich Dionysos selbst häufig zu verkörpern pflegt; dazu zählen neben Stier und Löwe, von denen vorhin schon die Rede war, auch Ziegenbock und Widder, Panther und Leopard. Das läßt darauf schließen, daß bei den Begehungen der sogenannten »Omophagie«, also des »Rohfleischessens«, der Gott selbst es ist, der da verspeist wird. Hinter den in ihrer Unmittelbarkeit schockierenden, ja abstoßenden Formen des Bacchanals verbirgt sich ein eucharistischer Ritus: die Kommunion mit dem in seiner Tiergestalt zerrissenen und einverleibten Gotte. Um unsere Vermutung durch weitere Beweisstücke zu ergänzen und zu erhärten, müssen wir etwas ausholen und uns zunächst mit der mythischen Kindheitsgeschichte des Dionysos und danach mit einigen anderen Kultpraktiken, Riten und mythischen Überlieferungen beschäftigen. So wird sich zeigen, daß nicht nur die Art der Tiere, sondern auch die Art und Weise, wie sie erlegt werden – nämlich im *Sparagmos*, also durch kollektives Zerreißen der Beute – auf deren mystische Identität mit dem Gotte schließen läßt. Als erstes wollen wir hierzu, wie angekündigt, den Mythos von der Kindheit des Dionysos erzählen, und zwar zunächst in seiner kretischen Version.[2]
Zeus liebt Semele und zeugt mit ihr den Dionysos. Doch dies erregt den Zorn und die Eifersucht der Göttin Hera, der rechtmäßigen himmlischen Gemahlin des Zeus. Um sich zu rächen und ihre Nebenbuhlerin wie auch deren Leibesfrucht zu vernichten, sinnt sie auf eine List: Sie nähert sich der ahnungslosen Semele und rät ihr hinterlistig, sie möge doch Zeus, ihren Liebhaber, bei ihrem nächsten Zusammensein mit ihm bitten, sich ihr einmal in seiner wahren Gestalt zu offenbaren. Ahnungslos macht sich Semele diesen Vorschlag zu eigen und bittet ihren Geliebten tatsächlich, ihr diesen Wunsch zu erfüllen, was Zeus auch willig gewährt: Er erscheint in seiner wahren Gestalt, nämlich als Blitz und Donner, und die Geliebte verbrennt im himmlischen Feuer des Gottes. Doch im allerletzten Augenblick gelingt des Zeus immerhin, die Leibesfrucht, beider gemeinsames Söhnchen Dionysos, aus dem Schoß der verglühenden Geliebten zu retten; er bringt sich einen Schnitt in seinem Schenkel bei, legt die noch unreife Leibesfrucht hinein und näht die Wunde wieder zu – solange, bis das ungeborene Kindlein ganz herangereift ist und dann

»aus dem Schenkel des Zeus«[3] geboren werden kann. Doch die immer noch auf Rache sinnende Hera begnügt sich nicht mit der Vernichtung ihrer Nebenbuhlerin; sie will auch die Frucht dieser Liebe vernichten und trachtet dem Dionysoskind nach dem Leben. Um ihren Racheplan in die Wege zu leiten, bedient sie sich der uralten und ewigen Widersacher ihres himmlischen Gemahls, der Titanen, die – sieben an der Zahl (nach anderen Überlieferungen auch nur zwei) – sich dem göttlichen Kind mit fünf mystischen Spielzeugen nähern, um es abzulenken und sich seiner desto zuverlässiger bemächtigen zu können.[4] Die »Spielzeuge« haben allesamt symbolischen Charakter: Es sind eigentlich kultische Gegenstände, »Mysteriengeräte«, die zugleich Dionysos als »Weltengott« charakterisieren. Traditionell werden »Ball, Raute, Spiegel, Knöchelchen und Kreisel« genannt[5] (andere Überlieferungen erwähnen auch noch Pinienzapfen und Granatapfel). Diese fünf klassischen »Spielzeuge des Dionysos« sind kosmologische Symbole und Orakelinstrumente, so z.B. das »Knöchelchen«, womit das Verbindungsknöchelchen zwischen Wadenbein und Schienbein beim Schaf (beim Widder), der sogenannte »Astragal«, gemeint ist, der zum Wahrsagen diente und die kultische Urform unseres »Würfels« darstellt. Genauso wie der Astragal haben auch alle übrigen »Spielzeuge« kultischen Charakter und sagen etwas über das Wesen des Gottes aus. Abgelenkt durch die magischen Gegenstände, merkt der Kindgott nichts von der tödlichen Gefahr, die ihn bedroht; so wird er leicht zur Beute der Titanen, die ihn ergreifen und – entsprechend ihrer eigenen Zahl – in sieben Teile zerstückeln. Der Göttin Athene (oder der Göttermutter Rhea) gelingt es im letzten Moment, ein Organ des zerrissenen Gottes – das Herz – zu retten. Aus den übrigen Teilen seines Leibes aber richten die Gottesmörder eine kannibalische Mahlzeit an: Sie kochen die Glieder des Gottes in einem Kessel, braten sie anschließend und verschlingen sie. Zu spät erkennt Zeus das Verbrechen. Als er die Titanen entdeckt und mit seinem Blitz verbrennt, haben sie ihr schreckliches Mahl bereits beendet. Bis hierher ist die Überlieferung des Mythos im wesentlichen einheitlich[6]; von allem folgenden aber gibt es mehrere und ganz unterschiedliche Versionen.[7]

Im Prinzip lassen sich zweierlei mythologische Traditionen voneinander unterscheiden: eine, nach der Dionysos aus dem von Athena (oder Rhea) geretteten Herzen und den Teilen, die von den Titanen bereits verschlungen worden waren, wiederzusammengefügt wird und aufersteht, und eine Version, nach der die Reste des Dionysos eingesammelt und am Parnaß oder in Delphi beigesetzt werden. Beide Versionen haben im übrigen ihre Parallelen im Mythos von der Zerstückelung des Osiris; hier wie dort ist sogar die Anzahl der Teile genannt, in die der Gott zerstückelt wird – nämlich 14 bei Osiris und halb soviel, also 7, bei Dionysos. Die Ähnlichkeiten gehen aber noch weiter: In beiden Fällen wird nämlich der Gott später aus seinen Teilen wieder zusammengefügt, jedoch mit einem bemerkenswerten Unterschied: Plutarch, der uns die vollständigste Fassung des Osiris-Mythos überliefert, berichtet, daß der Phallus des Gottes beim Einsammeln der Gebeine nicht aufgefunden werden konnte; er war nämlich im Wasser des Nil versunken und von einem Fisch verschluckt worden. Dahinter vermutet man zu recht einen Zusammenhang, der die jährliche Schwelle des Nil und die Überschwemmung des Landes mit dem fruchtbaren Nilschlamm aus dem Tod des Osiris herleitet, wobei der im Nil versunkene Phallus des Gottes als Ursprung der Fruchtbarkeit des Landes gedeutet wird. Doch wie steht es hier um eine strukturelle Verwandtschaft zwischen dem ägyptischen und dem griechischen Vegetations- und Fruchtbarkeitsgott?

Um diese Frage zu beantworten, müssen wir uns noch einmal in Erinnerung rufen, daß ja der Überlieferung zufolge das Herz des Dionysos von Athena (oder Rhea) gerettet worden war, bevor sich die Titanen auch dieses Organs bemächtigen konnten. Nun gibt es zu diesem gut bekannten kretischen Mythenbruchstückchen vom geretteten Herzen eine uralte orphische Version, die auf kleinasiatische Ursprünge zurückweist und folgendermaßen lautet: Danach war ebenfalls ein Organ des zerrissenen Gottes im letzten Augenblick gerettet worden. Doch statt von Athene oder Rhea ist in diesem Falle von »Hipta«, einer lokalen kleinasiatischen Göttin, die Rede. Sie habe, so heißt es im orphischen Fragment 199 (nach der Zählung von Kern)[8], das gerettete Organ des Gottes in einem Korb verborgen, um den sie eine Schlange sich herumwinden ließ. Besagte Göttin Hipta war es auch, die nach dieser Version die Glieder des zerrissenen Dionysos einsammelte, wieder zusammenfügte und den Gott schließlich in neuer Gestalt auferstehen ließ.

Diese Darstellung, die von der bekannteren kretischen Version etwas abweicht, ist aus mehreren Gründen für uns interessant: Erstens ist hier von einem *Korb* die Rede – und diesen Korb gibt es auf Darstellungen dionysischer Triumphe unzählige Male. Der Korb (der »kalathos« oder die »vanna mystica«, wie er häufig bezeichnet wird) kann auch durch eine Getreideschwinge, das berühmte »liknon«, ersetzt werden – nur, daß auf zahlreichen Darstellungen, die den Korb oder die Getreideschwinge zeigen, dieser kein Herz, sondern einen Phallus enthält (so zum Beispiel

Die Enthüllung des Phallus. Fresko aus der Villa dei Misteri. Pompeji

in dem berühmtesten Bild seiner Art, dem Fresko aus dem Mysterienzyklus der »Villa dei Misteri« in Pompeji).

Nun hat uns der berühmte Religionswissenschaftler und Kenner der griechischen Religion wie kaum ein zweiter, Karl Kerényi, hierzu eine geniale Deutung angeboten. Er ist nämlich der Meinung, daß die Version vom »geretteten Herzen« ein mystisches Rätsel enthalte, bei dem man sich ein Wortspiel zunutze gemacht habe; das Wort »Herz« sei in Wahrheit Mysteriensprache und verberge ein Kultgeheimnis – das Mysterium nämlich, daß es sich bei dem geretteten Organ eigentlich keineswegs um das Herz, sondern um den Phallus des Gottes gehandelt habe. Welche Argumente – außer den genannten bildnerischen Zeugnissen – führt der Religionswissenschaftler nun für seine Hypothese an: »Herz« heißt im Griechischen *»kradía«*. Mit einem ganz ähnlichen Wort, nämlich *»kráde«* (wörtlich: »Feigenzweig«) bezeichnete man normalerweise den aus dem Holz des Feigenbaumes (eines Baumes von in mehrfacher Hinsicht erotischer Bedeutung!) geschnitzten Phallus des Dionysos, der – zum Beispiel unter Früchten verborgen – im Opferkorb oder in der Getreideschwinge lag. Sollte diese Deutung tatsächlich zutreffen, so würde der Mythos vom »zerrissenen Dionysos« noch enger als bisher vermutet an sein ägyptisches Gegenstück, den Mythos vom »zerrissenen Osiris«, heranreichen – nur daß im einen Fall der Phallus des Gottes gerettet wird (bei Dionysos), während er im anderen Falle (bei Osiris) verloren geht und daher beim Wiedereinsammeln der Gebeine des Gottes unauffindbar bleibt. Doch in beiden Fällen verkörpert der Phallus die – nie versiegende – Fruchtbarkeitsmacht des Gottes, ja mehr noch: er weist auf den opferkultischen Zusammenhang von Tod und neuem Leben hin, und den Mythen vom »zerrissenen Gott« liegt ja immer und überall das rituelle Schema des agrarischen Opfers zugrunde: Der Gott stirbt, um in Gestalt des neuen Korns, der neuen Vegetation, kurzum: in Gestalt des erneuerten Lebens wiederaufzuerstehen. In den dionysischen Mysterien der klassischen und hellenistisch-römischen Antike jedoch hat sich das archaische Ackerbauopfer mit seinem blutigen Zerstückelungsritual längst von seinem ursprünglichen Zusammenhang gelöst und sich zum spirituellen Zusammenhang von Tod und Auferstehung als dem wahren Mysterium verklärt.

Wir hatten bereits die Vermutung geäußert, daß in den von Euripides geschilderten Ritualen der Zerreißung wilder Tiere durch die Bacchantinnen (dem sogenannten »sparagmos«) sich eigentlich die Passion des Dionysos – seine Zerreißung durch die Titanen – erneut ereigne und wiedervergegenwärtigt werde. Zum Beweis hatten wir schon darauf hingewiesen, daß die Tiere, die von den Bacchantinnen zerrissen werden, genau jene Tiere sind, in deren Gestalt der Gott sich vorzugsweise zu verkörpern pflegt, also Stier, Bock und Lamm etwa. So wird Dionysos zum Beispiel von den Thyiaden als »Ehrwürdiger Stier« angeredet. In einer anderen Überlieferung von der Geburt und Kindheit des Gottes ist davon die Rede, daß Zeus das Dionysoskind, um es vor dem Zorn der Hera zu retten, in ein Lamm verwandelt und den Nymphen zur Obhut übergeben habe. Und Nonnos, ein spätantiker Schriftsteller, Verfasser einer »Dionysiaka«, spricht mit Bezug auf das Dionysosknäblein vom »gehörnten Säugling« – eine Anspielung auf die »Bocksgestalt« des göttlichen Kindes.

Genauso häufig wie in seiner Eigenschaft als Opfer – als Leidender und Zerrissener – wird der Gott jedoch auch in der Rolle des Täters, das heißt: des Opfernden selbst, gesehen. So wird er beispielsweise auf Lesbos als »Omestes« (d.h. »Rohfleischesser«) tituliert, und auf Tenedos galt er gar als »Anthroporrhaistes«, das bedeutet: »derjenige, der die Menschen zerschlägt«.[9] Daran läßt sich ersehen, daß nicht nur die Tiere, die im Sparagmos zerrissen werden, als Epiphanien des Gottes zu gelten haben, sondern daß auch die von der allgemeinen Raserei und vom »göttlichen Wahnsinn« erfaßten Teilnehmer am Bacchanal selbst – jeder für sich – ein irdisches Double des Gottes darstellen. Übrigens ist der auf Tenedos praktizierte Opferritus zu Ehren des »Dionysos Anthroporrhaistes« auch für die mystische Identität von Gott und Opfertier bezeichnend: Man pflegte nämlich traditionellerweise eine trächtige Kuh auszuwählen, die man genau wie eine menschliche Mutter behandelte (in Anspielung auf Semele, die Mutter des Dionysos). Als dann das Kalb zur Welt gekommen war, zog man ihm Kothurne an (typische Fußbekleidung des Dionysos wie auch der Schauspieler auf der Bühne des griechischen Theaters) und opferte es. Im Anschluß an den Opferritus aber vollzog sich ein seltsames Fluchtritual: Der Priester, der das Opfer vorgenommen hatte, wurde nämlich verfolgt, mit Flüchen und Steinwürfen bedacht, und mußte sich retten, indem er zur Meeresküste floh und sich dort eine Zeitlang verbarg.

Das typischste und wohl auch häufigste Opfertier im Rahmen des dionysischen Kultes aber ist der Ziegenbock. Das »Bocksopfer« steht sogar am Ursprung der berühmtesten und im Prinzip bis zum heutigen Tage bestehenden kulturellen Erscheinungsform, die aus dem dionysischen Opferzusammenhang erwachsen ist: dem tragischen Drama. So wird ja auch der Begriff »Tragödie« selbst seit jeher von »trag-odia« hergeleitet, was wörtlich »Bocksgesang« bedeutet und wohl auf das Kultlied anspielt, das das Bocksopfer zu Ehren des Dionysos begleitete. Ein Schweizer Gelehrter, den wir bereits in anderem Zusammenhang erwähnten, Professor Seiterle, hat überdies vor einigen Jahren nachgewiesen, daß auch die griechische Maske (insbes. natürlich die Satyrmaske) in der Bocksmaske ihren Ursprung hat[10], wie denn auch die Urform des griechischen Theaters, das sogenannte Satyrspiel, von den bocksgestaltigen Wesen im Gefolge des Dionysos, den Satyrn, aufgeführt worden war – bzw. von den menschlichen Akteuren, die in die Maskerade und das Kostüm der bocksgestaltigen Satyrn schlüpften. Der berühmte Hirtengott Pan verdankt sein häufiges Auftauchen im Kreis des dionysischen Schwarmes, des »Thiasos«, gleichfalls seiner Bocksgestalt. Und schließlich gibt es darüber hinaus noch ein literarisches Zeugnis, nämlich ein Goldtäfelchen, dessen Inhalt die mystische Identität von Gott und Bock zum Ausdruck bringt: eine aus dem Kreis der Orphiker stammende Huldigung an den mit Dionysos eins gewordenen Erlösten, der mit folgenden Worten begrüßt wird:

> Willkommen, der du das Leiden erlitten,
> solches du vorher nie gelitten;
> Gott bist du aus Mensch geworden,
> *Böcklein*, bist du in die Milch gefallen!

Der Ausdruck »in die Milch fallen« ist eine Metapher für »erlöst werden« und taucht auch noch auf einem anderen berühmten orphischen Goldtäfelchen des 4. Jahrhunderts v.Chr. auf, wo ein in die orphischen (oder dionysischen) Mysterien eingeweihter Verstorbener bekennt: »Ich fiel, *Böcklein*, in die Milch!« Auch hier wieder steht der Ausdruck »in die Milch fallen« für Erlösung. Die Bedeutung des Ausdrucks darf als geklärt gelten, seine Herkunft jedoch ist rätselhaft und ein beliebtes Feld für Spekulationen. So gibt es in der zoroastrischen Vision vom Weltgericht ein ähnliches Bild. Hier ist nämlich von einem Fluß geschmolzenen Metalls die Rede, der die Ungerechten und Sünder verschlingt, den Gerechten aber nichts anhaben kann, da sie sich in ihm »wie in warmer Milch« bewegen. Ob das an mehreren Stellen in der Hebräischen Bibel (Exodus 23, 19 und 34, 26 sowie Deuteronomium 14, 21) ausgesprochene Ritualverbot »Du sollst das Böcklein nicht kochen in seiner Mutter Milch!« gleichfalls etwas hiermit zu tun haben könnte, muß dagegen weiterhin offen bleiben. Zum Abschluß sei noch darauf hingewiesen, daß der weiter oben schon zitierte Mythos von der Rettung des Dionysos vor dem Zorn der Hera durch Zeus auch mit der Variante erzählt wird, daß der Gott in ein Zicklein verwandelt (und in dieser Gestalt auch geopfert) wurde. Und schließlich gibt es noch einen Mythos von der Ziege als dem Feind des Weinstocks, da die Ziege bekanntlich die zarten Sprößlinge annagt und zerstört. Mit dieser Begründung versuchte man auch den Opferbrauch zu erklären, ein Zicklein zu schlachten, auf daß der neue Weinstock wieder aus der Erde emporsprieße.

Im Jahre 186 v.Chr. kam es in Rom zu jenem denkwürdigen Religionspogrom gegen die dionysischen Mysterienbruderschaften und Kultvereine, das unter der Bezeichnung »Bacchanalienprozeß« Eingang in die Geschichte altrömischer Religionspolitik gefunden hat. Die dionysischen Thyiaden wurden aufgelöst, die »Bacchanalien« verboten. Aus den Prozeßakten ist zu ersehen, daß hierbei vor allem eine Beschuldigung die zentrale Rolle spielte und wohl auch erklärt, warum die ansonsten so tolerante Religionspolittik der Römer in diesem Fall ihre Grenze fand – die Anschuldigung nämlich, die Mysten des Bacchus feierten »thyesteische Mahle«, wie man dies nannte, und würden bei ihren Kultfeiern einen Säugling schlachten und anschließend verzehren. »Thyesteische Mahle« – eine Anspielung auf den Mythos von Thyestes – beinhaltete also keinen geringeren Vorwurf als den des Kannibalismus, des Säuglingsmordes und der Menschenfresserei; mit genau der gleichen Anschuldigung wird man Jahrhunderte später auch die Anhänger des Christentums verfolgen und ihren Glauben als »religio illicita« brandmarken. Man muß sich fragen: Was ist der *reale* Hintergrund dieser durchaus nicht bloß als Vorwand benutzten Anschuldigung, und zweitens: Was hatte das Christentum mit dem Baccus-Mysterium für Gemeinsamkeiten?

Nun – in beiden Religionen geht es um Martyrium, Tod und Auferstehung eines Gottes und um ein Kultmysterium, das in den Augen uneingeweihter Außenstehender einen unerhörten Skandal darstellen mußte: Der Mysteriengott wurde nämlich verspeist und sein Blut getrunken: »Nehmet hin und esset alle davon, dies ist mein Leib!« Der Kommunion des »Gott-Essens« im Dionysos- Kult entsprach das Abendmahl und die Einsetzung der Eucharistie im Christentum. Im Dionysos-Mythos wird der Gott als Kind von den Titanen zerrissen und verspeist. Im Christentum wird der Gott gekreuzigt und im Kult in Gestalt von Brot und Wein gleichfalls »verspeist«. Hier wie dort spielt auch die Kindheitsgeschichte des Erlösergottes eine zentrale Rolle. Die starken Gemeinsamkeiten zwischen

Dionysos (Bacchus) und Christus waren selbst den Christen gegenwärtig – wie anders ließe es sich sonst erklären, daß man in Christus den »*wahren* Dionysos« anrief und Christus nach dem Wortlaut des Johannes-Evangeliums von sich selbst sagt: »Ich bin der *wahre* Weinstock« (Joh 15, 1). Das Aufzeigen von Gemeinsamkeiten zwischen dionysischer und christlicher Kultsymbolik ließe sich unendlich lange fortsetzen. So ist der »Kantharos«, das dionysische Kultgefäß schlechthin, im Christentum zum eucharistischen Symbol par excellence geworden: Aus dem Gefäß des griechischen Mysteriengottes wächst die eucharistische Weinranke des *Neuen* Dionysos; so zeigen es übereinstimmend alle frühbyzantinischen Mosaiken aus römischen, ravennatischen oder anderen Kirchen und Baptisterien.

Auch hinsichtlich zahlreicher Details in den Berichten über die Kindheit beider Götter gibt es Übereinstimmungen von wahrlich ergreifender Aussagekraft. So war nach einer Überlieferung das Dionysosknäblein unmittelbar nach seiner Geburt in eine Getreideschwinge (das berühmte »liknon«) oder in eine Futterkrippe gelegt worden; das gleiche findet man in den Berichten über die Geburt Christi wieder. Das rituelle »Bad« des Dionysos-Kindleins unmittelbar nach seiner Geburt durch die Nymphen findet seine direkte Entsprechung in der Badeszene des Jesuskindes auf der Ikone mit der Darstellung der Geburt Christi nach byzantinischer Tradition. Gleichfalls byzantinisch ist die Darstellung des Jesuskindes nicht in einer Futterkrippe, sondern in einer *Truhe* – und auch hier gibt es die entsprechende dionysische Parallele in einer weiteren Version des Mythos von der Geburt des Dionysos: Nachdem Semele die Frucht ihrer Verbindung mit Zeus ausgetragen hatte, ergrimmte Kadmos, Semeles Vater, so sehr über den vermeintlichen »Fehltritt« seiner Tochter, daß er Mutter und Kind in eine Truhe einschloß und aufs Meer hinaustrieb. Die Truhe wurde nahe bei Brasiai in Lakonien an Land gespült. Semele war tot, Dionysos aber lebte ... Anschließend wird das göttliche Kind seiner Tante Ino in Obhut gegeben. Die Fortsetzung des Mythos ist dann allerdings ohne vergleichbare Parallele im Christentum – außer man hält die Geschichte vom »bethlehemitischen Kindermord« durch Herodes für eine solche. Das Dionysos-Kind wird zunächst von Ino als Mädchen verkleidet, um es vor der Verfolgung durch Hera zu schützen. Die Pflegemutter Ino aber wird aus Rache dafür von Hera mit Wahnsinn geschlagen. Sie tötet ihre beiden Kinder bzw. springt zusammen mit ihrem Sohn Melikertes ins Meer, wird aber von Poseidon gerettet und in die Göttin Leukothea (die »weiße Göttin«) verwandelt.

Lassen wir die Gemeinsamkeiten von Dionysos und Christus vorerst auf sich beruhen und ergänzen wir statt dessen die Mythen von der Kindheit des Dionysos um einige weitere Varianten. Da gibt es zum Beispiel die berühmte Geschichte von Lykurg, dem König der Edoner – ein Mythos, der ebenfalls seine dramatische Bearbeitung, und zwar durch Aischylos gefunden hat. Dieser Tragiker hat ja darüber hinaus auch noch in anderen Stücken Themen aus dem Bereich des dionysischen Mythenkreises verarbeitet, so zum Beispiel in seinem verlorengegangenen Drama »Die Bassariden« (der Titel ist ein anderer Ausdruck für die Bacchantinnen bzw. für die Mänaden; er spielt auf das rötliche Fuchsfell an, in das die Anhängerinnen des Dionysos bei ihren Begehungen häufig gehüllt waren)[11]. Die Geschichte von Lykurg, dem König der Edoner, über die wir hier sprechen wollen, ist schon Homer ebenso geläufig wie später noch Ovid, wenn sie auch von den Dichtern und Mythographen in mehreren Varianten wiedergegeben wird. Außerdem steht dieser Mythos in allerengstem Zusammenhang mit dem in Dorien und Äolien gefeierten Fest der »Agrionia«, bei dem ebenfalls Wahnsinn, Verwandlung, Raserei, Omophagie und kultischer Kannibalismus die Szene beherrschen.[12]

Der Kultmythos[13] berichtet, Lykurg, ein Feind des Dionysos, habe die Ammen (oder die Nymphen) des göttlichen Kindes mit einem Ochsenschläger verfolgt. Nur durch einen Sprung ins Meer konnte sich der Gott retten; dort wird er von Thetis freundlich aufgenommen und beherbergt. Seine Rache läßt nicht lange auf sich warten: Lykurg wird mit Blindheit und Wahnsinn geschlagen. In seinem Haß auf den Gott und seine Gaben beginnt der König den dionysischen Weinstock mit einer Axt zu zerhacken und merkt in seiner Verblendung nicht, daß er anstelle des Weinstocks seinen eigenen Sohn Dryas zerhackt. Schließlich wird der König von den Edonern ergriffen und auf das Pangaion-Gebirge geschleift, wo man ihn von Pferden zerreißen läßt.

Im Rahmen der »Agrionia« erzählte man sich noch einen weiteren Mythos, in dem ebenfalls die bekannten Leitmotive – Widerstand gegen den Gott und seinen Kult, Rache des Gottes, Wahnsinn, Verwandlung, Verwechslung und Zerreißung – die Handlung bestimmen: den Mythos von den Töchtern des Königs Minyas[14] von Orchomenos in Böotien. Die drei Königstöchter – Leukippe, Arsippe und Alkathoe – weigern sich, dem Ruf des Gottes zu folgen und an seinen Begehungen teilzunehmen; statt dessen schließen sie sich in ihren Gemächern ein, um im Dienste der Göttin Athena Ergamene ein Gewand zu weben. Doch der zurückgewiesene Gott rächt sich auf furchtbare Weise: Er schlägt auch die Töchter des Minyas mit Wahnsinn. Ihr vermeintliches Refugium, in das sich die Königskinder zurückgezogen haben, wird unvermutet zum Schauplatz einer dionysischen Epiphanie: Um die Webstühle beginnen sich plötzlich Wein- und Efeuranken zu schlängeln; in den Wollkörben nisten Schlangen, und von der Decke der Gemächer tropfen Milch und Wein herab – die typisch dionysischen Wunder. In ihrem Wahnsinn reißen die Frauen sogar eines ihrer Kinder in Stücke: Hippasos, das Söhnchen der Leukippe wird das Opfer dieses »Sparagmos«. Die Königstöchter selbst entfliehen in die Wildnis – sie verwandeln sich dabei in Fledermäuse und Eulen.

Und schließlich noch ein letztes Beispiel dieser Art, bei dem gleichfalls Widerstand gegen den Gott und Weigerung, sich dem dionysischen Taumel auszuliefern, am Ausgangspunkt der dramatischen Ereignisse stehen, von denen der Mythos berichtet. Es handelt sich um die Geschichte von den Töchtern des Königs Proitos von Argos, die von Dionysos zur Strafe für ihre Weigerung, sich dem Thiasos der schwärmenden Bacchantinnen anzuschließen, ebenfalls mit Wahnsinn geschlagen werden.[15] In ihrem Wahn halten sie sich für Kühe, schwärmen in die umliegenden Berge aus und verschlingen ihre eigenen Säuglinge. Später werden sie vom berühmten Seher Melampus wieder geheilt. Doch die Bedingung dafür, daß Dionysos eine solche Heilung überhaupt erlaubte, war die, daß zuvor alle argivischen Frauen dem Kult des Gottes verfallen sein mußten.

Allen erzählten Mythen liegt – so läßt sich festhalten – ein gemeinsames Schema zugrunde: Alle diejenigen, ob Männer oder Frauen, die sich dem Gott widersetzen oder ihm ihre Hingabe verweigern, werden mit Verblendung und Wahnsinn geschlagen; sie werden zu Opfern des so typisch dionysischen Spieles mit Verwandlungen und Verwechslungen. Der Wahnsinn, der sie befällt, stellt ja gleichsam die negative Spielart der dionysischen »Gott-Trunkenheit« dar: die *Besessenheit.* Das zeigt sich schon daran, daß die mit solcherart Wahnsinn Geschlagenen allesamt typisch »dionysische« Taten begehen: Zerreißungen, Omophagie, Kannibalismus. Dabei weisen jedoch nicht nur die wahnsinnig gewordenen Akteure Ähnlichkeiten mit dem »menschenzerschlagenden« (»Anthroporrhaistes«) und »rohfleischverschlingenden« (»Omestes«) Gotte auf, sondern auch ihre Opfer: Stiere, Böcklein und Lämmer oder Säuglinge und Kinder, die zerstückelt oder zerrissen und danach oft noch verschlungen werden, genauso wie der Kindgott im zitierten kretischen Mythos von den Titanen zerrissen und verschlungen wird. Wenn wir uns noch einmal kurz das Drama der Zerreißung des Pentheus durch die Bacchantinnen vergegenwärtigen, so zeigt sich auch hier wiederum das gleiche Prinzip: Nicht nur die im göttlichen Wahnsinn handelnden Bacchantinnen, sondern auch ihr Opfer – Pentheus, der glücklose König von Theben – werden dem Gott immer ähnlicher. So gleicht sich der verblendete König beispielsweise in seinem äußeren Habitus dem Gotte an, der ihn verführt, die Schar seiner trunkenen Anhänger und ihr Treiben auszuspähen, bevor Pentheus mit einem Löwen verwechselt und zerrissen wird und damit das typische dionysische Schicksal in seiner eigenen Person erleidet. Pentheus muß sich nämlich auf Anraten des Gottes, den er ja in seiner Verkleidung nicht erkennt, seinerseits verkleiden, und zwar als Frau. Das erinnert uns an jene mythische Überlieferung, der zufolge Ino, Semeles Schwester, das Dionysoskind, als sie das göttliche Knäblein in ihre Obhut nimmt, als Mädchen verkleidet, um es vor seinen Verfolgern zu schützen. Dieser Hinweis auf eine »Verweiblichung« des Gottes ist keineswegs die einzige des dionysischen Mythenkreises – zahlreiche andere Überlieferungen berichten ebenfalls von einer »Effeminierung« des Gottes; auch auf Zeugnissen der bildenden Kunst wird er häufig in weiblicher Tracht dargestellt[16]. Diese mythische Überlieferung wiederum findet ihre kultische Entsprechung im rituellen »Transvestismus anläßlich gewisser dionysischer Begehungen.

Es scheint nach alledem, als habe der Mensch im Angesicht der Gegenwart des Gottes nur die Wahl zwischen zweierlei Formen des dionysischen Wahnsinns, nämlich zwischen dem »begnadeten« Zustand der Gott-Trunkenheit, wie ihn die Mänaden und Bacchantinnen verkörpern, oder jenem anderen, als Strafe vom Gott verhängten Wahnsinn, von dem alle diejenigen erfaßt werden, die sich Dionysos und seinen Riten verweigern oder entgegenstellen. Kurz gesagt – Wahnsinn, im dionysischen Sinne verstanden, kann entweder eine Form der *Erwählung* oder der *Bestrafung* sein.

Vom Schicksal des Zerrissenwerdens sind bezeichnenderweise nicht nur die Feinde des Dionysos, sondern auch seine irdischen Stellvertreter und Wegbereiter seines Kults bedroht – so etwa der dionysische Kulturheros Ikarios, von dem der Mythos berichtet, er sei vom Gotte damit beauftragt worden, die Gabe des Weinstocks in Griechenland und aller Welt zu verbreiten. Zusammen mit seiner Tochter Erigone wandert der Kulturbringer im Auftrag des Gottes von Ort zu Ort, um die Menschen den Weinbau zu lehren und sie mit dem Geschenk des dionysischen Getränkes bekanntzumachen. Eines Tages sucht Ikarios ein Dorf in der Landschaft Attikas auf und läßt die Bauern vom Weine kosten. Bald aber zeigt sich schon die berauschende Wirkung des Getränkes. Da die Bauern sie nicht kennen, wähnen sie sich von Ikarios vergiftet. Sie erschlagen den Heros und vergraben seinen Leichnam unter einem Baum. Als der Vater nicht zurückkehrt, macht sich seine Tochter Erigone zusammen mit ihrem Hund Maira auf die Suche. Schließlich spürt der Hund den toten Vater auf. Von Schmerz und Trauer übermannt, erhängt sich Erigone am Baum. Zur Entsühnung für diesen schändlichen Mord hätten die Athener, so heißt es, das Fest Aiora gestiftet – ein Fest, das im Rahmen des wahrscheinlich bedeutendsten dionysischen Festes, der dreitägigen »Anthesterien«, begangen wird und bei dem die am Fest teilnehmenden Frauen ein Ritual des »kultischen Schaukelns« vollführen – in Erinnerung an das erhängte Mädchen Erigone, deren Leichnam ebenfalls am Baume »schaukelte«. Der Zusammenhang zwischen dem Mythos von Ikarios und Erigone und dem Schaukelfest »Aiora« ist aller Wahrscheinlichkeit nach ein Kunstprodukt nach dem üblichen Schema der Kultaitiologie: Ein Kultbrauch, dessen Ursprung im Dunkeln liegt und dessen Sinn rätselhaft bleibt, wird in Griechenland häufig mit einem bestimmten Mythos verbunden, der diese Lücke füllen und die Herkunft des Kultbrauchs erklären soll.

Was den Mythos von Ikarios betrifft, so thematisiert er wieder ein typisches dionysisches Schicksal. Denn so wie der Gott selbst in seiner Eigenschaft als Weingott das Schicksal der Weinrebe erleidet und in der Kelter zerstampft und zertreten wird, so wird auch der Abgesandte und Bote des Gottes erschlagen und unter die Erde gestampft. Ikarios ist das Double des Gottes in der gleichen Weise, wie der Gott und sein Geschenk – der Wein – einander doublen: Aus jeder Kelterwanne fließt in Gestalt des Rebensaftes das mystische Blut des Weingottes. So wird auch der Genuß des Weines selbst zur eucharistischen Zeremonie: zur Kommunion mit dem Gotte.

10. … zur Heiligen Hochzeit

Die Ausdrucksformen dionysischer »Gott-Trunkenheit« erschöpfen sich beileibe nicht in den beschriebenen Szenarien des rituellen Wahnsinns und der Omophagie. Es gibt im Gegenteil noch andere Formen – Formen, die geradezu eine dionysische »Brautmystik« genannt zu werden verdienen und die gleichsam den Gegenpol einer erotischen Mystik zu den »Barbarismen« der geschilderten Zerreißungs- und Zerstückelungsexzesse bilden. Wenn etwa in den Dionysos-Mysterien dem Gott von seinen Verehren mit dem emphatischen Ausruf »Sei gegrüßt, o Bräutigam, o neues Licht!« gehuldigt wird, so klingt dies fast schon nach Art der Hymnik, wie sie im Bereich der Liturgie nach byzantinischem Ritus üblich ist. Doch ist es keineswegs das einzige Zeugnis seiner Art. Vielmehr bezeugen die Tausende von Thiasoi und dionysischen Triumphen, in deren Mittelpunkt die Heilige Hochzeit von Dionysos und Ariadne steht, so wie sie fast serienmäßig auf spätantiken Sarkophagen dargestellt werden, die ungeheure Popularität dionysischer Brautmystik.

Zugrunde liegt solchen Darstellungen die mythische Überlieferung, wonach Theseus, der Heros, der ins kretische Labyrinth eindrang und den Minotauros tötete (was ihm nur durch den Beistand von Ariadne gelang, die ihm den berühmten »Ariadnefaden« gab), bei seiner Heimreise die ihn liebende Ariadne auf Naxos zurückließ. Während die so grausam im Stich Gelassene sich ihrem Schmerz und ihrer Verzweiflung überließ, beobachtete Dionysos die Trauernde vom Olymp aus, verliebte sich in sie, kam zu ihr hinab auf die Insel und machte sie zu seiner Braut. Der »Hieros Gamos«, also die »Heilige Hochzeit« von Dionysos und Ariadne wurde in der römischen Kaiserzeit, und besonders im 3. Jahrhundert n.Chr., zur Allegorie für Errettung und Erlösung durch die Gottheit schlechthin: Ariadne, Personifikation der menschlichen Seele, und Dionysos, Verkörperung der sich der menschlichen Seele erbarmenden Gottheit, werden eins genau in dem Augenblick, wo Ariadne, also die Seele, den Höhepunkt ihrer Verlassenheit und Einsamkeit erfährt – gemeint ist: im Tode. Inhalt der dionysischen Brautmystik ist also das berühmte »Eros und Thanatos«-Thema: Im Tode vermählt sich die von ihrem irdischen »Gefährten« – gemeint ist der vergängliche Leib – »im Stich gelassene« Seelenbraut ihrem göttlichen Bräutigam. Bei dieser für die spätantike Mythenallegorese so typischen Deutung ist selbstverständlich ein gehöriges Maß an platonischer und neuplatonischer Erlösungsmystik mit im Spiel: Die (Welt-)Seele kehrt zurück zu ihrer ursprünglichen Einheit mit dem göttlichen *Nous* – die neuplatonische Formel für die »Vereinigung der Gegensätze« im Sinne einer allumfassenden unio mystica.

Es gibt im übrigen ein griechisches Fest, bei dem die Heilige Hochzeit von Dionysos und Ariadne den Höhepunkt der festlichen Begehungen bildete: die altehrwürdigen, sowohl in Athen wie in Ionien im Frühlings-

Triumph des Dionysos und der Ariadne. Spätantiker Sarkophag

monat »Anthesterion« (d.h. »Blütenmonat«) gefeierten dreitägigen Anthesterien. Schauplatz der rituellen Vereinigung von Braut und Bräutigam war das sogenannte »Boukoleion«, das »Rinderhirtenhaus« an der Agora in Athen.[1] Repräsentiert wurde Ariadne von der »Basilinna«, der Gemahlin des »Basileus«, des Königs von Athen, der aber zur Zeit der athenischen Demokratie nur noch die Funktion des allerhöchsten Kultbeamten von Athen ausübte. Wer allerdings den irdischen Repräsentanten des Gottes Dionysos verkörperte, das bleibt bis heute ein Geheimnis. Einige Gelehrte – so beispielsweise Walter Burkert – meinen, der Gott sei vielleicht nur in Gestalt seiner Statue (einer Säule mit Tuchdrapierung und Dionysosmaske) präsent gewesen. Wie auch immer die Heilige Hochzeit im Ritual vollzogen worden sein mag – ob überhaupt real oder nur angedeutet –, sie bildete den Höhepunkt eines Festes von äußerst ambivalentem Charakter. Denn die Anthesterien hatten durchaus nicht nur die Züge eines Bacchanals im üblichen Sinne; vor allem waren sie ein Fest der Toten und des Todes. Eros und Thanatos – Liebe und Tod – bestimmen aber, wie wir sehen konnten, das doppeldeutige Wesen des Gottes selbst, von dem ja Heraklit in einem seiner Fragmente[2] sogar einmal sagt: »Derselbe ist Hades und Dionysos«. Dionysos also ein Gott der Unterwelt, ein Herrscher des Totenreiches? In der Tat muß man hierbei an den engen Zusammenhang von Tod und Fruchtbarkeit denken, wie er etwa in dem berühmten Ausspruch des Hippokrates deutlich wird: »Das Getreide kommt von den Toten!«[3] Das heißt: Das Reich der Unterirdischen ist nicht nur die Welt der Toten, sondern auch der Ursprung der Fruchtbarkeit und der Vegetation. Genau diese enge Beziehung von Tod und Fruchtbarkeit ist es, die einem Frühlingsfest wie den Anthesterien ihr Gepräge gibt.

Wir hatten ja bereits davon gesprochen, daß die Zerstückelungen und Zerreißungen, wie sie in den dionysischen Mythen in immer wieder neuen Variationen geschildert werden, wahrscheinlich auf uralte Ackerbaumysterien und ihre Opferszenarien zurückgehen. Dies wird angesichts des vorhin aufgezeigten Zusammenhangs von Tod und Fruchtbarkeit noch naheliegender. Auch die Bedeutung des Phallus im dionysischen Kult kommt dieser Vermutung entgegen: der mystische Phallus des Gottes in der Getreideschwinge, im »liknon«, ebenso wie die in festlichen Umzügen und Prozessionen mitgeführten monströsen Phallus-Attrappen. Dazu die ganze groteske Schar der ithyphallischen Begleiter des Gottes im Thiasos: Satyrn, Silene und Pan. Die Fruchtbarkeitsmacht des Gottes kommt überdies auch noch in seinen zahlreichen Kultnamen und Epitheta zum

Ausdruck, wie: Bakchos (Sproß, Sprößling), Anthios (Blütengott), Dendrites (Baumgott), Kissos (Efeugott) und so weiter. Vielleicht ist in diesem Zusammenhang noch erwähnenswert, daß auch der Name seiner Mutter, Semele, wahrscheinlich mit einer uralten phrygischen Erd- und Fruchtbarkeitsgöttin namens Zemelo in enger Verbindung steht, wenn nicht sogar mit ihr identisch ist. Daß in den Dionysos-Mysterien der Zusammenhang von (Opfer-)Tod und agrarischer bzw. vegetativer Fruchtbarkeit zum Mysterium von Tod und Apotheose im Hieros Gamos des Adepten mit seinem göttlichen Erlöser verklärt wurde, ist die typische Entwicklung aller Mythen und Kulte um sterbende und wiederauferstehende Götter im Hellenismus und besonders in der römischen Kaiserzeit.
Lassen wir es bei diesen Beispielen bewenden und bringen wir zum Abschluß dieses Kapitels noch einen besonders einprägsamen Beweis dafür, in welchem Maße die frühe Christenheit in dem Dionysos der Mysterien die Konkurrenzfigur ihres eigenen Erlösers erblickt haben muß: Nach der Mitteilung des Kirchenvaters Clemens Alexandrinus feierte man in Alexandria wie auch in zahlreichen anderen Städten des östlichen Mittelmeerraumes am 6. Januar den Geburtstag des Dionysos. Die Geburt des Gottes war von einer Reihe typisch dionysischer Wunder begleitet, zum Beispiel der Verwandlung von Wasser in Wein. Nun hat sich die ganze östliche Christenheit aufgrund der zentralen Bedeutung dieses Festtages schon sehr früh dafür ausgesprochen, die Geburt Christi nicht, wie die westliche Reichshälfte, am 25. Dezember, also am Geburtstag des Sonnengottes Sol Invictus, zu begehen, sondern am 6. Januar, dem Geburtstag des Dionysos. Und dabei ist es bis heute geblieben. Die gesamte orthodoxe Christenheit feiert ihr Weihnachten am 6. Januar. Zugleich aber wird an diesem Tage auch noch der »Hochzeit von Kana« gedacht. Und was ist das Charakteristikum gerade dieser Begebenheit aus dem Neuen Testament: Die Verwandlung von Wasser in Wein durch Jesus, der damit ein klassisches dionysisches Wunder vollbringt!

Der geblendete Seher

11. Bestrafung und Erwählung

Der blinde Seher Teiresias, wohl der berühmteste unter den Sehern der griechischen Mythologie, hat seine Sehergabe auf eigenartige Weise erworben.[1] Einst habe, so erzählt der Mythos, Teiresias, als er sich, von Durst geplagt, einer Quelle näherte, die Göttin Athene dort nackt beim Bade erblickt und sei daraufhin zur Strafe für diesen Frevel geblendet worden[2]. Ein ähnliches Schicksal berichtet der Mythos von *Phineus*, dem blinden und weissagenden König von Salmydessos in Thrakien. Ihn hatte der Gott Poseidon geblendet, weil er den Sterblichen göttliche Geheimnisse enthüllt und Phrixos den Weg nach Kolchis verraten habe, wo das begehrte »Goldene Vließ« aufbewahrt wurde (Apollonios Rhodios, Argonautika 2,178). Nach einer anderen Version war es Zeus, der den thrakischen König seines Augenlichts beraubte, weil er den Menschen die Zukunft enthüllte und damit gleichfalls Geheimnisverrat beging. Ein drittes Seherschicksal wird uns durch Charon von Lampsakos überliefert, einen Mythographen des 5. Jahrhunderts v.Chr. Er erzählt, daß einst ein gewisser Rhoikos von Knidos von einer Nymphe die Sehergabe verliehen bekam, Rhoikos sich jedoch als des Geschenks unwürdig erwies, da er die Liebe der Nymphe verschmähte, wofür er von dieser aus Rache geblendet wurde.

Drei Schicksale also, denen sich noch viele andere an die Seite stellen ließen, die einen ähnlichen Verlauf nehmen. In allen Fällen hatte sich der Seher der »Hybris«, eines schweren Vergehens also, schuldig gemacht – sei es, daß er mit frivolen und neugierigen Blicken in die den Göttern vorbehaltene Sphäre eingedrungen war, sei es, daß er Geheimnisse der Götter den Sterblichen verraten hatte oder daß er die Liebe einer Göttin verschmähte. Wenn wir aber allen diesen Schicksalen genauer nachgingen, so würde sich zeigen, daß das Motiv der Blindheit mit dem Wesen der Sehergabe selbst zu tun hat und daß seine Bedeutung weit über den vom Mythos geschilderten Zusammenhang – Blendung als Strafe für die Beleidigung einer Gottheit – hinausreicht. Nur im Mythos von Teiresias ist dieser Zusammenhang zwischen Sehergabe und Blendung unmittelbar zu erkennen. Hier hat die Strafe zugleich den Charakter der *Erwählung*, denn erst der Verlust des Augenlichts macht den Frevler zum Seher. Man könnte auch den verbotenen Blick auf die Göttin als die »erste Vision« des künftigen Sehers bezeichnen; so besehen würde der frevlerische Voyeurismus selbst zum »Berufungserlebnis« – begeht doch jeder Seher gleichsam von Berufs wegen einen solchen Frevel, indem er Dinge erblickt, die zu sehen den Menschen eigentlich verboten sind.

Doch nicht nur um das Verhältnis zwischen Menschen und Göttern handelt es sich, wie der nun folgende Mythos erkennen läßt, in dem es um den germanischen Göttervater Odin geht. Dieser muß nämlich, dem Mythos zufolge,[3] dem Mimir eines seiner Augen verpfänden, um Wasser aus Mimirs Brunnen trinken zu dürfen und damit in den Besitz übernatürlichen Wissens zu gelangen. Erstaunlich genug, daß ein Gott nicht schon aufgrund seines Wesens als Gott über solch außergewöhnliches Wissen verfügt. Aber gemäß dem Weltbild polytheistischer Religionen ist jede Gottheit nur für eine ganz bestimmte und genau definierte Sphäre zuständig, und das Wissen einer Gottheit reicht über ihre Sphäre nicht hinaus. Genau wie der Mensch muß eine Gottheit, um Wissen aus einer anderen Sphäre zu erlangen, dafür mit einem Teil ihres Wesens und ihres Lebens bezahlen. Die Einäugigkeit Odins ist der Preis für die Weisheit, in deren Besitz er gelangen wollte. Wenn wir uns aber fragen, welcher Art dieses Wissen ist, das zu besitzen der Gott so dringend begehrte, daß er dafür sogar sein Auge zu opfern bereit war, so brauchen wir uns nur die mythische Szenerie genauer anzusehen: Die Quelle nämlich, aus der der Gott zu trinken wünschte, gehört zur Sphäre der Schicksalsmächte – diese sind es, in deren Wirken und Walten Odin Einblick nehmen möchte. Daß diese Schicksalsmächte ihrerseits häufig als »blind« bezeichnet und nicht selten auch so dargestellt werden – zum Beispiel mit verbundenen Augen wie die »blinde« Iustitia, die gleichfalls zur Gruppe der Schicksalsmächte gehört – rundet unser Bild nur weiter ab.

Im allgemeinen wird diese sprichwörtliche »Blindheit des Schicksals« damit erklärt, daß es sich hierbei um Mächte handelt, die sich von ihrem Tun nicht distanzieren können, sondern einfach wirken, ohne zu wissen, was sie tun, mit einem Wort: »blind« wirken. Man könnte nun die Hypothese aufstellen, daß der Seher dadurch, daß er in die den Schicksalsmächten vorbehaltene Sphäre eindringt, gleichsam selbst zur Schicksalsmacht wird und daher auch erblinden muß wie diese. Daß der Seher tatsächlich Schicksalsmacht *ist*, geht schon daraus hervor, daß er durch das, was er verkündet, den Lauf der Dinge entscheidend beeinflußt. Man könnte es sogar folgendermaßen ausdrücken: Der Seher *macht* das Schicksal, indem er es verkündet. Im übrigen sollte man sich vor dem Schluß hüten, daß jeder Seher zwangsläufig ein Erblindeter sei, so wie es auch widersinnig wäre, in jedem Blinden, den der Mythos kennt, einen Seher vermuten zu wollen. Verbirgt sich etwa hinter dem von Odysseus geblendeten Kyklopen Polyphem ein Seher? Jedoch ist es sicherlich kein Zufall, daß die zur Gruppe der Schicksalsmächte gehörenden drei schrecklichen »Graien« der griechischen Mythologie zusammen nur ein einziges Auge besitzen, das sie sich gegenseitig ausleihen.

Die großen seherischen und weissagenden Frauengestalten der antiken Welt, wie die Sibyllen oder die berühmte trojanische Weissagepriesterin Kassandra, teilen das Schicksal ihrer männlichen Berufskollegen beispielsweise nicht: Statt zur Blindheit sind sie vielmehr zu lebenslanger Jungfräulichkeit verurteilt. Aber auch hier finden wir in den entsprechenden Mythen das vertraute Motiv der Hybris und der Rache der beleidigten Gottheit wieder. So hatte beispielsweise die Seherin Kassandra den Gott Apollon – dem sie ja ihre Sehergabe verdankte – abgewiesen, als er um ihre Gunst warb, und war dafür mit dem Fluch bestraft worden, daß niemand ihren Prophezeiungen werde Glauben schenken (Hyginus, Fabulae 93). Doch was der Mythos hier thematisiert, ist vor allem die Tatsache, daß die Seherin ihre Jungfräulichkeit um jeden Preis bewahren muß. Denn absolute Keuschheit ist das unvermeidliche Opfer, das die Seherin für ihre besondere Gabe zu leisten hat, und kennzeichnet zugleich ihren sakralen Status. Hinzu kommt, daß der Fluch Apollons als Rache für ihre Verweigerung die Garantie dafür bildet, daß sich das Schicksal, das Kassandra verkündet, auch tatsächlich vollzieht. Vergleichen wir die Situation einmal mit der des Ödipus: Der Heros führt das ihm prophezeite Schicksal gerade dadurch herbei, daß er ihm unter allen Umständen zu entgehen sucht. Auf genau die umgekehrte Weise wird die trojanische Seherin zur Komplizin des Schicksals, das sie prophezeit: Da niemand ihren Prophezeiungen Gehör schenkt und – im Gegensatz zu Ödipus – *niemand* versucht, das Verhängnis abzuwenden, tritt es auch tatsächlich so ein, wie es vorhergesagt wurde. So schlagen die Trojaner alle Warnungen Kassandras vor dem »hölzernen Pferd« der Griechen in den Wind und besiegeln damit den Untergang ihrer Stadt …

Eng verwandt mit dem Motiv des blinden Sehers ist auch die Vorstellung, daß gerade Blinde in Mythen und Erzählungen sehr häufig zu Erfüllungsgehilfen und Vollstreckern verhängnisvoller Schicksale werden. So wird der altnordischen Mythologie zufolge Balder, der Frühlingsgott und Sohn

Odins, versehentlich von seinem *blinden* Bruder Hödr mit dem Mistelzweig getötet, wie es die düstere Prophezeiung vorsah. Der eigentliche Anstifter zur Tat ist jedoch Loki. Auf ganz ähnliche Weise wird Kain, der Mörder seines Bruders Abel, vom Schicksal ereilt, wovor ihn sein Mal – das sprichwörtliche »Kainsmal« ja eigentlich hätte bewahren sollen. Der Brudermörder wird nämlich – gleichfalls versehentlich – von seinem *blinden* Ururenkel Lamech auf der Jagd getötet. Lamechs Sohn Tubalkain hatte dabei dem blinden Vater die Hand mit dem tödlichen Pfeil geführt. Tubalkain glaubte indessen, ein Tier erspäht zu haben; erst nachdem der tödliche Pfeilschuß sein Ziel erreicht hatte, wurde die Verwechslung offenbar, denn bei dem vermeintlichen Tier hatte es sich in Wahrheit um Kain gehandelt. Im Ödipus-Drama dagegen sind Opfer und Vollstrecker ein und dieselbe Person. Das Schicksal des tragischen Heros korrespondiert dabei auf merkwürdige Weise mit dem des blinden Teiresias, der ihm ja die furchtbare Wahrheit offenbart hatte, nämlich daß er selbst, Ödipus, der Mörder seines Vaters und der Gatte seiner eigenen Mutter sei. Blind bis zuletzt, das Unheil zu erkennen, das er selbst heraufbeschwor, indem er ihm zu entgehen suchte, sticht sich Oedipus die Augen aus, als er sich der schrecklichen Wahrheit nicht länger verschließen kann: Im Augenblick seiner größten Klarheit blendet sich der König, und indem er sich unwiderruflich der Finsternis preisgibt, teilt er das Schicksal seines Sehers. In seiner Selbstblendung manifestiert sich also zugleich, daß dem Heros die Augen *geöffnet* wurden …

In unseren Beispielen zeigte sich immer wieder die Bestätigung einer Regel, über die wir schon gesprochen haben: Im Mythos kann Blindheit zugleich Kennzeichen von Bestrafung durch die Götter wegen eines Frevels wie auch von *Erwählung* sein: Der Verlust verweist umgekehrt auf eine besondere Gabe, das Stigma auf Erhöhung, der Fluch auf eine Gnade. Das gilt natürlich keineswegs für die Blindheit allein, sondern für zahlreiche Formen einer »Stigmatisierung«. Im rituellen und mythischen Zusammenhang kann eine Vielzahl von körperlichen oder geistigen Defekten zugleich Kennzeichen einer außergewöhnlichen Begabung sein und eine Erwählung durch die Götter, eine Berufung zu Höherem anzeigen. Die »Morphologie der Erwählung« (Eliade) umfaßt ein sehr breites Spektrum. Hierzu zählen – neben bestimmten »heiligen« Krankheiten oder Verstümmelungen – auch gewisse außergewöhnliche Todesarten. So wurden in der Antike beispielsweise Ertrunkene oder vom Blitz Erschlagene als von den Göttern Erwählte betrachtet: Antinous etwa, der Liebling von Kaiser Hadrian, war auf einer Reise nach Ägypten im Nil ertrunken; doch diese Art des Todes galt gleichzeitig als Apotheose, als Kennzeichen der Entrückung unter die Götter, und so errichtete man Antinous zu Ehren einen Tempel und ließ ihm jene kultische Verehrung zuteil werden, wie sie sich für vergöttlichte Personen gebührt. Was körperliche oder geistige Stigmata angeht, so müßten wir unsere Betrachtung durch Studien über Hinkende, Gelähmte, ihrer Stimme Beraubte und sonstwie Gezeichnete ergänzen. So wird dem Mythos zufolge der Sänger und Leierspieler Thamyris seiner Stimme, seines Gedächtnisses und auch seines Augenlichts beraubt, weil er die Hybris hatte, die Musen, denen er seine Gabe verdankte, zum musikalischen Wettstreit herauszufordern – Sänger und Leierspieler galten als eine den Sehern aufs engste verwandte Berufsgruppe, die im übrigen demselben Gott verbunden waren wie diese: Apollon, dem Gott der Weissagung und der Erkenntnis, der zugleich der Gott der Harmonie ist. Eine andere mit den Sehern eng verwandte Berufsgruppe stellen die Dichter dar; auf sie werden wir bei späterer Gelegenheit noch ausführlich zurückkommen.

Die in den Überlieferungen der verschiedensten Völker und Kulturen auftauchenden »stammelnden« oder mit Sprachfehlern behafteten Propheten sind ähnlichen Prototypen nachgebildet wie die blinden Seher. So meldet Moses Gott gegenüber bei seiner Berufung erhebliche Bedenken dagegen an, daß die Wahl ausgerechnet auf ihn fiel: »›Herr, ich bin kein redegewandter Mann ..., vielmehr bin ich schwerfällig mit dem Mund und mit der Zunge‹«, so heißt es in der Berufungsszene (Exodus 4, 10-12), und der Herr belehrt Moses daraufhin: »›Wer hat dem Menschen den Mund gegeben, oder wer macht ihn stumm oder taub, klar sehend oder blind? Bin nicht ich es, der Herr? Gehe also hin, ich werde mit deinem Munde sein und werde dich lehren, was du reden sollst‹«. Auch die berühmteste Weissagepriesterin der antiken Welt, die delphische Pythia, *stammelt* in der Trance jene Laute hervor, die dann von Priestern zu Worten und Sätzen zusammengefaßt und in Versform gebracht wurden und so erst die endgültige Fassung der Weissagung darstellten.

Ein anderer berühmter Seher der griechischen Mythologie, Melampus, hat verbrannte Füße – ein Stigma, dem er auch seinen Namen verdankt, der ins Deutsche übersetzt »Schwarzfuß« lautet. Daß diese Verletzung etwas mit seiner Sehergabe zu tun haben könnte, geht aus dem Mythos nicht klar hervor. Es heißt lediglich, daß ihm die Sonne die Füße verbrannt habe. Doch die Sonne ist das Gestirn Apollons, des Gottes der Weissagung, und Mythen, in denen der Seher zwar von der Sonne nicht an den Füßen verbrannt, sondern *geblendet* wird, gibt es. So kennt man von

Phineus, dem thrakischen König und Seher, neben den beiden von uns bereits zitierten Überlieferungen auch noch eine dritte. Danach war Phineus einst von der Sonne geblendet worden, weil er ein langes Leben dem Besitz des Augenlichts vorgezogen haben soll.

Nicht nur bestimmte körperliche Gebrechen wie Blindheit, Sprachfehler oder Verkrüppelungen konnten zugleich Kennzeichen einer Berufung sein; auch Anfallskrankheiten waren von einem ganz ähnlichen Nimbus umgeben. Dies ist beispielsweise der Fall bei der Epilepsie. In der Antike galt sie als »morbus sacer«, als »heilige Krankheit«, und noch bis zum heutigen Tage hat sich im Französischen dieser Zusammenhang in der Bezeichnung »le mal sacré« für »Epilepsie« erhalten. Sie galt als unverkennbares Zeichen von Erwählung und wurde vor allem außerordentlichen oder charismatischen Persönlichkeiten zugesprochen, so beispielsweise Alexander dem Großen und Casesar. Die Epilepsie schien sie in ihrer Rolle als Heilbringer und in göttlichem Auftrag Handelnde zu bestätigen, ihren Anspruch und ihr Sendungsbewußtsein zu legitimieren. Offenbar wurde in der Antike der Anfall des Epileptikers wegen seiner phänomenologischen Nähe zu Symptomen der Ekstase und der Entrückung auch in diesem Sinne interpretiert, so wie es andererseits heute noch schwerfällt, die Epilepsie klar gegen die »Geisteskrankheiten« im populären Sinne des Wortes hin abzugrenzen. Der Name »Fallsucht« wiederum rückt die Epilepsie in die Nachbarschaft so bekannter religiöser Phänomene, wie sie unter anderem als »Bekehrungserlebnisse« großer Heiliger in die Hagiographien des Christentums Eingang gefunden haben: Der künftige Heilige stürzt wie vom Blitz gefällt zu Boden, und wenn er aus seiner Ohnmacht erwacht, ist er bereits ein »anderer« geworden. Auch in diesen Fällen geht die Ohnmacht häufig mit visionären Erlebnissen einher und hat den Charakter einer Berufung bzw. einer »Initiation«.

Die Bekehrung des Christenverfolgers Saulus zu dem späteren Apostel Paulus ist exemplarisch für solche Vorgänge. Die Apostelgeschichte (Apg 9, 3-9) schildert das Ereignis der Bekehrung des Saulus auf folgende Weise: »Als er auf dem Wege war und sich Damaskus näherte, geschah es, da umstrahlte ihn plötzlich ein Licht vom Himmel, *er stürzte zu Boden* und hörte eine Stimme, die zu ihm sprach: ›Saul, Saul, warum verfolgst du mich?‹ Er sagte: ›Wer bist du, Herr?‹ Und jener: ›Ich bin Jesus, den du verfolgst. ... Steh auf und geh in die Stadt, und es wird dir gesagt werden, was du tun sollst.‹ Die Männer aber, die ihn auf dem Weg begleiteten, standen sprachlos da; sie hörten zwar die Stimme, erblickten aber niemand. Saulus erhob sich von der Erde; doch als sich seine Augen öffneten, *sah er nichts.* Da nahmen sie ihn bei der Hand und führten ihn nach Damaskus hinein. Drei Tage lang konnte er nicht sehen und aß und trank nicht.«

Alle wesentlichen Merkmale eines Berufungserlebnisses sind in dieser Schilderung genannt: Lichtepiphanie, Zu-Boden-Stürzen, Vision und Audition, vor allem aber – worauf es uns hier besonders ankommt – Ohnmacht und Blindheit. Genauso wie in unzähligen anderen Schilderungen von der Berufung eines Heiligen, eines Propheten oder Sehers und genauso wie in der Beschreibung von plötzlichen Offenbarungen, Schauungen, Visionen und Erleuchtungserlebnissen ist auch hier der Augenblick der »Enthüllung der Wahrheit« begleitet von einem – in diesem Falle nur vorübergehenden – Verlust des Sehvermögens zum Zeichen dafür, daß der Heilige den Blick in eine *andere* Welt tun durfte. Ist nicht auch der häufig beobachtete Brauch, daß der Schamane in der Trance sein Gesicht mit einem Tuch verhüllt, Ausdruck dafür, daß sein Blick nun ins Jenseits gerichtet ist und er für die diesseitige Welt blind ist?

Unzählige Mythen berichten von Götterbildern oder Masken, bei deren Anblick man seines Augenlichts beraubt wird, in geistige Umnachtung fällt oder zu Stein erstarrt. Der berühmteste Mythos dieser Art ist der von der Gorgo Medusa, die jedermann, der sie unverwandten Blicks ansah, zu Stein erstarren ließ. Das Anbringen des Gorgoneions an Tempelfassaden oder als Dachbekrönung, auf Harnischen oder Schilden macht von diesem Zusammenhang Gebrauch, verwendet ihn aber zu apotropäischen Zwecken: Tempelschänder sollen vom Betreten heiliger Stätten abgehalten, Feinde abgewehrt und in die Flucht geschlagen werden. Daß »Blicke töten können«, ist eine Redeweise von tieferer Bedeutung, die das Mythologem vom »Bösen Blick« zur Voraussetzung hat. Die Vorstellung von der hypnotisierenden, bannenden, verzaubernden, ja vernichtenden Macht des Blicks dämonischer Mächte ergänzt die Vorstellung von der Macht des Dämonischen, bei dessen Anblick man diesem zum Opfer fällt.

Das älteste Schriftzeugnis über diesen Vorstellungskomplex ist die Aufzeichnung des sumerischen Mythos vom Abstieg Inannas in die Unterwelt, auch »Ischtars Höllenfahrt« genannt. Inanna (akkadisch: Ischtar), die große sumerische Göttin, Herrin des Lebens, der Liebe und der Fruchtbarkeit, macht sich auf den Weg hinab in die Unterwelt, über die ihre dunkle Schwester Ereschkigal gebietet. Um zum Palast der Herrscherin des Totenreichs zu kommen, muß Inanna sieben Tore passieren, bei deren

Durchschreiten sie von den Torwächtern Stück um Stück aller ihrer Kleider und ihres Schmuckes beraubt wird. Völlig entblößt und damit schutzlos der todbringenden Macht ihrer Schwester preisgegeben, steht Inanna schließlich Ereschkigal gegenüber. Diese aber richtet, wie es in den Texten heißt, den *»Blick des Todes«* auf sie, und Inanna verscheidet ... Mit dem Tod der Fruchtbarkeitsgöttin aber droht auf Erden alles Leben zu ersterben; Unfruchtbarkeit, Hunger und Dürre breiten sich aus. In höchster Not senden die Götter Boten in die Unterwelt hinab, um die tote Inanna mit der »Speise des Lebens« und dem »Wasser des Lebens« wiederzubeleben. Die Stärkung gelingt, Inanna kehrt ins Leben zurück, und alles Leben auf Erden erblüht von neuem ...

Daß man den Mächten des Todes nicht unverwandten Blicks gegenübertreten darf, will man ihnen nicht sogleich verfallen, ist uns aus den Mythen und rituellen Bräuchen vieler Kulturen bekannt; wir wollen uns hierzu auf einige Beispiele aus dem Altertum berufen. Daß jeder, der in das schreckenerregende Antlitz der Gorgo Medusa blickt, augenblicklich zu Stein erstarrt, ist allgemein bekannt und erklärt unter anderem auch die Verwendung des Medusenhaupts zu apotropäischen Zwecken. »Its Horror and its Beauty are divine ...«, besingt noch der romantische englische Dichter *Shelley* die tödliche Schönheit des Gorgoneions, in dem sich Faszination und Grauen auf verhängnisvolle Weise miteinander paaren. Ähnlich erstarrt auch Lots Weib zur Salzsäule (Gen 19, 26), als sie trotz des Verbots den Blick zurückwendet, um der zerstörerischen Macht des Gottes, der Sodom und Gomorrha zu Asche verbrennt, zuzusehen. Aus ähnlichen Gründen wendet der Priester, der beim römischen Totenfest Lemuria den Kontakt mit den Geistern der Verstorbenen aufnimmt, den Blick ab, während er diese beschwört. Denn wer die Mächte des Todes und die Totengeister unverwandt anblickt, muß ihnen unwiderruflich verfallen. Dieses unerbittliche Gesetz der Schicksalsmächte hatte auch Orpheus vergessen, als er sich nach seiner geliebten Gattin Eurydike umwandte, um sich zu vergewissern, daß sie ihm auch tatsächlich folge. Indem der Heros das »Blick-Tabu« übertrat und sein Gesicht umwandte, verstieß er gegen das Gesetz der Unterirdischen, das den unverwandten Blick in die andere Welt verbietet, und verlor seine Gattin für immer. Der jedem Rom-Besucher bekannte Brauch, eine (oder drei) Münze(n) in den Brunnen »Fontana di Trevi« zu werfen, um sich damit an diesen Ort zu binden, das heißt: um sich eines Wiedersehens mit Rom zu versichern, ist, genau besehen, ein Ritual, bei dem man sich durch ein Opfer mit den – zur Gattung der Schicksalsmächte gehörenden –

Quellnymphen der »Fontana« verbindet, um ihre Gunst zu erwirken. Abgesehen davon, daß schon die Dreizahl der Münzen erkennen läßt, welchen Mächten dieses Opfer gilt (Schicksalsgöttinnen treten immer triadisch auf!), gilt es vor allem, darauf zu achten, daß man dem Brunnen *den Rücken zukehrt* und die Münze(n) über die linke (!) Schulter wirft.
Zum Abschluß noch ein Zeugnis aus dem Alten Testament. Im Buch Exodus (33, 18-23) bittet Moses darum, Gott von Angesicht zu Angesicht schauen zu dürfen: »Zeige mir doch deine Herrlichkeit!« Daraufhin gibt ihm Gott folgendes zur Antwort: »Mein Angesicht kannst du nicht schauen, denn kein Mensch kann mich schauen und dabei am Leben bleiben!« Doch schlägt der Herr dem Moses vor, sich auf einen Felsen in der Nähe zu stellen, und fährt dann fort: »Wenn meine Herrlichkeit vorüberzieht, stelle ich dich in die Felsenhöhle und bedecke dich mit meiner Hand, bis ich vorüber bin. Nehme ich dann meine Hand weg, so kannst du meine Rückseite schauen. Doch mein Angesicht darf man nicht schauen.«

12. Rituelle Unsichtbarkeit

Was für den Kontakt mit der anderen Welt – insbesondere für den Umgang mit den unterirdischen Mächten und den Schicksalsgottheiten – gilt, gilt auch für den Verkehr zwischen profanen und sakralen Personen. So sind etwa die sakralen Herrscher des Alten Orients, Altasiens oder Altafrikas durch unzählige Tabus geschützt, die sie den Blicken ihrer Untertanen (wie der Berührung mit der Unreinheit der profanen Sphäre insgesamt) entziehen. Hinter Vorhängen verborgen, von Tüchern, Schleiern, Masken oder Brillen verhüllt, bleibt ihr Gesicht (und bleiben insbesondere ihre Augen) für alle Außenstehenden unsichtbar. Es ist jedoch nicht immer leicht zu erkennen, wer vor wem geschützt werden soll: der sakrale Herrscher vor den Blicken seiner profanen Untertanen oder diese vor der gefährlichen Macht des Heiligen, an dem der Sakralkönig teilhat.
Ein anderer Bereich, in dem sowohl die rituelle »Unsichtbarkeit« als auch die rituelle »Blindheit« eine zentrale Rolle spielen, ist das umfangreiche Szenario der Initiationsriten. Nehmen wir als Beispiel die Pubertäts- und Reiferiten in den Kulturen Schwarzafrikas. Hier wird der Übergang von der Kindheit zum Status des Erwachsenseins durch einen sogenannten »Rîte de passage« vorgenommen, bei dem die – weiblichen oder männ-

lichen – Initianden zunächst von der Familie und der übrigen Gemeinschaft des Dorfes, in deren Geborgenheit sie ihre Kindheit verbrachten, abgesondert und zusammen mit den anderen Initianden in die Wildnis geführt werden. Damit verlieren die Kandidaten zugleich ihre bisherige Identität: Sie werden für ihre ganze bisherige Umgebung »unsichtbar«, ja mehr noch: sie gelten für diese sogar als »verstorben«. Verschiedenerorts beweint man sie wie richtige Tote; den Angehörigen teilt man mit, daß sie ein Geist in die Wildnis verschleppt oder ein wildes Tier sie geraubt und zerrissen habe.
Doch erschöpft sich das rituelle »Unsichtbarwerden« nicht in diesen symbolischen Formen der Absonderung. Der Kandidat wird nämlich, nachdem er gemeinsam mit den anderen Kandidaten seiner Altersgruppe in die Wildnis verbracht worden ist, auch buchstäblich »unsichtbar«: Entweder man hüllt ihn in ein Fell (z.B. in das eines Widders) oder legt ihn in eine Grube, die mit Rinde, Blättern und Zweigen oder mit einer Maske zugedeckt wird, oder er muß beispielsweise ohne Nahrung, nackt und zusammengekauert in einer engen Hütte ausharren und dergleichen mehr. Im allgemeinen werden alle diese Formen des rituellen »Unsichtbarwerdens« als vorübergehender Tod der Novizin oder des Novizen gedeutet, bevor diese in neuer, *anderer* Gestalt und Identität, nämlich als erwachsene Frau oder erwachsener Mann, wiederauferstehen. Doch läßt sich der Vorgang auch als vorübergehende Abwesenheit der Kandidaten und ihre Entrückung in eine »andere«, »*heilige*« Welt verstehen, in der sie solange verweilen, bis die Götter, Geister oder Ahnen ihre Initiation vorgenommen haben.
In der Tat werden rituelle Vorgänge der genannten Art, die mit zeitweiliger Absonderung, Entrückung und Verweilen in einer *anderen* Welt einhergehen, gerne mit einem vorübergehenden Tod verglichen, und dies keineswegs nur in Afrika. Der Entrückte gehört nämlich – genau wie der Tote – der jenseitigen Welt an und ist deshalb, solange er dort verweilt, für das Diesseits und seine Bewohner »unsichtbar«. Bei der Initiation verhält es sich ähnlich: Der Kandidat gehört während des gesamten Zeremoniells nicht mehr dem Diesseits, sondern der *heiligen* Welt an; es sind auch nicht Menschen wie seinesgleichen, sondern die Götter, die Geister und die Ahnen, die die Initiation vornehmen. Sehr oft wird der vorübergehende Aufenthalt des Initianden in dieser Sphäre des Heiligen durch die Symbolik der »Verkehrten Welt« zum Ausdruck gebracht und ergänzt: Der männliche Kandidat trägt Mädchenkleider, vertauschte Schuhe etc., weil die jenseitige Welt sich zur diesseitigen genau spiegelverkehrt

verhält. Genau dieser Aspekt verbindet sich auch mit der »Unsichtbarkeit« des Initianden. Denn so, wie der Kandidat für die Bewohner der diesseitigen Welt unsichtbar wird, wird er nun von den Mächten der *anderen* Welt erst erblickt. Umgekehrt verliert auch der Initiand selbst den Blick für die profane Welt – er *»erblindet«* – und hat vorübergehend teil an der heiligen Welt, in die er nun erstmals blicken darf.

Damit aber sind wir bereits vom Ritus des »Unsichtbarwerdens« zum Ritus der »Blindheit« übergegangen. Auch die rituelle »Blindheit« ist keineswegs bloß eine Metapher; sie wird vielmehr gleichfalls in Szene gesetzt und ist Bestandteil des Initiationsrituals. Dabei werden dem Kandidaten entweder die Augen verbunden, oder sein Gesicht wird mit einem Tuch bzw. Schleier verhüllt. In anderen Gegenden wiederum muß er die Hände vors Gesicht halten, sich flach auf den Boden legen, das Gesicht zu Boden gedrückt o.ä. Manchmal ist es sehr schwer zu unterscheiden, ob mit einem dieser Riten der Aspekt des »Unsichtbarwerdens« oder der des »Erblindens« oder beide zur gleichen Zeit zum Ausdruck gebracht werden sollen; beide Aspekte lassen sich nämlich nicht klar voneinander abgrenzen, sondern verhalten sich komplementär zueinander. Denn in der gleichen Weise, wie der Initiand aus der »realen« Welt heraustritt und für seine Umgebung »unsichtbar« wird, wird diese auch für ihn unsichtbar. Rituelle Unsichtbarkeit und rituelle Blindheit sind, genau besehen, nur zwei Aspekte ein und desselben Vorgangs: Der Kandidat verläßt vorübergehend die profane Welt, um in der heiligen zu verweilen. Dort wird er verwandelt und kehrt als ein anderer zurück in die profane. Was allerdings auffällt: Hier scheint auf den ersten Blick die ganze visionäre Dimension zu fehlen, wie wir sie etwa beim berufsmäßigen Seher oder beim Propheten antreffen, von denen wir ausgegangen waren. Doch bei genauerer Betrachtung stellt man fest, daß beim Vorgang der Initiation die rituelle Inszenierung die gleiche Bedeutung hat, die beim Seher und Propheten dem visionären Erlebnis des Aufenthalts in einer anderen Wirklichkeit zukommt. In der Tat sind Ritual und Vision nur zwei verschiedene Formen des Blicks in die »andere Welt« – was beide voneinander unterscheidet, ist lediglich die Verinnerlichung. Die Vision ist das verinnerlichte Ritual, das Ritual die materialisierte Vision.

Um das Verhältnis von Ritual und Vision besser zu verstehen, sollte man vielleicht an eine Theaterinszenierung denken. Die Bühne ist eine Welt, die zwar nicht der Welt des »normalen«, alltäglichen Lebens angehört und dennoch real und materiell faßbar ist wie diese. Zugleich aber ist die Welt der Bühne eine ganz und gar imaginäre, rein geistige Wirklichkeit. In jeder Theateraufführung überschneiden sich »äußeres« und »visionäres« Erleben, Reales und Irreales; das Theater ist gleichsam eine Traumwelt, nichtsdestoweniger aber ein materialisierter Traum. Die in diesem objektivierten Traum agierenden Personen sind, obgleich von realen Personen dargestellt, in Wahrheit *imaginäre* Wesen, die sich gewissermaßen der Akteure nur bedienen, um vorübergehend Gestalt anzunehmen und dadurch Wirklichkeit zu gewinnen. Wer im dunklen Zuschauerraum sitzt und auf die in gleißendes Licht getauchte Bühne blickt, blickt aus der »realen« Welt heraus in eine Traumwelt – man könnte sogar sagen: Der Zuschauer ist während der ganzen Zeit, in der die Aufführung stattfindet, für die *reale* Welt, in der er sitzt, »erblindet« (Dunkelheit des Zuschauerraumes!). Als Zuschauer wird er aber gleichzeitig zum »Seher«, indem er in eine phantastische, imaginäre, nicht der normalen Wirklichkeit angehörende Welt blickt und gleichsam einen Traum erlebt, aus dem er erst wieder erwacht, wenn das Stück zu Ende ist und das Licht angeht …

Riten, bei denen Verhüllen und vorübergehendes »Erblinden« eine Rolle spielten, gehörten auch zum Einweihungsszenario der antiken Mysterienreligionen. Auf einigen erhaltengebliebenen Relieffragmenten[1] beispielsweise erkennt man Herakles, der als »erster Eingeweihter« in die Eleusinischen Mysterien gilt, sitzend auf einem Schemel, der mit einem Widderfell bedeckt ist, um den Einweihungsritus an sich vollziehen zu lassen. Das Gesicht des Heros ist von einem Tuch verhüllt – Herakles ist also sozusagen rituell »erblindet«. Gleichzeitig wird vom linken äußeren Bildrand her eine brennende Fackel ganz nahe an das verhüllte Gesicht des Heros herangeführt: die berühmte »Einweihung durch Feuer«, die ihr Vorbild im eleusinischen Kultmythos hat: Die Göttin Demeter hält Demophon, das Kind des Königs Keleos von Eleusis, ins Feuer, um es damit unsterblich zu machen. Damit sind die Eleusinischen Mysterien gestiftet.

Auch bei der »Diksha« genannten Weihe, einem der wichtigsten Rituale des vedischen Indien, dem sich der Opferpriester zu unterziehen hat, bevor er die heilige Handlung vornimmt, spielt die Verhüllung des Gesichts eine zentrale Rolle. Der Brahmane, der sich dieser Weihe unterzieht, sitzt dabei verhüllten Hauptes auf einem schwarzen Antilopenfell. Bei diesem Ritual spielt allerdings noch ein Symbolismus ganz eigener Art mit: die sogenannte »regressio in uterum«, aus der der Kandidat als »neugeboren« hervorgeht. Hierbei repräsentiert die Verhüllung das Amnion, die Eihaut, während der Einzuweihende in Fötusstellung verharrt.

Zum Abschluß dieser Beispiele möchte ich wenigstens noch erwähnen, daß die Mystik alle diese Formen ritueller Verhüllung und den Symbolismus der sakralen »Blindheit« gleichsam programmatisch weiterführt, indem sie den Blick des Mysten von der äußeren Welt ablenkt und ganz nach innen richtet, was allein schon im Wort »Mystik« selbst zum Ausdruck kommt, denn »Mystik« geht zurück auf das griechische Wort »myein«, und das bedeutet: »(die Augen) schließen«.

Unser Ausgangspunkt war der blinde Seher Teiresias gewesen. Wir hatten uns vorgenommen, den Beweis zu erbringen, daß die Blindheit des Sehers keineswegs ein bloßer Zufall ist, sondern daß hier ein innerer Zusammenhang zwischen dem Verlust des Sehvermögens und dem Erwerb der Sehergabe besteht – ein Zusammenhang, der sich nicht physiologisch, sondern kultisch und rituell erklärt und dessen Gesetzmäßigkeit wir auf die Spur kommen wollen. Es scheint, als müsse sich die äußere Welt verdunkeln, um die innere zum Erstrahlen zu bringen. Wie diese Blindheit sich jeweils in concreto darstellt, hängt nicht zuletzt davon ab, welcher Formen und »Stilmittel« sich das Ritual bedient, um einem bestimmten mythischen Urbild gerecht zu werden; das Repertoire von Möglichkeiten reicht hierbei von der bloßen symbolischen Andeutung über Verhüllungsrituale bis hin zur tatsächlichen Blindheit. So war es beispielsweise in früheren Zeiten in Japan Brauch, Mädchen, die entweder von Natur aus blind oder durch irgendeine Krankheit erblindet waren, aufzusammeln und zu Schamaninnen ausbilden zu lassen; mit anderen Worten: man hatte in der Tatsache der Blindheit selbst schon die Kennzeichen der Berufung erblickt. Selbstverständlich machte man sich hierbei auch die physiologische Disposition zunutze: Der Blinde war aufgrund seines tragischen Schicksals auf seine »innere Welt« zurückgeworfen und galt als »telepathisch« begabt. Sein Schicksal schien ihn in besonderer Weise für einen Kontakt mit der jenseitigen Welt zu prädestinieren.

Nach übereinstimmender Aussage aller Quellen, die wir besitzen, soll Homer, der Vater der europäischen Dichtung, blind gewesen sein. Seltsam genug, daß gerade dieses Detail das einzige ist, was wir von der Person des Dichters überhaupt wissen, und dies, obwohl wir paradoxerweise nicht einmal sagen können, ob es eine Person namens Homer überhaupt je gegeben hat und, wenn ja, wann sie gelebt hat, ob die beiden Epen »Ilias« und »Odyssee« von der Hand ein und desselben Dichters stammen und aus welchen Quellen der oder die Verfasser geschöpft haben.

Auch Skulpturen und andere Darstellungen des Dichters führen uns mit stereotyper Gleichförmigkeit seit der Antike immer wieder das Bild eines älteren, bärtigen und blinden Mannes vor Augen, der etwas vom Typus des »Sehers« oder des »Propheten« an sich hat. Unwillkürlich drängt sich der Verdacht auf, daß es sich hierbei um ein Klischee handelt und daß die »Blindheit« des Dichters mehr sein könnte als lediglich eine über die Jahrtausende hinweg wachgehaltene Erinnerung an ein privates Krankenschicksal. Es wäre zu fragen, ob diese Blindheit nicht vielmehr gerade deshalb so einprägsam war, weil sie einem seit alters her etablierten mythischen Schema entspricht: dem von der »Blindheit des Sehers«. Die ganze Antike über wurde nämlich der Beruf des Dichters immer wieder mit dem des Sehers und des Weisen verglichen: Der Dichter beschwört in seinen Werken die Vergangenheit, der Seher in seinen Visionen die Zukunft.

Diese enge Verwandtschaft zwischen der Kunst der Poesie und der Gabe der Weissagung hat auch Platon im Auge, wenn er an einer berühmten Stelle im »Phaidros« (244 a ff) seine Theorie von den vier Arten der »göttlichen Begeisterung«, des »heiligen Wahnsinns« (griech.: »mania«) entwickelt. Platon unterscheidet dabei vier Formen, die jedoch untereinander zusammenhängen, nur daß sie von verschiedenen Gottheiten verursacht werden. Die vier Arten der »mania« sind: 1. der »poetische« Wahnsinn, von dem die Dichter ergriffen werden und der von den Musen herkommt, 2. der »pythische« Wahnsinn, wie er die Seher und Propheten erfaßt und der von Apollon bewirkt wird. Die »heilige Raserei« der delphischen Pythia ist das berühmteste Beispiel für diese Form des Wahnsinns. 3. Der »telestische« Wahnsinn, von dem alle diejenigen ergriffen werden, die sich in die heiligen Mysterien – Platon denkt hier vor allem an die Mysterien des Gottes Dionysos, also an die »bakchischen Weihen« – einweihen lassen. 4. Schließlich der »Liebeswahnsinn«, der von Aphrodite ausgelöst wird.

Auffällig ist an dieser Reihenfolge wiederum die enge Nachbarschaft von Poesie und Weissagung, wozu sich noch der Taumel der dionysischen Begehungen und die erotische Leidenschaft gesellen. Dieser ganze Zusammenhang – der Dichter als Seher, als Prophet, als Weiser, ja als Magier, Mystagoge und Mysterienpriester – feiert spätestens im Zeitalter der Romantik eine glanzvolle Wiederkehr und wird von da an nie mehr aus dem Bewußtsein und aus den Programmen der europäischen Avantgarden verschwinden. Von Hölderlin und Novalis über Nietzsche bis hin zu den Expressionisten, Dadaisten und Surrealisten reichen die Stimmen, die den Dichter als Priester, als Seher und Propheten und als Künder eines neuen Zeitalters besingen. Die kollektiven Schlafrituale und Traumséancen der surrealistischen Gruppe sowie die berühmte Methode der sogenannten »écriture automatique«, der »automatischen Schreibweise«, sind Versuche, uralte Praktiken aus dem Bereich der Divination, der Mantik, der Wahrsagekunst für die dichterische Kreativität nutzbar zu machen und die Dichtkunst aus dem Geist der Magie und der ältesten Orakeltechniken zu erneuern.

Auf einem Photo der Zeitschrift »La Révolution Surréaliste« vom 15. Dezember 1929 sehen wir die Exponenten der surrealistischen Gruppe, alle mit geschlossenen Augen, einträchtig im »rituellen Schlaf« vereint. Louis Aragon spricht in diesem Zusammenhang sogar von einer regelrechten »Schlafepidemie«, die die Surrealisten befallen habe, und er erklärt: »Sie sprechen ohne Bewußtsein ...«. Bei den Zürcher Dadaisten des »Cabaret Voltaire« wurde sogar die »Geistersprache« der Schamanen und die »Glossolalie«, also das berühmte »Zungenreden« der Gottbegeisterten und Charismatiker, von neuem in die Poesie eingeführt. Die Rückbesinnung auf das sprichwörtliche »Stammeln« der Wahrsager und Propheten und auf eine sogenannte »adamitische Ursprache« begründete das dadaistische Lautgedicht. Hugo Ball, der Protagonist und Initiator dieser uralten magischen Techniken, trug seine Schöpfungen sogar im selbstentworfenen Schamanenkostüm vor.

Am Ausgangspunkt der »Pittura Metafisica«, einer der folgenreichsten Bewegungen der klassischen Moderne, auf deren Entdeckungen sich später die Initiatoren des Surrealismus berufen sollten, steht ein Bild des Malers Giorgio de Chirico, des Begründers dieser Richtung, das zu den Inkunabeln der Moderne zählt. Es handelt sich um das Bildnis des Dichters Guillaume Apollinaire aus dem Jahre 1914, ein Bild von geradezu erschütternder Luzidität. Es zeigt den Dichter aus dem Umkreis der kubistischen Avantgarde insgesamt zweimal: einmal im Vordergrund, mehr Statue als Person, en face und mit der *schwarzen Brille des Erblindeten*, und zum anderen noch einmal als Schattenfigur in einem guckkastenförmigen Gehäuse darüber, diesmal im Profil dargestellt und mit einer Zielscheibe an der linken Schläfe – genau dort, wo einige Jahre später den an die Front gegangenen Dichter ein Granatsplitter treffen sollte ... Der prophetische Maler malt den Dichter als Propheten, und zwar getreu dem uralten mythischen Schema: erblindet und mit versiegelten Augen! Wen könnte es da noch in Erstaunen versetzen, daß Apollinaires berühmtestes Drama den Titel trägt »Les Mamelles de

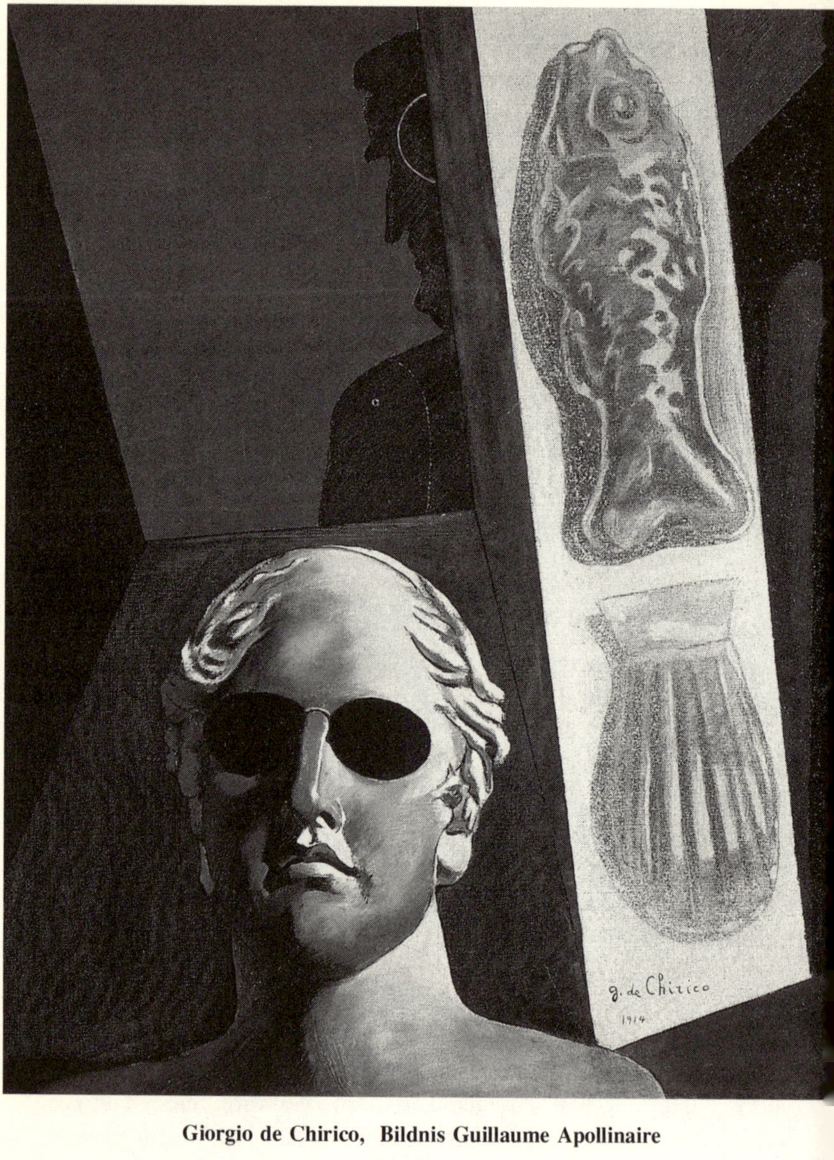

Giorgio de Chirico, Bildnis Guillaume Apollinaire

Tiresias« – »Die Brustwarzen des Teiresias«! Im selben Jahr – 1914 – malt Chirico ein weiteres Bildnis des Dichters. Es zeigt ihn abermals als Erblindeten, mit riesiger schwarzer Brille, und trägt den bezeichnenden Titel »Der Traum des Dichters«.

Jahre später, als das Schicksal Apollinaire bereits ereilt hatte, besucht de Chiricos Bruder, der Schriftsteller und Maler Alberto Savinio, den schwerverletzten Dichter im Lazarett und gibt in seinen »Erinnerungen« davon folgende Schilderung: »Auf seinem Spitalsbett, unter dem Turban, der das Loch in seinem Schädel bedeckte, erinnerte sich Apollinaire des ›prophetischen Porträts‹, das Giorgio de Chirico 1914 von ihm gemalt hatte: jenes Gemälde, auf dem sich die Silhouette des Dichters wie ein Pappkamerad von dem dunkelgrünen Hintergrund abhebt, den Kopf genau an der Stelle durchlöchert, wo ihn drei Jahre später der Granatsplitter traf«.

Im Jahre 1914, dem Jahr, in dem die beiden beklemmenden Bildnisse des Dichters Apollinaire entstehen, malt de Chirico noch ein drittes Bild mit ähnlichem Sujet. Es trägt den Titel »Das Gehirn des Kindes« und zeigt abermals einen Seher, dessen Augen zum Zeichen seiner Gabe versiegelt sind. Der Titel selbst ist metaphorisch zu verstehen und beschwört gleichfalls ein uraltes mythisches Motiv: Der blinde Seher lebt zurückgezogen in einer Traumwelt und nähert sich damit dem Bewußtseinszustand eines Kindes an, das sich gleichsam noch halb »im Schlaf« befindet, auf der »der Welt abgewandten Seite« und noch nahe den Ursprüngen…

In einem ungefähr um die gleiche Zeit wie diese Bilder entstandenen Aufsatz mit dem Titel »Das Mysterium der Kreation« nimmt de Chirico selbst zu diesem Thema Stellung. Er schreibt: »Das große Kunstwerk bewirkt der Künstler in den tiefsten Tiefen seines Seins. Dorthin dringt kein Rauschen des Flusses, kein Gesang der Vögel, kein Rascheln der Blätter. Was ich höre, gilt nichts. Es gibt nichts, das meine Augen öffnet und meinen Blick schärft …«

In einem Text von 1912 ist der Maler noch deutlicher, denn er bekennt: »Was ich höre, bedeutet mir nichts. Nur das zählt, was unsere offenen Augen sehen – oder noch mehr die *geschlossenen*«.

Daß der *Seher* aus einer Dimension des Geistes schöpft, die dem Kosmos des Kindes verwandt ist und von der sich die Erwachsenen entfremdet haben, geht, wie bereits angedeutet, ebenfalls auf ein uraltes mythisches Motiv zurück und wird christlicherseits zur Idee von der »Einfalt des Herzens« – einem Charakteristikum des wahren Heiligen – umgedeutet.

Seit der Romantik verbindet sich diese Vorstellung sehr oft mit einem weiteren Mythos: dem Mythos vom Ursprung der künstlerischen Kreativität. In großem Maßstab kommt das Motiv schließlich zu Beginn des 20. Jahrhunderts wieder zur Geltung, und zwar vor allem in den zeitgenössischen psychologischen und ethnologischen Klischees von der »primitiven Mentalität« und von der Verwandtschaft des »Seelenlebens der Wilden« mit dem »Seelenleben des Kindes«. Diesen Vorstellungen zufolge wiederholt sich in jedem Individuum auf »ontogenetischer« Ebene noch einmal der »phylogenetische« Prozeß der kollektiven Entwicklungsgeschichte des menschlichen Bewußtseins von seinen Ursprüngen angefangen. Mit anderen Worten: in jedem Kinde ist die Archaik, ist sozusagen das »mythische Weltalter« erneut gegenwärtig. Lucien Lévy-Bruhl, der sich auf dieser Grundlage mit der sogenannten »archaischen Mentalität« beschäftigte, prägte die Formel vom »prälogischen Bewußtseinszustand« und von der »participation mystique« – dem soziologischen Äquivalent zu C.G. Jungs Lehre vom »Kollektiven Unbewußten«. Sowohl das Kind als auch der »archaische Mensch« repräsentieren danach sozusagen einen »vorbewußten«, »magischen«, noch ganz aus dem »Unbewußten« schöpfenden Zustand des menschlichen Geistes. In diesem Zusammenhang gewinnt auch die Metapher vom »Paradies der Kindheit« neue Bedeutung: Die Kinder und die sogenannten »Naturvölker« – die »Wilden« – leben gleichsam in einer »paradiesischen Urzeit« – in paradiesischer Unschuld, der Außenwelt noch abgewandt und noch ganz im Bann der »Archetypen«, in einem Zustand vor dem »Sündenfall« und vor der »Erkenntnis des Guten und Bösen«.
Der »nach innen gerichtete Blick« des Sehers hat teil an diesem magischen Universum des verlorenen Paradieses, in dem die Kinder und die »Wilden« leben. Und hier gewinnt auch die so rätselhafte Metapher der »sich öffnenden Augen« aus der biblischen Überlieferung vom sogenannten Sündenfall eine Aussagekraft, die hinter der scheinbar so harmlosen und unverfänglichen Redeweise das uralte mythische Motiv der »Blindheit« hindurchschimmern läßt: »... Die Schlange sprach zur Frau: ›O nein, auf keinen Fall werdet ihr sterben! Vielmehr weiß Gott, daß euch, sobald ihr davon eßt, *die Augen aufgehen* und ihr wie Gott sein werdet, indem ihr Gutes und Böses erkennt!‹ Da sah die Frau, daß der Baum gut sei zum Essen und eine Lust zum Anschauen und begehrenswert, um weise zu werden. Sie nahm von seiner Frucht, aß und gab auch ihrem Manne neben ihr, und auch er aß. *Da gingen beider Augen auf,* und sie erkannten, daß sie nackt waren« (Gen 3, 4- 7).

Das heißt nichts anderes, als daß das Urmenschenpaar vor dem Sündenfall gleichsam die Augen noch versiegelt hatte; der Blick nahm die Welt noch nicht in Form rationaler Trennungen und Unterscheidungen wahr – Sinnbild und Sehnsuchtsfigur für einen Zustand des Geborgenseins im Ursprung, in der Einheit mit der Natur. Der Sündenfall erst beendet diesen Zustand uranfänglicher Bewußtlosigkeit. Es ist bezeichnend, daß gerade die Mystiker aus den Bildern des Paradiesszenarios schöpfen, um ihr Ziel – die Rückkehr zum Ursprung – zu veranschaulichen. Wir hatten schon angedeutet, daß das »Schließen der Augen« für die Mystik aller Richtungen geradezu programmatischen Charakter hat und sogar dem Wort »Mystik« selbst zugrundeliegt. Das Auslöschen des Lichts des Bewußtseins ist die conditio sine qua non für die Rückkehr ins Paradies, für die Wiedervereinigung mit dem Ursprung. Die Lehre des ersten großen Mystikers des Altertums im eigentlichen Sinne des Begriffs, Philon von Alexandria (geboren etwa 25 v.Chr.), legt dafür in exemplarischer Weise Zeugnis ab. Der große hellenistisch-jüdische Gelehrte schreibt: »Wenn du am Göttlichen teilnehmen willst, so mußt du nicht bloß den Leib, die sinnliche Wahrnehmung und die Sprache verlieren, sondern auch aus dir selbst mußt du in prophetischer Begeisterung, in einer Art korybantischem Wahnsinn heraustreten; es muß dir sein wie einem *sprach- und bewußtlosen Kinde*«, und eine andere Stelle besagt: »Wenn der göttliche Wahnsinn prophetischer Begeisterung über den Menschen kommen soll, so muß die Sonne des Bewußtseins in ihm untergehen; das menschliche Licht muß in dem göttlichen verschwinden«. Immer wieder spricht Philon davon, daß die Sinne sich von der Außenwelt abwenden müssen und man statt dessen mit »geistigen Augen« zu sehen lernen soll – anders gesagt: Der Mystiker ist für Philon ein Seher, nur mit dem Unterschied, daß der Mystiker seinen Blick weder auf die Vergangenheit noch auf die Zukunft richtet, sondern einzig auf die Ewigkeit.

Die Leiden des Schamanen

13. Das Gleichgewicht des Universums

In archaischen Kulturen (bei den Jägern und Wildbeutern) wird die mystische Erfahrung am authentischsten durch den Schamanen repräsentiert, nur mit dem Unterschied, daß der Mystiker allem voran sein eigenes Heil zu verwirklichen sucht, während der Schamane im Dienste der Gesellschaft, als Mittler zwischen den Menschen und den Mächten, tätig ist. Das Wort »Schamane« ist tungusischen Ursprungs; bei den Copper-Eskimos etwa lautet die Bezeichnung für den Schamanen *elik* – das bedeutet soviel wie »der, der Augen hat« und bezieht sich auf die visionären und »hellseherischen« Fähigkeiten, über die ein Schamane verfügen muß. Bei anderen Völkern wird die Sehergabe des Schamanen mit dem Ausdruck umschrieben: »er vermag mit *geschlossenen* Augen zu sehen«, was wiederum an den nach innen gerichteten Blick der Seher und Mystiker gemahnt (»Mystik« kommt von griechisch »myein«; das bedeutet: »die Augen schließen«). Eine bei den Völkern Sibiriens häufig benutzte Umschreibung für die übernatürlichen Fähigkeiten des Schamanen lautet: »dreißig Werst weit sehen« – eine unglaubliche Entfernung! Analog zu diesem Bild vom ungeheuer weit reichenden Blick findet man auch die aus unseren Volksmärchen vertraute Vorstellung von den »Siebenmeilenstiefeln« in mannigfachen Variationen wieder. Doch bleiben wir zunächst beim übernatürlichen Blick des Schamanen. Von den Eskimo-Schamanen heißt es zum Beispiel: »... sie sehen sehr weit, durch die Berge hindurch, gerade wie wenn die Erde eine große Ebene wäre, und ihre Augen berühren die Grenzen der Erde ...«[1]

Doch genauso, wie der Schamane weit entfernte Dinge und Ereignisse wahrnehmen kann, die dem Auge des Normalsterblichen verborgen sind, dringt sein visionärer Blick auch in die Welt der Geister und der Toten ein, was von den Eskimos etwa mit folgenden Worten beschrieben wird: »Nichts mehr ist vor ihm verborgen. Er kann nicht nur sehr weit sehen, sondern sogar die entflogenen Seelen entdecken, ob sie in fremden, fernen Gegenden bewacht und verborgen sind ...«[2] Aufgrund dieser Fähigkeiten gelingt es dem Schamanen auch, die von einem bösen Geist geraubte Seele eines Kranken ausfindig zu machen, sie den Händen des Dämons zu entreißen und ihrem Eigentümer zurückzubringen – die Rolle des Schamanen als Krankenheiler hat also gleichfalls seine seherischen Fähigkeiten zur Voraussetzung. Nicht anders verhält es sich bei der Rolle des Schamanen als Seelengeleiter; auch dieser sehr wichtigen Aufgabe kann der Schamane nur kraft seiner Begabung zur »außersinnlichen Wahrnehmung« gerecht werden. Wie sonst könnte er sich denn in der Welt der für normale Augen unsichtbaren Mächte zurechtfinden und die Toten sicher ins Jenseits geleiten? Zu den seherischen Kräften des Schamanen gehört aber selbstverständlich auch der Blick in die Zukunft, also die Kunst, künftige Ereignisse und Schicksale vorherzusehen, sowie die Gabe des »Gedankenlesens«, die es ihm ermöglicht, die geheimsten Gedanken seiner Mitmenschen zu erkennen, auch wenn sie noch so tief im Innern ihres Herzens verborgen sind.

Nun sind diese seherischen Kräfte nicht die einzigen Fähigkeiten, über die der Schamane verfügt. Er versteht auch die Sprache der Tiere und Geister und kann sich mit ihnen verständigen, ja sie gegebenenfalls herbeirufen und ihren Rat erfragen. Auch diese außergewöhnliche Begabung verbindet den Schamanen mit den Sehern, Propheten, Weisen und Mystikern vieler anderer Völker und Kulturen. So verstand der mythische griechische Seher *Melampus* der Überlieferung nach die Sprache der Vögel und anderer Tiere. Auch vom heiligen Franz von Assisi weiß die fromme Legende ähnliches zu berichten, nämlich daß er »mit den Vögeln und dem Vieh« gesprochen habe. Daß sich Wahrsager und Propheten ihre Botschaften oftmals von Vögeln (zum Beispiel von Raben) einflüstern lassen, ist allgemein bekannt – weniger bekannt ist jedoch, daß in solchen Motiven ältestes schamanistisches Gedankengut gegenwärtig ist. Man könnte auch das charismatische »Zungenreden«, die sogenannte »Glossolalie«, in diese Aufzählung miteinbeziehen. Doch was in schamanistischen Kulturen unter »Geistersprache« verstanden wird, geht über das Phänomen der ekstatischen Redeweise oder der »weissagenden Tiere« noch weit hinaus. Hier kennt man nämlich eine regelrechte »Geistersprache« mit eigenen Wörtern, Metaphern und Redewendungen, die mit der normalen Alltagssprache überhaupt nichts zu tun hat. Bei einigen Völkern ist diese »Geistersprache« mitunter sogar zu einer regelrechten »Parasprache« neben der im täglichen Leben benutzten Sprache vervollkommnet worden: Für beinahe jedes Ding und jede Erscheinung gibt es neben seiner Bezeichnung in der Sprache des Alltags

noch ein entsprechendes Wort in der »Geistersprache«, das jedoch nur Eingeweihten bekannt und dessen Gebrauch für profane Zwecke verboten ist.
Kommen wir nun zu der Rolle des Schamanen als Mittler zwischen den Menschen und den Mächten. Knud Rasmussen, ein dänischer Forschungsreisender, der sich – selbst mütterlicherseits von grönländischen Eskimos abstammend – der Erforschung der Eskimokultur verschrieben hatte und insbesondere dem Phänomen des Schamanismus nachgegangen war, zitiert in seinem Buch »Thulefahrt« aus dem Jahre 1926 die Aussage eines Eskimo-Schamanen, die da lautet: »Die Alten opferten sich um des *Gleichgewichts im Universum* willen«. Mit den besagten »Alten« sind die Schamanenvorfahren gemeint. Was den Ausdruck »Gleichgewicht im Universum« betrifft, so bezieht er sich zwar ganz allgemein auf die kosmische Ordnung, im engeren Sinn jedoch auf das Verhältnis zwischen den Menschen und den übernatürlichen Mächten. Dieses Gleichgewicht kann zum Beispiel durch ein Fehlverhalten der Menschen – etwa durch einen Frevel oder Tabu-Bruch oder durch die Mißachtung ritueller Vorschriften – so gestört werden, daß die Jagdtiere ausbleiben und Hungersnöte drohen, Krankheiten, Seuchen und Epidemien auftreten oder sich Naturkatastrophen ereignen, weil die für den geregelten Ablauf aller Vorgänge im Universum verantwortlichen Mächte beleidigt wurden und zürnen oder so geschwächt worden sind, daß sie ihrer Aufgabe, für die kosmische Ordnung zu sorgen, nicht mehr gerecht werden können. In solchen Krisenzeiten wird der Schamane zu Hilfe gerufen und beauftragt, eine sogenannte »Welterneuerungszeremonie« durchzuführen, um das gestörte Gleichgewicht wiederherzustellen. Nicht selten muß der Schamane im Rahmen einer solchen Zeremonie eine ekstatische Jenseitsreise unternehmen, und zwar zu denjenigen Mächten, die für das eingetretene Verhängnis verantwortlich sind. Handelt es sich zum Beispiel um das Ausbleiben der lebensnotwendigen Jagdtiere, so führt die Reise den Schamanen zur »Herrin der Tiere«, die ihre Residenz meist in den Tiefen der Erde oder – wie bei den Eskimos – auf dem Grunde des Meeres hat. Auf Grönland trägt diese »Herrin der Tiere« den Namen »Arnarquashaaq« (»das alte Weib«), auf Baffinland »Sedna« (»die in der Meerestiefe wohnt«), und bei anderen Eskimovölkern wiederum wird sie zärtlich als »die liebe Frau« tituliert.
In seinem Buch »Grönlandsagen«[3] gibt uns Rasmussen den genauen Verlauf einer solchen Jenseitsreise wieder, die unternommen werden mußte, weil plötzlich die Tiere ausblieben und eine Hungersnot drohte.

Vermutlich zürnte die »Herrin der Tiere« den Menschen, weil diese sich – offenbar ohne sich dessen bewußt zu sein – ihr gegenüber eines schweren Vergehens schuldig gemacht hatten. Um den genauen Grund zu erfahren und die erzürnte Herrin wieder zu versöhnen, wandte man sich an den Schamanen und trug ihm auf, das gestörte »Gleichgewicht im Universum« wiederherzustellen. Dieser nahm eine Jenseitsreise vor, indem er sich in Trance versetzte und auf den Grund des Meeres hinabtauchte, um die »Herrin der Tiere« aufzusuchen. Solche Jenseitsreisen im Zustand der Trance entsprechen dem bekannten Schema einer »Trennung der Seele vom Leib«, wobei der Schamane seinen Körper auf Erden zurückläßt, während seine Seele als »Freiseele« – häufig in Tiergestalt: als Rentier, Pferd, Gans, Kranich o.ä. – ausfährt und sich in himmlische oder unterirdische Regionen begibt, in unserem Fall auf den Grund des Meeres. Rasmussens Schilderung einer schamanistischen Jenseitsreise ist auch deshalb für uns so interessant, weil die Störung, die das »Gleichgewicht im Universum« betrifft, als ein Zusammenhang von Schuld und Strafe – Fehlverhalten der Menschen und Rache der beleidigten Gottheit – sichtbar wird. Dem Schamanen kommt dabei die entscheidende Rolle des Mittlers im Dienste einer Wiederversöhnung zwischen den Menschen und den Mächten zu.

Nachdem sich der Schamane in Trance versetzt hat, macht er (bzw. macht seine »Freiseele«) sich augenblicklich auf den Weg hinab in die Tiefe des Meeres, wo die »Herrin der Tiere« ihren Wohnsitz hat. Dabei gilt es, tausend Gefahren zu überstehen, die den Schamanen unterwegs bedrohen: Böse Geister suchen ihm den Weg zu verstellen, schauerliche Abgründe und Höllen tun sich vor ihm auf, und die Geister der Verstorbenen versuchen, sich seiner zu bemächtigen. Das Reich der »Herrin der Tiere« ist dem Reich der Toten eng benachbart, und der Weg, den der Schamane bei seiner Jenseitsreise nehmen muß, ist derselbe, den auch die Totenseelen bei ihrer Reise in die Unterwelt nehmen. Nachdem der Schamane allen Gefahren, die auf ihn lauern, erfolgreich begegnet ist und er sogar das Reich der Toten unbeschadet passiert hat, gelangt er schließlich und endlich zur »Herrin der Tiere«. Sie haust in einer Hütte, die von Seehunden bewacht wird. Gewaltsam verschafft sich der Schamane Zutritt zu ihr und beginnt mit ihr zu kämpfen: Er »packt sie bei den Haaren« und ringt mit ihr solange, bis sie schließlich unterliegt und nachgeben muß. Dann ändert der Schamane schlagartig sein Verhalten: Er sieht, daß die »Herrin der Tiere« über und über mit Schmutz bedeckt ist; auch ihr Haar ist schmutzig und verfilzt. So nähert sich ihr der Schamane, reinigt liebevoll ihren Leib, kämmt und ordnet ihr Haar, kehrt zum Schluß den ganzen Schmutz zusammen und wirft ihn zur Hütte hinaus; und da ereignet sich das eigentliche Wunder: Die unzähligen Schmutzteilchen, die der Schamane vom Leib und vom Haar der »Herrin der Tiere« entfernt hat, verwandeln sich mit einemmal in genau diejenigen Tiere, die verschwunden waren – Seehunde, Eisbären, Polarfüchse, Walrosse, Narwale und alle möglichen Arten von Seevögeln, die nun schnell vom Grund des Meeres zur Wasseroberfläche aufsteigen und auf die Erde zurückkehren, womit auch die Hungersnot ihr Ende nimmt.

Allein diese kurze Beschreibung von den dramatischen Höhepunkten der Reise des Schamanen zur »Herrin der Tiere« läßt erkennen, daß es sich bei der »Erneuerung der Welt«, dem eigentlichen Zweck der schamanistischen Aktivitäten, um ein kathartisches Ritual, eine kultische Reinigung handelt. Das gestörte Gleichgewicht zwischen diesseitiger und jenseitiger Welt, zwischen den Menschen und den Mächten, äußert sich im Versiegen der Fruchtbarkeit und im Ausbleiben der Jagdtiere; diese haben sich nämlich in unzählige Schmutzpartikelchen verwandelt, die den Leib der »Herrin der Tiere« bedecken und ihr Haar verfilzen. Umgekehrt gesagt: Die »Erneuerung der Welt« und die Wiederherstellung des »Gleichgewichts im Universum« bestehen in einer umfassenden *Reinigung* der für die Ordnung im Kosmos verantwortlichen Macht. Deshalb wirkt die Reinigungszeremonie, die der Schamane vornimmt, indem er Haare und Leib der »Herrin der Tiere« liebevoll säubert, wie ein gewaltiger Gegenzauber gegen die erfolgte Verschmutzung. Nur so kann der Bann gebrochen und der Zauber gelöst werden, der die Tiere daran hindert, auf der Erde zu erscheinen. Denn nicht nur, daß der Schmutz auf dem Leib und im Haar der Tierherrin den »Schoß der Fruchtbarkeit« gleichsam versiegelt; der Schmutz selbst ist vielmehr seinem eigentlichen Wesen nach nichts anderes als die ausgebliebene Tierwelt in »gebannter« und »verzauberter« Form und in dieser Gestalt ebensowenig wiederzuerkennen, wie im Märchen vom »Froschkönig« die Königstochter im Frosch den verzauberten Prinzen zu erkennen vermag. Doch der Zusammenhang geht noch tiefer. Es wird sich zeigen, daß die eigentlichen Urheber dieser Verzauberung die Menschen selber sind, denn der »Schmutz« ist zugleich die sichtbare Manifestation des Fehlverhaltens und der Sünden der Menschen, aufgrund derer das Gleichgewicht im Kosmos zerbrochen war. Wie sich noch herausstellen wird, geht es in der Tat um die Mißachtung kultischer Reinheitsvorschriften – das Wort vom »Sündenschmutz« ist keineswegs bloß eine Metapher, sondern verweist auf den Zusammenhang von *»rein«* und *»unrein«* im kultischen Sinne dieses Begriffspaares.

Doch sehen wir uns zum besseren Verständnis dieses ganzen Vorstellungskomplexes zunächst eine weitere Schilderung der Jenseitsreise eines Schamanen an, die anläßlich einer ganz ähnlichen Situation unternommen worden war wie die zuerst beschriebene: Das Jagdwild war ausgeblieben, und das Volk befürchtete eine Hungersnot. Diesmal geht es um die Jenseitsreise eines Schamanen der Iglulik-Eskimos zu *Takanakapsaluk*, der dortigen »Herrin der Tiere«, die gleichfalls auf dem Grund des Meeres wohnt. Unsere Quelle ist diesmal ein anderes Werk des Forschers Knud Rasmussen, betitelt: »Intellectual Culture of the Iglulik-Eskimos«.[4] Da heißt es zum Beispiel:

»Wenn die Göttin (gemeint ist die »Herrin der Tiere«) den Menschen zürnt, erhebt sich eine gewaltige Mauer vor ihrem Haus. Der Schamane muß diese Mauer mit seiner Schulter niederstoßen. Es gibt Leute, die sagen, das Haus von Takanakapsaluk besitze kein Dach, damit die Göttin von ihrer Feuerstelle aus die Taten der Menschen besser sehen könne. Rechts von der Feuerstelle befindet sich ein Teich, und darin tummeln sich alle Arten von Meerestieren (die von der zürnenden Göttin zurückgehalten werden). Ihre Schreie und ihr Schnaufen kann man deutlich hören. Das Gesicht der Göttin ist völlig von ihren Haaren verhangen. Sie selbst ist vollkommen ungepflegt und über und über mit Schmutz bedeckt. *Die Sünden der Menschen haben sie fast krank gemacht.* Nun muß sich der Schamane Takanakapsaluk nähern, sie bei den Schultern fassen und ihr Haar kämmen (die Göttin selbst hat nämlich keine Finger und kann sich deshalb nicht selber kämmen!).

Während der Schamane Takanakapsaluks Haar kämmt, erzählt er ihr, daß die Menschen keine Robben mehr haben, und die Göttin gibt ihm in der Geistersprache zur Antwort: ›Die heimlichen Fehlgeburten der Frauen und die Tabu-Verletzungen, die durch Essen von gekochtem Fleisch begangen wurden, haben den Tieren den Weg versperrt‹. Nun muß der Schamane alles tun, was in seiner Macht steht, um die Göttin wieder zu besänftigen. Gelingt dies, so öffnet Takanakapsaluk den Teich und läßt die Tiere frei …«

Die Teilnehmer an dieser schamanistischen Séance, die die ganze Zeit über den wie erstarrt daliegenden Körper des Schamanen umstanden hatten und nun auf seine Rückkehr aus dem Jenseits warten, verfolgen mit gespannter Aufmerksamkeit das Verhalten des Schamanen im Zustand der Trance und registrieren sorgfältig jeden Laut, den der Schamane ausstößt. Solch pantomimische Effekte gehören zur Inszenierung einer schamanistischen Séance, so daß die Umstehenden über die jeweiligen Etappen der Jenseitsreise des Schamanen und über die wichtigsten Geschehnisse unterrichtet sind und die Abenteuer des Schamanen sozusagen aus der Ferne mitverfolgen können. So hören die Anwesenden zum Beispiel auch, wenn sich die Tiere auf dem Meeresgrund bewegen und nach ihrer Freilassung wieder der Wasseroberfläche zustreben. Wenig später hört man dann auch das keuchende Atmen des Schamanen, wenn er aus dem Meere auftaucht. Nun dauert es nicht mehr lange, bis er aus seiner Trance erwacht und den gespannt wartenden Teilnehmern der Séance das Ergebnis seiner Reise zur »Herrin der Tiere« verkündet. Nach längerem Schweigen hebt der Schamane plötzlich zu sprechen an: »›Ich habe euch etwas mitzuteilen!‹, und alle antworten: ›Laßt uns hören! Laßt uns hören!‹, woraufhin der Schamane in der Geistersprache das Bekenntnis der Sünden verlangt. Da bekennen alle, einer nach dem anderen, ihre verheimlichten Fehlgeburten und ihre Tabuverletzungen, und sie bereuen …«

Es gibt außer den in Rasmussens Schilderung genannten Vergehen und Tabuverletzungen (Verheimlichung von Fehlgeburten, Essen von gekochtem Fleisch) auch noch andere Übertretungen mit ähnlich verhängnisvollen Folgen für das Volk der Eskimos. An erster Stelle steht hierbei die Mißachtung der mit der Menstruation verbundenen Tabus, denn die Frau gilt während der Zeit ihrer Regelblutung als unrein. Einige Forscher gingen sogar so weit, daß sie in der über und über mit Schmutz bedeckten »Herrin der Tiere« den mythischen Prototyp der menstruierenden und mithin unreinen Frau erkennen wollten. Wie dem auch sei, eines steht zumindest fest: Jedwede Unreinheit, im kultischen Sinne verstanden, birgt die Gefahr in sich, daß die Jagdtiere nicht mehr auf die Erde gelangen und damit die Nahrungsquellen versiegen – eine Vorstellung, die im übrigen keineswegs auf die Eskimo-Kulturen begrenzt ist, sondern bei allen Jägervölkern der Welt eine Rolle spielt. Ausdruck dieser von der Unreinheit ausgehenden Gefährdung sind zum einen das *Tabu* und zum anderen dessen verinnerlichte Entsprechung: das *Sündenbewußtsein*. Dieser Logik gemäß sind »Schuld« und »Sünde« wiederum nichts anderes als »verinnerlichter Schmutz« (so wie man allgemein vom Sünder als dem »Unreinen« spricht), und umgekehrt ist das öffentliche Sündenbekenntnis, zu dem der Schamane seine Landsleute auffordert, als eine »Reinigungszeremonie« zu verstehen, mit der das Reinigen des Leibes

Venus mit zwei Nymphen beim magischen Flechten und Ordnen der Haare. Coventina's Well. High Rochester (England). 2./3. Jh. n. Chr.

von Takanakapsaluk und das Kämmen ihrer Haare seine logische Fortsetzung findet.
Es wäre reizvoll, einmal vor diesem Hintergrund alle Spielarten des »magischen Kämmens« miteinander zu vergleichen, die in den Mythen oder im Kult eine Rolle spielen. Am vertrautesten ist uns das Bild der Loreley, einer Flußnymphe, die der bekannten Sage zufolge auf ihrem Felsen am Rheinufer sitzend ihr »goldenes Haar« kämmt. Auch ihr griechisches Gegenstück, die Sirenen, sowie Aphrodite wie auch die römische Liebesgöttin Venus werden gelegentlich in dieser Pose des »magischen Kämmens« dargestellt. Ob von hier eine Spur zur uralten jägerischen »Herrin der Tiere« führt, wissen wir freilich nicht. Eine kathartische Bedeutung des rituellen Kämmens ist jedoch keineswegs ausgeschlossen – weder bei Loreley noch bei Venus. Im Gegenteil – besonders für eine Liebes- und Fruchtbarkeitsgöttin wie Venus wäre an einen solchen Zusammenhang zu denken, da sich ja auch im Falle der Eskimogöttin Takanakapsaluk der kathartische Aspekt mit dem der Fruchtbarkeit verbindet, denn, wie erwähnt, bildet hier das »magische Kämmen« durch den Schamanen die Voraussetzung dafür, daß die Tiere freikommen und dadurch das Leben auf Erden wieder ermöglicht wird. Anders steht es um das – ohne Zweifel gleichfalls rituelle – Streichen und Kämmen der Bärte, das die Priester der orthodoxen Kirche gelegentlich während der Liturgie vornehmen. Auch hier könnten ursprünglich kathartische Vorstellungen zugrundeliegen – beweisen läßt sich dies freilich nicht. Dagegen dürfte die kathartische Bedeutung beim rituellen Kämmen, »Entlausen«, Flechten und Ordnen der Haare, wie es die Frauen untereinander und Frauen an Kindern bei vielen afrikanischen Völkern vornehmen, gesichert sein.
Bliebe noch zu erwähnen, daß der im frühen Griechenland weit verbreitete Typus des »Reinigungspriesters« und »Wundermannes« durchaus die Züge eines Schamanen trägt. Vertreter dieses Typus zogen noch im 6. vorchristlichen Jahrhundert scharenweise von Ort zu Ort, reinigend, entsühnend und weissagend, wobei eine enge Verwandtschaft dieser Weisen vom schamanischen Typus mit den frühen griechischen Philosophen unverkennbar ist. Zu solchen schamanischen Gestalten zählen Gestalten des Mythos und der Sage ebenso wie historische: der thrakische Sänger und »Vates Apollineus« Orpheus; Aristeas von Prokonnesos, jener halblegendäre Verfasser eines verlorengegangenen Epos von unverkennbar schamanischem Charakter, der »Arimaspeia«; Abaris, der Priester des »hyperboreischen Apollon«, der in der Pythagoras-Legende eine

wichtige Rolle spielt; Zalmoxis, der thrakische Mysterienstifter; Empedokles, der in orphisch-pythagoreischer Tradition lehrende Philosoph; Epimenides aus Kreta, Hermotimos von Klazomenai, der Pamphylier Er aus Platons »Politeia« und zahlreiche andere. Ob auch die sogenannten »kapnobatai«, die »Wolkengänger« oder »Rauchgänger«, dieser Gruppe zuzurechnen sind, muß weiter offen bleiben. Ihre von den Griechen geprägte Bezeichnung wird jedenfalls von der Mehrzahl der Forscher mit magischen Entrückungszuständen und Seelenreisen schamanischer Prägung in Verbindung gebracht.
Wir wollen es, was das Phänomen eines frühgriechischen »Schamanismus« betrifft, bei diesen knappen Andeutungen bewenden lassen. Für unseren Zusammenhang bedeutsamer dagegen erscheint uns die Frage, was – sprich: welche besonders seelische Disposition – den Schamanen eigentlich dazu befähigt, eine so übermenschliche Leistung zu vollbringen, wie sie die »Erneuerung der Welt« und das Wiederbringen der verschwundenen Tiere verlangen, abgesehen von seinen zahlreichen anderen Funktionen als Krankenheiler, Seelengeleiter und »Reinigungspriester«. So wie wir sie gestellt haben, ist diese Frage die Frage nach dem Wesen der »Heiligen Leidenschaften« überhaupt, und mit ihr wollen wir uns im folgenden Abschnitt beschäftigen.

14. Initiationsmartyrien

In Rasmussens Buch »Grönlandsagen«, aus dem wir bereits zitiert haben, bekennt ein Schamane der Eskimos namens Igjugarjuk folgendes: »Alle wahre Weisheit findet man nur fern von den Menschen, draußen in der großen Einsamkeit, und sie kann nur erlangt werden durch *Leiden.* Entbehrungen und Leiden sind das einzige, was den Sinn eines Menschen für das öffnen kann, was den anderen verborgen ist.«
Wir hatten in unserem Kapitel über den »geblendeten Seher« bereits auf den engen inneren Zusammenhang zwischen »Strafe« und »Erwählung«, Opfer und Erhöhung, Stigma und Auszeichnung hingewiesen; eine ähnliche Beziehung scheint auch für den vorliegenden Fall zu gelten, und der Eskimo-Schamane drückt es ja wörtlich aus: Entbehrungen und Leiden sind es, die den Sinn für das Verborgene öffnen. Die Tungusen, ein sibirisches Volk, berichten: »Ehe ein Mann Schamane wird, ist er lange krank. Sein Verstand verwirrt sich. Die Schamanenvorfahrengeister seiner

Sippe kommen; sie zerhacken ihn, zerreißen ihn, schneiden sein Fleisch in Stücke, trinken sein Blut. Sie schneiden seinen Kopf ab und werfen ihn in den Ofen ...«[1] Dort wird sein Schädel von den Geistern gehämmert und geglüht; die übrigen Teile seines Leibes werden zerbrochen und aufgelöst und anschließend dem künftigen Schamanen aus den Elementen seines alten, zerbrochenen Leibes ein neuer, mystischer Leib, gleichsam ein »Geisterleib« geschmiedet, der seinem neuen Status besser gerecht wird als der vormalige »profane« Leib.

In fast allen Berichten über die Initiation des Schamanen treffen wir die gleichen Motive an: Der Leib des Schamanennovizen wird zerbrochen, zerstückelt, zerschnitten, in seine Elemente aufgelöst, ins Feuer geworfen, geglüht, gekocht und vollständig umgeschmiedet; bei manchen schamanistischen Völkern (beispielsweise bei den Ammasilik-Eskimos) wird der künftige Schamane von einem wilden Tier (z.B. einem weißen Bären) verschlungen, auf sein Skelett reduziert und in verwandelter Form wieder ausgespien. Ganz gleich, welche Motive vorherrschen – in jedem Fall wird der zukünftige Schamane bei seiner Einweihung einer regelrechten »Initiationsfolter« unterworfen. Er erleidet Martern und Torturen aller Art, ja man kann sagen: er *stirbt* in seiner vormaligen Seinsweise, um verwandelt zu werden und in neuer, transfigurierter Gestalt wiederaufzuerstehen. Nach seiner Wiederauferstehung ist der Schamane mit all jenen außerordentlichen Fähigkeiten begabt, über die er verfügen muß, um sein schwieriges Amt ausüben zu können: die Fähigkeit, sich nach Belieben in Trance zu versetzen, seinen Körper zu verlassen und eine Himmelsreise anzutreten, in die Welt der unsichtbaren Mächte – der Geister, Dämonen und Toten – einzudringen, die Seelen der Verstorbenen ins Jenseits zu geleiten oder die von irgendwelchen Krankheitsdämonen geraubten Seelen zurückzuholen und ihren Besitzern wiederzubringen usw. ...

Nehmen wir zur Veranschaulichung einen weiteren Bericht zur Hand: die Schilderung einer schamanischen Initiation bei den Jakuten, einem anderen sibirischen Volk, so wie sie uns in einem Buch der Forschungsreisenden Adolf Friedrich und Georg Budruss, betitelt »Schamanengeschichten aus Sibirien«[2], überliefert wird. In dieser Schilderung nehmen nicht nur die Geister der Schamanenvorfahren, sondern auch die als böse und gefährlich geltenden Geister der Toten an der Zerstückelung des Schamanenkörpers teil: Die Geister, so heißt es, »haken mit eisernen Haken ein, zerreißen und zerlegen alle Gelenke und reinigen die Knochen, indem sie das Fleisch auskratzen und die Säfte des Körpers entfernen.

Sie nehmen beide Augen aus den Höhlen und legen sie gesondert hin. Darauf vereinigen sie die Knochen von neuem und nähen sie mit Eisendraht zusammen. Die Augäpfel legen sie an ihren Platz zurück. Erst nach all diesem verwandeln ihn die Geister in einen Schamanen«. Im Anschluß daran wird eine regelrechte »Geisterkommunion« beschrieben. Denn es heißt, daß der Schamane später nur Macht über diejenigen Geister besitzen wird, die vom Fleisch seines zerstückelten Körpers gegessen haben. Genauer gesagt: »Den Geistern jeder Art von Schaden und Unglück gehören die entsprechenden Teile des Körpers, deren Erkrankung die betreffenden Geister verursachen«. Diese als böse geltenden Geister der Verstorbenen, die Krankheit und Unglück jeglicher Art verursachen, heißen *üörs*. Diese sind es, die vom zerstückelten Leib des Schamanen essen, wobei aber sorgfältig darauf geachtet werden muß, daß der Schamanenkörper in genausoviele Stückchen zerhauen wird, wie es Geister gibt, die an dieser »Kommunion« teilnehmen – dem Bericht nach handelt es sich um insgesamt »dreimal neun üörs«, unter die das Fleisch des Schamanen verteilt wird. Denn der Leib des Schamanen muß für sämtliche bösen Geister ausreichen. »Dann wird der Schamane alle Wege wissen, die Pfade aller Geister, die Krankheiten verursachen, und wird bei allen Erkrankungen nützlich wirken. Wenn aber sein Körper bei der Teilung nicht ausreicht und Geister ohne Anteil übrigbleiben, dann wird er diejenigen Krankheiten nicht heilen können, die von diesen üörs verursacht werden«.

Das Initiationsmartyrium vollzieht sich im allgemeinen – so wie in den hier wiedergegebenen Schilderungen – im Zustand der Trance. Während der Schamane in seiner Trance verharrt, liegt sein Körper oft tagelang in einer todesähnlichen Starre da, ohne die geringsten Lebensäußerungen von sich zu geben. Es gibt auch Sagen, in denen erzählt wird, man habe den in solch totengleicher Starre daliegenden Körper tatsächlich für tot gehalten und versehentlich bestattet. Das erinnert an die berühmte griechische Sage von Hermotimos, dem »Schamanen« aus Klazomenai, dessen Seele in Gestalt eines Raben den Körper verlassen konnte und sich oft tagelang in jenseitigen Welten aufhielt. Eines Tages geschah es dann, daß seine Feinde den wie tot daliegenden Körper aufnahmen und verbrannten, so daß seine Seele nie wieder zurückkehren konnte …

Wenn der Schamane aus seiner Trance wieder erwacht, ist er ein *anderer* geworden. Er berichtet den Umstehenden von den Torturen und Martern, die die Geister an ihm vorgenommen haben. Manche Schamanen erzählen, während der Initiation habe ihre Seele im Himmel verweilt und von dort oben all den Martern zugesehen, denen ihr Leib unterworfen war. Oft fällt die initiatische Erfahrung mit dem Erlebnis der allerersten Ekstase überhaupt zusammen. Diese allererste Ekstase ist leidvoll, denn hier erfährt sich der Schamane ja als *Opfer* der Geister, die er später beherrscht, wenn sein eigener Leib selbst zu einem Geisterleib umgewandelt worden ist.

Bei manchen Völkern vollzieht sich die Initiation des Schamanen nicht in der Trance, sondern wird als öffentliches Ritual inszeniert, wobei der Symbolismus von Zerstückelung, Auflösung und Tod dann aber in entsprechend abgemilderten Formen gegenwärtig ist. Im allgemeinen entspricht die Dramaturgie der Einweihung in solchen Fällen dem üblichen Szenario initiatischer Bewährungsproben: schmerzhafte Eingriffe in bestimmte Bereiche des Organismus, Tabakrauchen, Gebrauch von Narkotika, Ertragen von großer Hitze und großer Kälte, Tanzen auf messerscharfen Metallplatten, Laufen über glühende Kohlen, Baden in eisigen Flüssen, Feuerschlucken usw. Damit einher gehen häufig auch bis hin zur Omophagie (griechisch für den Ritus des »Rohfleischessens«) und zum Trinken von Blut reichende Opferpraktiken. Die meisten der genannten Motive gehören zu dem umfangreichen Komplex der Umwandlung des profanen, »menschlichen« Leibes des künftigen Schamanen in einen »Geisterleib«, der über die Gefährdung und Verletzlichkeit des natürlichen Leibes genauso erhaben ist, wie der Schamane über die Natur erhaben sein soll. Andere Riten wiederum sind Besessenheitsriten, bei denen der Novize selbst zur Manifestation des einweihenden Geistes wird und wie dieser handelt. Die theatralischen Aspekte solcher Inszenierungen sind unverkennbar. Sie bezeugen Gemeinsamkeiten, die ja in ähnlicher Form auch für die Wurzeln des griechischen Theaters im dionysischen Ritual oder den Ursprung des japanischen No-Spiels im ekstatischen Tanz der Ame No-Uzume geltend gemacht worden sind.

Vergleicht man die Foltern und Torturen, die der Schamane in seiner initiatischen Trance erfährt, mit den eher spektakulären »Mutproben«, die im Ritual eine Rolle spielen, so fällt ein wesentlicher Unterschied sofort ins Auge: Im ersten Fall erfährt sich der Schamane als Opfer der Geister, im zweiten dagegen als Herr über die Natur und über das Schicksal.

Das Initiationsmartyrium, dem der künftige Schamane in der Trance unterworfen wird, entspricht in sämtlichen Einzelheiten dem klassischen Schema aller Initiationsriten: Zerstückeln und Wiederzusammenfügen, Auflösung und Erneuerung, Tod und Wiedergeburt. Im Ritual hingegen tritt der werdende Schamane vor allem als »Magier« und »Zauberkünstler« in Erscheinung. Indem er in der Ekstase über aufgespannte Seile tanzt, sich durch die Luft wirbeln läßt, glühende Kohlen anfaßt, durchs Feuer springt oder über scharf geschliffene Schwertklingen läuft, bekundet er seine Meisterschaft über elementare Naturgewalten: Erhaben über Feuer und Eis wie über die Schwerkraft, gefeit und unverwundbar geworden, gibt sich der Schamane bereits in seiner neuen Seinsweise zu erkennen, ausgestattet mit jenen magischen Fähigkeiten, die ihm die Ausübung seiner Rolle als Mittler zwischen der irdischen und der übernatürlichen Welt, zwischen Menschen und Mächten, Lebenden und Toten überhaupt erst ermöglichen. Doch die Initiation ist selbst schon der zweite Akt im Drama der Schamanenwerdung. Der Leidensweg des künftigen Schamanen beginnt in Wahrheit schon viel früher – dann nämlich, wenn sich die ersten Anzeichen seiner späteren Berufung bemerkbar machen.

In unserem Kapitel über den »geblendeten Seher« hatten wir ausführlich den Doppelcharakter der Berufung und Erwählung durch die Gottheit hervorgehoben. Der künftige Heilige, Seher, Prophet oder Schamane, dem die Gnade einer solchen Berufung zuteil wird, empfindet sie selbst beileibe nicht als Auszeichnung, sondern eher als ein »Gezeichnet-Werden«, als »Stigmatisierung«. Daher erklärt sich auch, warum die Erwählten sich zunächst gegen diese zweifelhafte Auszeichnung mit aller Kraft sträuben, obgleich sich ihr Schicksal schließlich als unentrinnbar erweist. Die vergebliche Flucht vor dem gebieterischen Anruf durch die Gottheit, das verzweifelte Bemühen, sich dem göttlichen Auftrag zu entziehen, gehört zum unverzichtbaren Bestand jeglicher Hagiographie, ganz gleich, ob es sich um die Propheten des Alten Testaments, um christliche Heilige oder – wie in unserem Fall – um Schamanen handelt. Oft hat die Erwählung den Charakter der Strafe. Die »Leiden des Gerechten« sind geradezu religionswissenschaftliches Klischee und besonders eindrucksvoll im Buch »Hiob« thematisiert worden. Ähnlich verhält es sich mit der »Morphologie der Erwählung« im Falle der Schamanen. Sie äußert sich zumeist in Formen von pathogenem Charakter und läßt in vielerlei Hinsicht an den Beginn einer geistigen Umnachtung denken.
So wird bei den Völkern Sibiriens der künftige Schamane plötzlich von Visionen gequält, die bis zu regelrechten Heimsuchungen gehen können. In manchen Fällen verliert er sogar vorübergehend das Bewußtsein, erlebt Phasen zeitweiliger geistiger Absence, halluziniert oder wird durch Wach-

Schamane im Zustand der Trance

träume verwirrt und benimmt sich auch nach außen hin wie ein Geisteskranker: lacht oder singt unmotiviert, stammelt unverständliche Laute, ja wird tobsüchtig, schlägt um sich und gebärdet sich wie ein wildes Tier. Konvulsivische Zuckungen und epilepsieähnliche Anfälle (»morbus sacer«!) begleiten diese manischen oder hysterischen Verhaltensweisen. Nicht zu unrecht spricht man daher auch in diesem Zusammenhang von »Berufungskrankheiten«. Diese umfassen ein breites Spektrum von »pathogenen« Symptomen. Zu den charakteristischsten Kennzeichen, mit denen sich eine Berufung ankündigt, gehören zum Beispiel Fieber, Krämpfe und die bereits genannten motorischen Störungen: plötzliche heftige Zuckungen, kataleptische oder epilepsieähnliche Anfälle sowie Anfälle von Hysterie und Tobsucht – mit einem Wort: Zustände, deren phänomenologische Verwandtschaft mit Formen der Ekstase und der Besessenheit unverkennbar ist. Hierzu gesellen sich jene Symptome, die in ihren ritualisierten Formen zu den wichtigsten Merkmalen des Lebenswandels aller Asketen, Heiligen, Mystiker und Mönche in West und Ost gehören, nämlich Verweigerung der Nahrungsaufnahme und Schlaflosigkeit (ritualisiert: Fasten und Schlafentzug). Beides leistet in besonderem Maße einer bestimmten Disposition Vorschub, bei der die Empfänglichkeit für Visionen, Halluzinationen und Entrückungszustände extrem erhöht ist. Damit einher geht das immer stärker werdende Bedürfnis des künftigen Schamanen nach Einsamkeit und Abkapselung: Er wird plötzlich sonderbar, meidet die Gesellschaft, wird immer stärker in sich gekehrt, wird träumerisch und halluziniert und flieht in die Einsamkeit. Plätze fern von jeglicher Zivilisation sind seine bevorzugten Aufenthaltsorte. Der Flucht des werdenden Schamanen in die Wildnis entspricht eine immer stärkere Verwilderung, was sein Äußeres wie auch seine gesamte Lebensweise betrifft: Er ernährt sich von Wurzeln und Baumrinde oder vom rohen Fleisch wilder Tiere, die er mit den bloßen Händen und Zähnen erlegt. Kehrt er dann irgendwann einmal ins Dorf zurück, so ist er selbst zu einem »Wilden«, ja fast zu einem Tier geworden: völlig verwahrlost, mit zerfetzten Kleidern, blutend und über und über mit Schmutz bedeckt. Diesen regressiven Formen entspricht auch ein vorübergehender Verlust der Sprache; erst nach längerer Zeit beginnt dann der künftige Schamane unzusammenhängende Worte zu stammeln.

Die beschriebenen Details gehören sozusagen zum Standardrepertoire jener Kennzeichen, die typisch sind für die Berufung zum Schamanen und von den Angehörigen sibirischer Völker fast gleichlautend immer und immer wieder genannt werden. Bei den Burjaten und bei den Eskimos kommen noch einige Besonderheiten hinzu, die als Kennzeichen der Erwählung gelten – so beispielsweise, wenn jemand, ohne Schaden zu nehmen, eine lebensgefährliche Situation überstanden hat – etwa eine Naturkatastrophe, einen Unfall oder eine schwere Krankheit. Unter all diesen Möglichkeiten ist wiederum die »Erwählung durch einen Blitzschlag« von ganz besonderer Aussagekraft. Vom Blitz getroffen zu werden und dennoch zu überleben, gilt nicht nur bei den Jägervölkern Sibiriens und der Arktis als untrügliches Kennzeichen von Erwählung, sondern hatte diesen Nimbus auch bei den Völkern der Alten Welt. In den Legenden von der wunderbaren Geburt göttlicher Kinder, Heroen, Heilbringer und Könige etwa kommt dieses Motiv des öfteren vor: Das göttliche Kind wird vom Blitz getroffen und überlebt, was die Göttlichkeit des Kindes vor aller Welt bezeugt.

Über seine Bedeutung als Kennzeichen der Erwählung hinaus ist der Blitz auch Metapher für »Wandlung«, »Erleuchtung« und »Eingebung«. Er bezeichnet den schöpferischen Zufall ebenso wie das Schockerlebnis (»Blitz aus heiterem Himmel«) und ist das wohl am häufigsten verwendete Bild für die zentrale Erfahrung aller Mystiker. Nicht zufällig ist in der Sprache der Mystik immer wieder vom »Blitz«, vom »göttlichen Funken« oder vom »Fünklein« die Rede. Oft spielt der Blitz als Motiv, das die Epiphanie des Göttlichen beschreibt, eine Rolle. So bittet dem berühmten orphischen Mythos zufolge Semele ihren Geliebten Zeus, von dem sie den Dionysos empfangen hat, er möge sich ihr in seiner wahren Gestalt zeigen. Zeus gewährt ihr diese Bitte und erscheint in seiner wahren Gestalt als Blitz, in dessen Feuer die Geliebte verglüht. Offenbarungsempfang ist ebenfalls oft mit dem Bild des Blitzes verbunden, aber auch in den Konversionserlebnissen großer Heiliger kann der Augenblick, in dem sich die Wandlung vollzieht, mit Hilfe von »Blitz«-Metaphern beschrieben werden, zumal dann, wenn sich im Ereignis der Konversion der strafende Aspekt des Blitzschlags mit dem Aspekt der Erleuchtung verbindet, wie im Konversionserlebnis des Christenverfolgers Saulus, der unweit von Damaskus plötzlich wie vom Blitz gefällt zu Boden stürzt und während seiner Ohnmacht die entscheidende Vision erfährt, die ihn zum Paulus wandelt. Das *Erscheinen* eines Gottes kann ebenso von Blitz und Donner begleitet sein wie der *Tod* eines Gottes. Die berühmte Kreuzigung Christi, die El Greco vor dem Hintergrund der Stadt Toledo malt, zeigt einen apokalyptisch verdunkelten Himmel, der von grellen Blitzen durchzuckt wird. Schließlich sei auch noch auf das alttestamentliche Drama vom Engelsturz hingewiesen: Von Luzifer heißt es nämlich, er sei wie ein Blitz aus dem Himmel gestürzt. Und die Verkörperungen der widergöttlichen Mächte nach orphisch-griechischer Überlieferung, die Titanen, werden zur Strafe für ihren Mord an Dionysos vom Blitz des Zeus zu Asche verbrannt.

Wenden wir uns nun wieder dem schamanistischen Kulturkreis zu. In seinem Standardwerk über »Schamanismus und archaische Ekstasetechniken« gibt Mircea Eliade eine Stelle aus einem Bericht Rasmussens über die Einweihung der Schamanen bei den Eskimos wieder, bei der der entscheidende Augenblick der Wandlung als Vorgang der mystischen Erleuchtung beschrieben und als »Empfangen des Blitzstrahls« bezeichnet wird. Die besagte Stelle lautet: »Am Ende (des mehrstufigen Initiationsrituals) empfängt der Kandidat den ›Blitzstrahl‹ oder die ›Erleuchtung‹ (qaumaneq), und diese entscheidende mystische Erfahrung begründet zugleich eine neue ›Sinnlichkeit‹ und eröffnet dem Schamanen Fähigkeiten außersinnlicher Wahrnehmung. Der Qaumaneq besteht ›in einem geheimnisvollen Licht, welches der Schamane plötzlich in seinem Körper, im Innern seines Kopfes, im Zentrum seines Gehirnes verspürt, eine unerklärliche Leuchte, ein feuriges Licht, das ihn in den Stand setzt, im Dunkeln zu sehen, und zwar im wörtlichen wie im übertragenen Sinne, denn fortan vermag er, auch mit geschlossenen Augen, Finsternisse zu durchschauen und künftige Dinge und Ereignisse, die den anderen Menschen verborgen sind, wahrzunehmen; so kann er ebenso die Zukunft erkennen wie die Geheimnisse der Mitmenschen‹. Wenn der Kandidat zum ersten Mal diese ›Erleuchtung‹ erfährt, ist es, ›wie wenn das Haus, in dem er ist, sich auf einmal in die Höhe heben würde; er sieht sehr weit, durch die Berge hindurch, gerade wie wenn die Erde eine große Ebene wäre, und seine Augen berühren die Grenzen der Erde. Nichts mehr ist vor ihm verborgen. Er kann nicht nur sehr weit sehen, sondern sogar die entflogenen Seelen entdecken, ob sie in fremden, fernen Gegenden bewacht und verborgen sind oder nach oben oder nach unten ins Land der Toten entführen‹«[3]

Die Beschreibung des Qaumaneq als »Blitzstrahl« oder »feuriges Licht«, das der Schamane plötzlich im Innern seines Kopfes verspürt, gleicht fast aufs Haar den Worten und Bildern, mit denen die Mystiker in West und Ost die zentrale mystische Erfahrung ausdrücken, so daß man hierbei von einer Universalie sprechen könnte, die allen mystischen Erfahrungen, ungeachtet des jeweiligen kulturgeschichtlichen und religiösen Rahmens, zugrundeliegt. Auch den griechischen Philosophen sind Illuminationserlebnisse dieser Art keineswegs fremd, im Gegenteil: Platon beschreibt an einer berühmten Stelle in seinem »Siebten Brief« (341 d) die höchste Erfahrung, derer der Philosoph überhaupt teilhaftig werden kann, in ganz ähnlichen Bildern und Metaphern: »Das Höchste der Philosophie ist nicht darstellbar, sondern entsteht in harter Denkarbeit plötzlich als ein *Feuer in der Seele* und nährt sich dann von selbst weiter«. Und im Werk Plotins gibt es sogar mehrere Stellen[4], an denen der Philosoph auf die zentrale mystische Erfahrung der Erleuchtung anspielt: »Man darf dem höheren Licht nicht nachjagen, sondern muß still und geduldig warten, bis es erscheint«. Und wenn dieses Ereignis eintritt, so geschieht dies ohne Vermittlung und Vorbereitung, sondern in Form einer *»plötzlichen Erleuchtung«*.

Meister Eckhart spricht vom »Fünklein«, Buddha von der »Erleuchtung«, die byzantinischen Mystiker des Hesychasmus vom »Taborlicht« – in allen mystischen Schulen und Richtungen der Welt wimmelt es förmlich von Licht-, Blitz- und Feuermetaphern, und immer stehen sie im Zusammenhang mit »Verklärung«, »Vergeistigung«, »Vergöttlichung«[5]. Man könnte eine Phänomenologie der indischen Mystik erarbeiten, die einzig um dieses Motiv zentriert ist. Hier heißt der zentrale Terminus *tapas* (vom indogermanischen Wortstamm »tap-«, was »erhitzen«, »kochen«, »zum Glühen bringen« bedeutet), mit dem sämtliche Formen der Askese bezeichnet werden. Der Asket – der »Tapasvin« – erhält nach altindischer Vorstellung als Krönung seiner Bemühungen, wenn er lange und beharrlich genug »tapas« betrieben hat, vom Feuergott Agni die »Hitze des Kopfes«, von der es heißt, daß sie den Asketen unter anderem zum Hellsehen befähige – das altindische Gegenstück zum »Qaumaneq« der Eskimos also. Nach der mystischen Lehre der Upanishaden geht die Erfahrung des Atman (des wahren Selbst) mit dem Erlebnis des »inneren Lichtes« einher. »Licht« ist im übrigen auch in der indischen Mystik *die* Metapher schlechthin, mit der die Erfahrung der »unio mystica«, der Identität des wahren Selbst (Atman) mit dem göttlichen Absoluten (Brahman) umschrieben wird.

Wenden wir den Blick nach Alt-Iran, so finden wir auch hier die analogen Bilder und Metaphern wieder. In der Religion Zarathustras lautet der zentrale Terminus für das göttliche Licht *Chvaranah* (»Strahlenglanz«). »Chvaranah« ist der Inbegriff der göttlichen Substanz, sozusagen der »Lichtleib« der Gottheit. An der Spitze aller himmlischen Wesen steht Ahura Mazda, der »weise Himmelsherr«, Verkörperung des lichten Prinzips. Er ist umgeben von den sogenannten »Amesha Spentas«, erzengelgleichen Wesen aus reinem Licht. Wie im Christentum, so gibt es auch in der Religion Zarathustras einen »Heiligen Geist« (Spenta Mainyu), der – genau wie sein christliches Gegenstück – in feuriger Gestalt erscheinen kann (vgl. den in Flammenzungen auf die in Jerusalem versammelte Apostelgemeinde herabkommenden Heiligen Geist!). Die altiranische Metaphysik des Lichts findet ihre natürliche Fortsetzung in der islamisch-persischen Lichtmystik des Sufi-Meisters Suhrawardi (1155-1191), in dessen Lehre von der »Souveränität des Lichtes« (Ray wa Khorreh), vom himmlischen »Licht des Ruhmes« und und den daraus emanierenden Engelwesen aus reiner Lichtsubstanz die Vorstellungen vom *Chvaranah,* von *Ahura Mazda* und den *Amesha Spentas* als seinen Hypostasen fast unverändert wiederkehren.

Indien und Alt-Iran stellen im übrigen die beiden Schauplätze dar, auf deren Boden die Opferrituale der Frühzeit ihre radikalste Umdeutung erfuhren. In Indien führt der Weg sehr rasch vom rituellen Opferbegriff der vedischen Frühzeit zu dem vollkommen verinnerlichten und vergeistigten Opferbegriff der Einsiedler, Asketen, Yogins und Mystiker. Das Feuer des Gottes Agni, das auf den Opferaltären der vedischen Religion brennt, wandelt sich zu *Tapas,* jener magischen Hitze oder mystischen Glut, die der Heilige durch seine unermüdlich betriebenen Exerzitien in seinem Innern entfacht. Eine vergleichbare Entwicklung vollzieht sich im alten Iran. So ist der Kult Zarathustras bereits in einem solchen Maße spritualisiert, daß in den Texten der Gathas für »Opfer« und »Gedanke« ein und dasselbe Wort – »Yasna« – gebraucht wird: Mittels des Ritus erlangt der Opferpriester den Zustand der *Erleuchtung.* Das entspricht genau der in den altindischen Brahmanas geäußerten Vorstellung, daß der Opferpriester im Opferritual seinen *Atman* erschafft, bzw. der bereits vorhin einmal erwähnten Vorstellung von der »Hitze des Kopfes«, die der Asket durch seine Praktiken des »Tapas« entfacht.

Der ganze Komplex, den wir hier angesprochen haben, ist in Wahrheit noch erheblich umfangreicher. Über die »Feuerproben«, die werdende Schamanen im Rahmen ihrer Einweihung zu bestehen hatten, wie Laufen über glühende Kohlen, Feuerschlucken etc., sprachen wir bereits. Daß auch die Einrichtung der Sauna mit diesem kultischen Komplex und vor allem mit den Praktiken des »Tapas« zu tun hat, dürfte dagegen weit weniger bekannt sein. Von den archaischen Formen der »Schwitzhütte« bzw. des »Schwitzzeltes«, wie sie bei den Völkern des arktischen und subarktischen Kulturkreises, aber auch bei den Steppenvölkern Zentralasiens üblich war, bis zu den aus solchen Frühformen heraus entwickelten Thermen-Anlagen der Römer und den türkischen »Hamams« zieht sich

eine direkte Linie. Die Bäder- bzw. Trockenbäder-Kultur, ein Inbegriff spätantiker Lebensart, hatte kultische Wurzeln: »Magisches Schwitzen« gehörte seit alters her zum Repertoire der asketischen Praktiken; es diente der »Reinigung« nicht nur im medizinischen oder hygienischen Sinne, sondern im rituellen, kultischen: Schwitzen hatte *kathartischen* Charakter. Gleichzeitig wurden durch solche magische Erhitzung enorme schöpferische Energien entfesselt. Es gibt sogar Kosmogonien, in denen dieses »schöpferische Schwitzen« den zur Weltschöpfung führenden Primärimpuls darstellt: Götter, die schwitzend den Kosmos aus sich hervortreiben, wie der altindische Schöpfergott Prajapati.
Kein Wunder, daß »Feuer« zur Metapher schlechthin für »Geist« werden konnte. Mit der Symbolik des Feuers verbinden sich sowohl Reinheit, Vergeistigung, Verklärung, Erleuchtung und Erkenntnis als auch Liebe, Leidenschaft, Raserei und Ekstase. Diesem Doppelcharakter der Feuersymbolik entspricht genau jener scheinbar so vieldeutige Begriff vom »Geist«, wie ihn die griechischen Philosophen entwickelt haben. Für Heraklit ist das Element Feuer als kosmisches Urprinzip und Urstoff zugleich Träger der »Weltvernunft«, des *Logos*. Es ist das sublimste und leichteste, das gleichsam »immateriellste« und unstofflichste aller Elemente. Feuer erfüllt als glühender Ätherstoff die höchste und äußerste Region des Himmels – die Fixsternsphäre des »Empyreums«. Da das Gegenprinzip, das Wasser, die irdische und unterirdische Region verkörpert, ist der Antagonismus von Feuer und Wasser gleichzeitig Symbol für den Antagonismus von Geist und Materie, Leben und Tod. Vor diesem Hintergrund lassen sich sehr gut die vermeintlich so rätselhaften Andeutungen Heraklits über »Austrocknen« oder »Feuchtwerden« der Seele verstehen. Dem Philosophen zufolge ist es ratsam, so wenig Flüssigkeit wie nur möglich in sich aufzunehmen, um ein »Feuchtwerden der Seele«, wie er es nennt, zu vermeiden. Statt dessen soll man möglichst danach trachten, die Seele »trocken« und »leicht« zu erhalten,[6] um ihren Aufstieg in die höheren Regionen zu ermöglichen – mit anderen Worten: man muß die »Feuernatur« der Seele möglichst bewahren – eine Metapher für »Vergeistigung«. Im übrigen haben in solch metaphysisch motivierter Wasserscheu auch asketische Praktiken wie das sogenannte »Trockenfasten« ihren Ursprung; die frühchristlichen Asketen hatten speziell für diese Praxis eine besondere Vorliebe. Wie zu erwarten, findet man auch bei den indischen Asketen, den »Tapasvin«, derartige Praktiken: Wachen am Feuer, langes Sitzen unter glühender Sonne usw. sind Techniken, die besonders dafür geeignet sind, jene »schöpferische Hitze« zu entfachen,

der der »Siddhi« seine wunderbaren Kräfte und Fähigkeiten verdankt. Zuletzt schließlich könnten wir noch auf die Bedeutung des Feuers für den Wandlungsprozeß im Rahmen der alchimistischen Praktiken hinweisen; auch hier ist Feuer ja das Medium von Veredelung, Verklärung, Vergeistigung.

Damit schließt sich der Kreis. Zosimos von Panopolis in Ägypten, ein vom Geist des hellenistisch-orientalischen Alexandria geprägter spätantiker Autor, der häufig auch als »erster Alchimist« im strengen Sinne des Wortes bezeichnet wird, beschreibt das »Leiden der Stoffe und Metalle« in Bildern, die fast aufs Haar den initiatischen Foltern und Martyrien des werdenden Schamanen gleichen. Wie die Schamanen, so werden auch die Metalle einer Transmutation unterworfen: Sie leiden, sterben und erstehen in neuer Form und auf höherer Seinsebene wieder auf. Diese Ähnlichkeit ist keineswegs ein Zufall. Die Alchimie ist aus uralten Schmiede-Mysterien hervorgegangen und hat sich vor allem im Umkreis der schamanistischen Vorstellungswelt herausgebildet. Ein weitverbreitetes sibirisches Sprichwort (der Jakuten) besagt: »Schamanen und Schmiede stammen aus demselben Nest«. Die Einweihung der Schmiede vollzieht sich in ganz ähnlichen Formen wie die der Schamanen.

Nicht ohne Grund hatten wir unserem Kapitel über die »Leiden des Schamanen« ein Kapitel über den »geblendeten Seher« vorangestellt. Wir hatten auch bei anderen Gelegenheiten schon mehrfach auf die enge innere Verwandtschaft beider Personengruppen hingewiesen. Aber auch die Schmiede wären hier miteinzubeziehen. Im Falle der Schmiede gibt es sogar eine direkte strukturelle Entsprechung zum Motiv vom »geblendeten Seher«: das Motiv vom *»hinkenden Schmied«*! Seltsam genug, das Motiv in den Mythologien so verschiedenartiger Kulturen wie denen der Germanen, Griechen und Römer zu finden: Der griechische Schmiedegott Hephaistos hinkt ebenso wie sein römisches Gegenstück Vulcanus oder der altgermanische »Wieland«. Der Verdacht drängt sich auf, daß dieses »rituelle Hinken« etwas mit dem Komplex der magischen Techniken zur Beherrschung des Feuers zu tun haben könnte; ein überzeugender Hinweis auf einen solchen Zusammenhang findet sich nämlich im Alten Testament, und zwar in der Geschichte vom sogenannten »Gottesurteil auf dem Karmel« (1 Könige 18). Elias, der Prophet Jahves, und die Propheten des Baal wetteifern miteinander, welcher Gott das Opferfeuer auf den Altar hinabsenden würde, das heißt: welcher Gott sich schließlich als der wahre Gott erweisen würde – Baal oder Jahve. Und dabei heißt es nun mit Blick auf die rituellen Anstrengungen, die die Baalspriester unternehmen, um ihren Gott dazu zu bewegen, daß er ihre Gebete erhören und Feuer herabsenden möge: »Sie riefen den Namen des Baal an vom Morgen bis zum Mittag und *hinkten* dabei um den Altar herum (machten hinkende Verbeugungen auf der Opferstätte, die sie verfertigt hatten)«. Es gibt aber auch noch andere Quellen, aus denen sich Argumente für den angesprochenen Zusammenhang gewinnen ließen, so zum Beispiel das Drama vom Engelsturz nach der Darstellung des apokryphen »Henoch«-Buches sowie eine Reihe von späteren Variationen dieses Themas, die sich der Kontamination dieses Stoffes mit verschiedenen uralten volkstümlichen Überlieferungen Alteuropas (besonders der slawischen Völker) verdanken. Das betrifft vor allem das berühmte Motiv vom *»hinkenden Teufel«* (man denke hierbei auch an den Roman dieses Titels von Lesage!). Der angesprochenen Überlieferung zufolge soll Luzifer beim Engelkampf vom Himmel auf die Erde gestürzt worden sein, sich dabei den Fuß gebrochen haben und seitdem hinken. Andere Quellen wiederum führen das Hinken des Teufels auf seinen »Bocksfuß« bzw. »Pferdefuß« zurück, also auf die Ungleichartigkeit seiner Beine. Nun trägt der Teufel dazu noch eine Reihe von Merkmalen an sich, die ihn in die Nähe ehemaliger Schmiede-Gottheiten wie Hephaistos, Vulcanus oder Wieland rücken. Zum einen ist auch das Reich Satans ein unterirdischer Feuerort, und zweitens findet die Sage vom Sturz Satans aus dem Himmel und vom gebrochenen Fuß eine überraschende Parallele in der griechischen Mythologie: Der Schmiedegott Hephaistos erleidet nämlich das gleiche Schicksal wie Luzifer: Er wird von seiner Mutter Hera (bzw. von Zeus) vom Olymp hinab auf die Insel Lemnos (oder ins Meer) geworfen und bricht sich dabei den Fuß, wodurch er zum hinkenden Gott wird.[7]

Unsere Reise durch ein Stückchen Kulturgeschichte ist damit vorerst zu Ende. Ausgehend vom »blinden Seher«, dem das vorangegangene Kapitel gewidmet war, sind wir über den Schamanen und andere verwandte Gestalten nun zuletzt beim »hinkenden Schmied« angelangt. Gleichzeitig verfolgten wir eine bestimmte Kette von Motiven und Symbolen, die mit dem Feuer und den verschiedenen Arten seiner Wirkung zu tun haben: Blitz – Licht – Hitze – schöpferisches Schwitzen – Hellsehen – Erleuchtung – Reinigung usw. Im Falle des Höllenfürsten Luzifer tritt ein weiteres Charakteristikum des Feuers hinzu: der Straf- und Vergeltungscharakter. Überwiegt beim sogenannten »Fegefeuer« der kathartische und entsühnende Aspekt, so ist die Hölle ein Ort ewiger Qualen, ewiger Pein und nie endender Martyrien. Schon bei der Beschreibung der Initiation des

Schamanen durch die Geister fiel auf, daß diese Geister, die da als »Initiationsmeister« auftreten, den künftigen Schamanen mit glühenden Haken quälen, ins Feuer werfen, glühen, kochen, hämmern und schmieden, sowohl die Arbeit der Schmiede und Alchimisten als auch die des »Teufels« verrichten. Diese Ähnlichkeit kommt nicht von ungefähr. Denn das Bild des Teufels im europäischen Mittelalter hat neben antiken auch älteste schamanistische Motive in sich aufgenommen. Mit dem Niedergang der alteuropäischen Volksreligionen im Zeichen der Christianisierung wird der gesamte schamanistische Komplex dämonisiert und fällt der Verfemung anheim. Schamanen und Schamaninnen, Seher und Seherinnen mutieren zu »bösen Zauberern«, Hexern und Hexen, und aus den Geistern werden die teuflischen Heerscharen im Gefolge Luzifers. Ob sich hinter der aus der Folklore bekannten »Großmutter des Teufels« womöglich die uralte schamanische »Herrin der Tiere« verbirgt, bleibt jedoch weiterhin ein Rätsel.

Erlösung durch Erkenntnis

15. Von der Mystik zur Philosophie

An der Wende vom 7. zum 6. Jahrhundert v.Chr. tritt in Griechenland ein völlig neuer Typus geistiger Persönlichkeit auf: der Philosoph. Trotz seiner historischen Neuartigkeit ist auch der Typus des Philosophen das Endergebnis einer langen vorausgegangenen Entwicklung. Als seine unmittelbaren Vorläufer können beispielsweise jene frühen Mythographen angesprochen werden, die – wie Hesiod – unter dem Einfluß der Theogonien und Weltschöpfungslehren des Alten Orients die Entstehung der Welt aus einem einzigen Prinzip (z.B. dem »Chaos«) oder einer Urgottheit gelehrt haben. Von ebensogroßer Bedeutung jedoch scheinen jene halblegendären Ekstatiker zu sein, die nach Art indischer Wanderasketen von Ort zu Ort zogen, Wundertaten vollbrachten, orakelten und prophezeiten, heilten, von Blutschuld reinigten und entsühnten: historisch noch kaum faßbare Gestalten wie Abaris, Aristeas, Hermotimos oder Epimenides. Was diese Wundermänner auszeichnete, war vor allem ihre Fähigkeit, sich in Trance zu versetzen und ausgedehnte Jenseitsreisen zu unternehmen. In gewissem Sinne könnte man sie sogar schon als frühe »Mystiker« ansprechen.

Vieles von dem, was man später als Charakteristikum der griechischen Philosophie betrachten wird, geht in Wahrheit bereits auf deren frühe Vorläufer zurück – so die Frage nach dem Ursprung und den Prinzipien (»archai«) des Kosmos oder die enorme Bedeutung, die kontemplativen (und damit ausgesprochen »mystischen«) Praktiken wie »Schau« (»epopteia«, »theoria«) und »Anamnese« im philosophischen Erkenntnisprozeß eingeräumt wird. Die beiden genannten und im Grunde so gegensätzlichen Komponenten – die eine »rational«, die andere »mystisch« – bestimmen von Anfang an und bis zum Ende der Antike das Wesen der griechischen Philosophie. Das erklärt auch, weshalb sich gerade in der griechischen Philosophie Rationalität und Mystik auf so einzigartige und fruchtbare Weise miteinander verbinden. Mögen auch die frühen Ekstatiker mit ihren Seelenreisen bereits die wesentlichen und jedweder Mystik zugrunde liegenden Fähigkeiten zu Versenkung, Entrückung und visionärer Schau perfekt beherrscht haben, so haben doch erst die Philosophen diese Begabung zu einer Methode verfeinert und aus ihr eine subtile Technik zur Erlangung metaphysischer Erkenntnis gemacht.

Das Wort »Mystik« ist von dem griechischen Verb »myein« abgeleitet, das soviel wie »(die Augen oder die Lippen) schließen« bedeutet. Damit sind zwei wesentliche Kennzeichen aller echten Mystik zugleich angesprochen: zum einen die Abkehr von den Dingen der äußeren Welt und zum anderen der hohe Stellenwert von Introversion und Introspektion, von Techniken der Versenkung und der Innenschau, wobei man die normalerweise eingenommene Blickrichtung genau umkehrt und das Auge ebenso wie die Gedanken nach *innen* richtet. Ich möchte zu diesem Thema vor allem auf die unzähligen Stimmen philosophierender Mystiker und mystischer Philosophen (insbesondere der Spätantike) verweisen, die eine Abwendung der Sinne von der äußeren Welt und ihre Hinwendung nach innen zur conditio sine qua non jeglicher Erkenntnis von göttlichen Dingen erklären.

So beginnt nach Platon der in seinem berühmten »Höhlengleichnis« (Politeia 514-515c) geschilderte Aufstieg des Philosophen zu höherer Erkenntnis mit einer radikalen Ablösung von der Erscheinungswelt (die eine Welt des bloß Abbildhaften, Scheinhaften darstellt) und der Hinwendung zur Welt der Ideen, der ewigen Urbilder alles Seienden. Auch für Philon von Alexandria beginnt die Gotterkenntnis mit einer Abkehr von der Sinnenwelt. Statt dessen müssen wir lernen, »mit den *Augen der Seele* zu schauen«. Der Platoniker Maximus von Tyrus fordert uns dazu auf, »unsere Ohren zu verschließen und unsere Augen wie auch unsere anderen Sinne nach *innen* zu wenden«. Jedem, der ernsthaft nach Erkenntnis strebt, kann der Philosoph die Gewißheit geben: »Lasse die Voreingenommenheit durch die Augen fahren, und in dem, was dir bleibt, wirst du den wirklichen Gegenstand deiner Sehnsucht erblicken!« Auch der neupythagoreische Philosoph Numenius erklärt die Abkehr von der Sinnenwelt zur wichtigsten Voraussetzung für eine Erhebung zu Gott. Demgemäß »müssen wir uns so weit wie möglich von den Dingen der Sinneswelt entfernen und in eine einsame Gemeinschaft mit Gott eintreten«. Nach Plotin müssen wir »in uns selbst hineinschauen, wenn wir die wahre Wirklichkeit erkennen wollen«. An anderer Stelle spricht er vom »Rückzug nach innen« und von der »Abkehr von allem, was hinieden ist«. Die von Plotin erstrebte mystische Vereinigung mit Gott ist das Ergebnis einer schrittweisen Entleerung des Geistes von allem, was ihm äußerlich ist; Plotin nennt es »die absolute Abstraktion von allem Äußeren und die reine Vertiefung in uns selbst« (Enn. IV 8, 1). Im Zusammenhang mit diesem Vorgang ist bei ihm auch von »Entblößung« oder vom »Ablegen der Kleider« und »nacktem Hinaufsteigen« die Rede. Ein anderes Bild, das der Philosoph gebraucht, ist der Vergleich des Mystikers mit einem Bildhauer: Da wird von ihm gefordert, er solle »fortmeißeln, was unnütz, und geraderichten, was krumm ist«. Plotins Mystik ist das Beispiel schlechthin für die sogenannte Methode der »via negativa«, durch die Plotin unmittelbar mit den großen christlichen Mystikern des Mittelalters verbunden ist, allen voran natürlich mit Meister Eckhart. Werfen wir aber zum Schluß dieser Betrachtung noch einen kurzen Blick auf die anderen großen Strömungen des spätantiken Geisteslebens, auf Gnosis und Hermetismus. Da heißt es zum Beispiel im 10. Traktat des Corpus Hermeticum: »Die Erkenntnis ist ein göttliches Schweigen und eine Unterdrückung der Sinnestätigkeit«. Ganz ähnlich lautet eine Stelle im 13. Traktat: »Unterdrücke die Tätigkeit der Sinne, und es wird die Geburt der Gottheit sein!«

Wir hoffen, auch mit diesen wenigen Zitaten aus dem Munde früher Mystiker schon gezeigt zu haben, wie sehr die Abkehr von der Welt der Sinne und von allem Äußeren zutiefst mit dem Wesen des mystischen Erkenntnisweges selbst verbunden ist – oder, anders ausgedrückt, daß ohne Abkehr von der Welt Mystik gar nicht denkbar ist. Doch welcher Art ist das *Heil*, das sich der Mystiker am Ende seines langen, mühevollen und entsagungsreichen Weges erhofft? Oder darf er sich überhaupt so etwas wie ein Heil erhoffen, ohne daß er es gerade dadurch, *daß* er es sich erhofft, schon wieder verwirkt, wie uns Meister Eckhart dies in seiner Predigt über die »Gelassenheit« so überzeugend demonstriert hat. In den Zitaten von Plotin, der zweifellos als die zentrale Gestalt der spätantiken Mystik anzusehen ist und der auch auf die Mystik des christlichen wie des islamischen Mittelalters am nachhaltigsten gewirkt hat, klang ja bereits etwas von dem Ziel an, nach dem der Mystiker sich sehnt: Vom *Einswerden* ist da die Rede und von der *Vereinigung mit Gott*. Nun, inwieweit ist damit das Ziel *aller* Mystik charakterisiert?

A. Lalande, der Verfasser eines seit langem schon zu den klassischen Standardwerken gehörenden »Vocabulaire de la philosophie«, definiert Mystik als »den Glauben an die Möglichkeit einer innigen und unmittelbaren Vereinigung des menschlichen Geistes mit dem Grundprinzip des Seins, einer Vereinigung, die eine Weise der Existenz und zugleich der Erkenntnis begründet, die sich von der normalen Existenz und Erkenntnis unterscheidet und ihr überlegen ist«[1]. So gelungen diese

Definition auch ist, so bin ich dennoch der Meinung, daß sie einer Erweiterung bedarf. Zu den authentischen mystischen Erfahrungen zählt nämlich nicht nur die *Vereinigung* des menschlichen Geistes mit dem »Grundprinzip des Seins« (womit Gott, das Göttliche oder ein abstraktes Absolutum gemeint sein kann); diese stellt vielmehr lediglich die höchste und äußerste Stufe im Spektrum mystischer Erfahrungen dar. Ihr lassen sich aber mindestens noch drei andere Zustandsformen an die Seite stellen, die den Höhepunkt mystischer Erfahrung bezeichnen können: zum ersten die *Einwohnung* Gottes in der menschlichen Seele (oft in Bildern des »inneren Lichtes«, des »Funkens« oder »Blitzschlags« oder als Vorgang der »Erleuchtung« beschrieben), zweitens die Erhebung des Geistes zur *»Schau«* des Göttlichen (des »Wesens«, der »Ideen«, der »Wahrheit«) und drittens schließlich die *»Angleichung«* der Seele an das Göttliche bzw. an einen göttlichen Archetyp.

Die beiden letztgenannten Formen mystischer Erfahrung – die »Schau« (griech.: epopteia) und die »Angleichung« (griech.: homoiosis) – sind in Ansätzen bereits in der frühen griechischen Philosophie (insbesondere bei Pythagoras), vor allem aber bei Platon, in den Mysterienkulten sowie in der hermetischen Tradition zu finden.[2] Die Idee der »Einwohnung« Gottes in der menschlichen Seele geht vielleicht auf die Erfahrung der »Gott-Trunkenheit« – des »enthousiasmos« – in den dionysischen Begehungen zurück, kommt aber im Sinne eines echten mystischen Erlebnisses erst bei Platon, nämlich an jener berühmten Stelle im »Siebten Brief« (341 d) vor, wo es heißt: »Das Höchste in der Philosophie ist nicht darstellbar. Es entsteht aufgrund langer geistiger Anstrengung plötzlich als ein Funke in der menschlichen Seele und nährt sich dann von selbst weiter«. Zu ihrer vollen Ausbildung kommt aber diese Vorstellung vom »Einwohnen Gottes« erst in der Mystik Philons und Plotins und hält von dort in die christliche Mystik des Mittelalters Einzug (Meister Eckharts »Seelenfünklein«, die Lehre vom »Seelengrund« oder die Idee des »Taborlichts« bei den Hesychasten).

Als die jedweder Mystik zugrunde liegende Erfahrung kann man den Zustand der »Ek-stasis«, des »Aus-Sich-Heraustretens« annehmen. Dieser geht letztlich wiederum auf die uralte schamanistische Erfahrung des »Seelenflugs« und der »Jenseitsreise« zurück. Die (im Unterschied zum Tode nur vorübergehende) »Trennung der Seele vom Körper«, ihre »Ausfahrt aus dem Leib« (häufig in Tiergestalt, was auch zur Idee von der »Seelenwanderung« geführt hat), um sich in jenseitige Regionen zu begeben, ist die Form der schamanistischen Ekstase schlechthin.

Schamanen verstehen sich gewissermaßen als »Spezialisten« solcher Erfahrungen. Was sie von ihren gewöhnlichen Mitmenschen unterscheidet, ist ihre Fähigkeit, mit Hilfe ganz bestimmter Techniken und einer gezielten geistigen wie körperlichen Disziplin Zustände der Ekstase und der Trance (von lat. »transitus« = »Übergang«; gemeint ist der Übergang in die »andere Welt«) willkürlich herbeizuführen. Im allgemeinen ist die Beherrschung von Ekstasetechniken erst das Ergebnis eines langen Einweihungsweges, der mit großen Entbehrungen und oft mit schrecklichen Martyrien einhergeht (vgl. unser Kapitel »Die Leiden des Schamanen«!).

Dieses zentrale schamanistische Erlebnis einer (vorübergehenden) »Trennung der Seele vom Körper« im Zustand der Ekstase bildet die Grundlage für jede Art von mystischer Erfahrung. Wie beim Schamanen, so steht auch beim Mystiker die Beherrschung von Techniken der Ekstase erst am Ende eines langen und mühevollen Weges. Von den späteren Philosophen, Mystikern und Heiligen – gleichgültig ob »heidnischer« oder christlicher Provenienz – wird das ekstatische Schlüsselerlebnis der »Trennung der Seele vom Leib« umgedeutet zum Vorgang einer *»Übung im Sterben«*. Cum grano salis könnte man grundsätzlich jede Art von Mystik als solch eine »Übung im Sterben« begreifen, da ihr Ziel immer in einer möglichst weit vorangetriebenen Ablösung der Seele vom Körper und von körperlichen Zwängen und in ihrer Erhebung über die Körperwelt besteht.

Im »Phaidon« (67 e) spricht Platon dies wortwörtlich aus: »Diejenigen«, so sagt er dort, »die richtig philosophieren, üben sich im Sterben«, und an einer anderen Stelle im selben Dialog bezeichnet er die »Trennung der Seele vom Leib« als die wichtigste Voraussetzung für jede Art von höherer Erkenntnis (Phaidon 79 c-d). Nach Philon von Alexandria stellt die mystische Ekstase die vollkommenste und erhabenste Form der Erkenntnis dar: In der Ekstase erhebt sich die Seele zum Himmel, während der Leib zurückbleibt. Auch für Philon kann – wie später für Plotin – der Aufstieg zu Gott nur mittels der »negativen« Methode, der »via negativa«, vorgenommen werden; der Weg zur Erkenntnis Gottes ist ein Weg fortschreitender Selbstaufgabe und Selbstentäußerung. Philon erklärt nachdrücklich: »Nur wer sich selbst aufgibt, erkennt den Unendlichen!« An anderer Stelle belehrt er den Gottsucher: »Wenn du am Göttlichen teilnehmen willst, so mußt du … den Leib, die sinnliche Wahrnehmung und die Sprache verlassen …!« Hier sind alle wesentlichen Motive aufgezählt, die den Weg der Mystik charakterisieren: das Heraustreten aus dem Leib, die Abkehr von der Welt der Sinne, das Schließen der Augen und der Lippen, das Verstummen …

Plotin begreift den Aufstieg der Seele zu Gott als einen Prozeß der »Katharsis«. Erkenntnis ist »Reinigung der Seele vom Leib«. Ein andermal spricht er auch vom »Entblößen der Seele«. Beim Aufstieg zum Allerhöchsten wirft die Seele wieder alle ihre Kleider ab, die sie beim Abstieg in die Körperwelt angelegt hatte. Wiederum an einer anderen Stelle nennt Plotin diesen Vorgang ein »Erwachen der Seele aus dem Körper«. Auch er begreift den Weg zum *Einen* als »via negativa«, als einen Vorgang, der zu immer größerer Ver*ein*fachung führt; er ruft zum *Ein*fachwerden und zum »Sich-Drangeben« auf – ein Prozeß, der seine Krönung findet in der »Flucht des *Ein*samen zum *Ein*samen«. Ebenso vertraut ist Plotin mit der Idee des »mystischen Todes«. Auch ihm gilt die »Trennung der Seele vom Leib« zugleich als »Übung im Sterben«. Sie besteht darin, daß die Seele sich vom Körper, von seinen Begierden und Leidenschaften trennt, sich von allem Äußerlichen, von allem überflüssigen Beiwerk reinigt und zu ihrer wahren Natur (die sie vor ihrem Abstieg in die Körperwelt hatte) zurückfindet.

Auch die hermetischen Texte sind von den gleichen Gedanken durchdrungen und sprechen eine ganz ähnliche Sprache. So enthält beispielsweise der 11. Traktat des Corpus Hermeticum (20 ff) eine Stelle, an der Nous zu Hermes spricht:

»Wenn du dich nicht GOTT gleichmachst, kannst du Gott nicht erkennen. Denn nur vom Gleichen wird das Gleiche erkannt.

Erhebe dich selbst bis zu unermeßlicher Größe, aus aller Körperlichkeit entrückt und über alle Zeitlichkeit erhoben, werde zur Ewigkeit, so kannst du Gott erkennen. Glaube, daß dir nichts unmöglich sei, und halte dich für unsterblich und fähig, alles zu erkennen, jede Kunst und jedes Wissen, jedes Lebewesens Art. Werde höher als alle Höhe und tiefer als alle Tiefe; nimm in dich auf das Empfinden alles Geschaffenen: des Feuers und des Wassers, des Trockenen und des Feuchten, und das Empfinden, überall zugleich zu sein: in der Erde, im Meer, im Himmel, unerzeugt, im Mutterschoß, Jüngling und Greis zu sein, gestorben und nach dem Tode zu sein. Wenn du das alles zusammen empfunden hast, Zeiten, Räume, Dinge, Eigenschaften, Maße, kannst du Gott erkennen.

Wenn du dagegen deine Seele im Körper einschließt und sie erniedrigst und sagst: ich erkenne nichts, ich vermag nichts, ich fürchte das Meer, in den Himmel kann ich nicht emporsteigen, ich weiß nicht, wer ich war, ich weiß nicht, wer ich sein werde – was hast du dann mit Gott gemeinsam? Denn du kannst nichts von der Welt des Schönen und Guten erkennen, wenn du am Körper haftest und schlecht bist. Denn die äußere Schlechtigkeit ist das Nichtwissen in bezug auf die Gottheit. Aber sie erkennen wollen und hoffen zu können, das ist der gerade Weg für den Guten, der leicht zum Ziele führt. Wenn du diesen Weg einschlägst, wirst du ihr überall begegnen, überall wirst du sie sehen, wo und wann du sie am wenigsten erwartest: im Wachen, im Schlafe, auf dem Meer, auf dem Lande, in der Nacht, am Tage, beim Sprechen und beim Schweigen. Denn es gibt nichts, was nicht ein Bild der Gottheit wäre.«

Hier begegnen wir also dem gleichen mystischen Zusammenhang wieder, wie wir ihn vorhin schon bei Plotin kennenlernten: Gotterkenntnis setzt ein Gottähnlichwerden, eine Angleichung an Gott voraus, und diese wiederum ist nur durch eine Loslösung der Seele vom Körper, also durch einen mystischen Tod zu erreichen. In diesem Lichte ist auch die Aufforderung zu verstehen: »Verlasse den Körper und dehne dich zu unermeßlicher Größe aus; verlasse die Zeit und werde Ewigkeit!« Was uns jedoch noch viel mehr in Erstaunen versetzt, das ist die Tatsache, daß eine Vielzahl von christlichen Kirchenlehrern, Heiligen, Anachoreten und Mystikern mit fast den gleichen Worten wie ihre nichtchristlichen Zeitgenossen den »mystischen Tod« im Sinne einer »Loslösung der Seele vom Leib« propagieren. So beschreibt etwa Gregor von Nyssa, der von vielen als erster christlicher Mystiker bezeichnet wird, den Aufstieg der Seele zu Gott ganz in der Sprache Plotins und anderer neuplatonischer Philosophen, wenn er – um nur ein Beispiel zu nennen – vom »Erwachen der Seele aus dem Körper« spricht und diesen Vorgang, genau wie Plotin, mit einer *Katharsis,* einer »Reinigung« vergleicht: Für die Seele im Zustand der Gottferne gebraucht Gregor das Bild von einem Menschen, der sich »mit Schmutz besudelt« hat. Diesen Schmutz gilt es abzuwaschen, damit die Seele zu ihrer ursprünglichen Natur zurückfindet, sprich: den Zustand der Einheit mit Gott wiedererlangt. Einer der berühmtesten frühchristlichen Anachoreten, Evagrius Ponticus, bezeichnet die Anachorese als »Flucht aus dem Körper« und »Übung im Sterben«, benutzt also die klassischen Formeln aus dem Repertoire der platonischen Philosophie. Fast mit den gleichen Worten wie Plotin fordert auch Gregor von Nazianz dazu auf, »aus dem Leben eine Übung im Sterben (zu) machen, indem man die Seele so weitgehend wie nur irgend möglich vom Körper trennt«, und Clemens von Alexandria, jener Kirchenlehrer, der sich wie kein zweiter das ganze Erbe des hellenistischen Geistes zu eigen gemacht hat, erklärt mit dem gleichen Wortlaut: »Übung im Sterben ist eine im Geiste zu vollziehende Trennung von Seele und Leib«. Mit Blick auf die zahlreichen gnostischen Strömungen in seiner Heimatstadt Alexandria beschreibt Clemens die »wahre Gnosis« als »eine Art von Tod, der die Seele vom Körper trennt«. Wenn nahezu anderthalb Jahrtausende später Jacob Böhme, das Zentralgestirn der schlesischen Barockmystik, seinen berühmten Ausspruch tun wird:

> Wer nicht stirbt, *eh* er stirbt,
> der verdirbt, *wenn* er stirbt!

so ist damit immer noch auf jenes zentrale Motiv des »mystischen Todes« angespielt, das 2000 Jahre vor ihm bereits von Platon immer wieder umkreist worden ist und seitdem eines der wesentlichen Leitmotive aller ernstzunehmenden Mystik darstellt.

16. Die Seelenwanderung und die Harmonie des Kosmos

Wir haben bereits angedeutet, daß die Geschichte der Mystik (im Westen) nicht etwa erst mit den Platonikern beginnt, sondern daß ihre Anfänge in die Anfänge der griechischen Philosophie selbst zurückreichen. Außerdem muß man bedenken, daß auch die frühen griechischen Mysterienkulte schon ein starkes mystisches Element aufweisen. Dies trifft besonders auf die Orphik zu, deren theologische Lehren wiederum viele Gemeinsamkeiten mit der Philosophie der Pythagoreer hatten: Beide – Orphiker und Pythagoreer – haben eine Lehre von der unsterblichen Seele entwickelt, beide die Idee der Seelenwanderung vertreten, und beide verstehen die Wanderungen der Seele als einen Vergeltungszusammenhang (wie die Inder), bei dem die Seele in jeder neuen Existenzform Buße und Sühne leisten muß für ihre Verfehlungen im vormaligen Leben. Jede neue Existenzform geht mit einem Gestaltwandel einher; nach pythagoreischer Auffassung ist dieser Gestaltwandel sogar einem Zyklus unterworfen: Wenn das Reich des Lebendigen durchwandert ist, endet ein Zyklus und macht einem neuen Platz. Aber durch besondere Weihen und Reinigungen und durch eine besondere Lebensführung kann die Seele nach orphischer Mysterienlehre den Schicksalszusammenhang sprengen und dem Kreislauf der Wiedergeburten entfliehen.

Auch die orphische Lebensführung, der »orphikos bios«, ist von der pythagoreischen nicht sehr weit entfernt: Askese, eine strenge Diätetik, Vegetarismus und Speisetabus hier wie dort; die Pythagoreer müssen zusätzlich auf Fisch und Bohnen verzichten, die Anhänger der Orphik dagegen auf Eier. Im einzelnen scheint jedoch die Disziplin bei den Pythagoreern ungleich rigoroser gewesen zu sein als bei den Orphikern. Letztere waren nur aufgrund ihrer Lehren, ihrer Lebensweise und bestimmter Weiheriten miteinander verbunden und zogen ansonsten meist einzeln als Wanderasketen umher, während die Pythagoreer eine feste Gemeinschaft, ja eine Art »Orden« bildeten, in dem das tägliche Leben bis ins kleinste einem strengen Reglement gehorchte.[1]

Es ist bekannt, daß bei den Pythagoreern die Übung des Gedächtnisses und des Erinnerungsvermögens sowie Praktiken der Meditation und Kontemplation eine bedeutende Rolle spielten. Pythagoreische Mathematik ist in erster Linie »Zahlenmystik«, sprich: eine Meditation über Harmonien und Zahlenverhältnisse. Das gleiche gilt für die Kosmologie, die eine Meditation darstellt über Entsprechungen, Analogien und Beziehungen zwischen Makrokosmos und Mikrokosmos.[2] Vor allem die Seelenwanderung selbst und die jeweiligen Formen der Wiederverkörperung sind Gegenstand pythagoreischer Kontemplation. Iamblichos, der bedeutende neuplatonische Philosoph und Verfasser der umfangreichsten Pythagoras-Vita, teilt uns mit, Pythagoras habe sich seiner sämtlichen früheren Existenzformen zu erinnern vermocht. Die geistige Betreuung seiner Schüler habe er damit begonnen, daß er sie spezielle Techniken der Anamnese lehrte, mit deren Hilfe sie sich an das Leben erinnern konnten, das sie früher geführt hatten[3]. Bereits Porphyrios, der Lehrer des Iamblichos, hatte eine bedeutende Pythagoras-Vita verfaßt. Darin wird uns eine Aussage des Philosophen Empedokles über Pythagoras überliefert, die folgendermaßen lautet: Er war »... ein Mann von überragendem Wissen ... Sooft er seinen Geist ausbreitete, sah er ohne Mühe jedes einzelne von allen Dingen im Kosmos und alles, was in zehn oder zwanzig Menschenaltern geschah«[4]. Empedokles war selbst Anhänger der pythagoreischen Seelenwanderungslehre und bekennt von sich: »Ich war schon einmal Knabe, Mädchen, Strauch, Vogel und jener Fisch, der aus dem Wasser springt auf seiner Fahrt (Delphin!)«[5] In Übereinstimmung mit der pythagoreischen Lehre von den Kreisläufen, die die Wanderungen der Seele beherrschen, zählt Empedokles Vertreter aller Reiche des Lebendigen und aller Geschlechter auf: Männlich und Weiblich; Mensch, Tier und Pflanze; Wesen des Wassers, der Erde und der Luft. Die

Wanderschaft durch alle Reiche des Lebendigen dauert nach pythagoreischer Überlieferung insgesamt 3000 Jahre; danach wiederholt sich der Zyklus aufs neue.[6]

Die Lehre von der 3000jährigen Dauer eines solchen Seelenwanderungszyklus ist uns auch durch Herodot bezeugt.[7] Er schildert sogar, wie sich der Übergang von der einen zur anderen Existenzform vollzieht: Immer dann, wenn die Seele eine Existenzform abgeschlossen hat und wieder frei geworden ist, wird sie von einem soeben geborenen Wesen eingesogen. Diese Idee ist weder neu noch singulär. Sie gehört zum Vorstellungskomplex vom »Einhauchen des Lebensodems« und basiert auf der weitverbreiteten Idee von der Affinität der Seelensubstanz zum Luftelement (vgl. die eigentliche Bedeutung von griechischen Wörtern wie »psyche« oder »pneuma«, von lateinisch »spiritus« und hebräisch »ruah«!).

Nach der Zyklentheorie von Empedokles beträgt der Zeitraum, den die Seele braucht, um einmal durch alle Elemente und sämtliche Bereiche des Lebendigen hindurchzuwandern, nicht dreitausend Jahre, sondern »dreimal zehntausend Jahreszeiten«. Die Irrfahrt durch die Elemente vollzieht sich nach einem ehernen und unerbittlichen Gesetz, das nicht einmal die Götter zu ändern vermögen. Denn es gibt, wie Empedokles sagt, »einen Weissagungsspruch der Unentrinnbarkeit, einen uralten Abstimmungsbeschluß der Götter, ewig, mit mächtigen Schwüren versiegelt«. Und dieser lautet folgendermaßen: »Wenn einer in Schuldverstrickung die Glieder mit Verwandtenblut befleckt, so soll er ... dreimal zehntausend Jahreszeiten in weiter Ferne von den Glückseligen sich umhertreiben, im Laufe der Zeit sich dabei zu Gestalten aller Art von sterblichen Lebewesen entwickeln, indem sie immer neue Pfade mühseliger Lebenszeit gehen.

Denn des Äthers Gewalt jagt sie aufs Meer, das Meer speit sie wieder auf den Erdboden aus, die Erde zu den Strahlen der unermüdlichen Sonne, und diese wirft sie hinein in die Wirren des Äthers! Der eine übernimmt sie vom andern, und alle verabscheuen sie.«

Und Empedokles schließt, indem er eingesteht: »Diesen Weg gehe auch ich jetzt, ein aus dem göttlichen Leben Verbannter, ein Landstreicher, da ich rasendem Hasse vertraute«.[8]

Dem Dichter Pindar zufolge, der ebenfalls Anhänger einer Lehre von der Seelenwanderung war, geht die Seele nicht unmittelbar von der einen in die nächste Existenzform über, sondern verbringt dazwischen jeweils einen Zeitraum von neun Jahren in der Unterwelt, wo sie Strafe oder

Belohnung für ihre im irdischen Dasein begangenen Taten erwartet. Dann kehrt sie an die Oberwelt zurück, um sich von neuem zu verkörpern. Wer sich dreimal bewährt hat, braucht keine neuerliche Wiederkehr zu fürchten, sondern wird erlöst und auf die »Inseln der Seligen« entrückt. Neben der Auffassung, daß das Schicksal der Seele bei ihrer Wiederverkörperung allein vom Gesetz der Vergeltung bestimmt sei, wurde auch die Meinung vertreten, hier herrsche der reine Zufall. Wieder andere nahmen eine Verbindung von Notwendigkeit und Zufall an.

Orphiker und Pythagoreer (wie auch die späteren Platoniker) stimmen weitgehend darin überein, daß eine reine und untadelige Lebensführung, verbunden mit einer bestimmten geistigen Disziplin, die sowohl mystische als auch therapeutische Techniken miteinschloß, zur Verbesserung des Schicksals im kommenden Dasein, wenn nicht gar zur Erlösung vom Schicksal neuerlicher Wiederverkörperung führe. Ein in diesem Zusammenhang immer wieder genannter Schlüsselbegriff heißt »Reinheit«. Hierbei ist jedoch nicht nur an Reinheit im kultischen Sinne zu denken, sondern weit darüber hinausgehend hat hier der Begriff eine Bedeutung von metaphysischer oder, um genauer zu sein, ontologischer Dimension angenommen. Nach orphischer Lehre etwa ist nämlich die Seele allein schon durch ihre Verbindung mit dem Leib »unrein«. Ja mehr noch: ihre Existenz im Leib wird geradezu als »Tod« der Seele aufgefaßt: »Der Leib (soma) ist das Grabmal (sema) der Seele« lautet ein uraltes geflügeltes Wort der Orphiker.[9] Als Begründung dafür, weshalb denn die Seele überhaupt ein so schreckliches Schicksal zu erleiden habe, wird in den orphischen Texten immer wieder auf eine »unnennbare Schuld« verwiesen, deretwegen wir zur Strafe in den Leib verbannt seien. Platon selbst wie auch alle Platoniker äußern sich hierzu ganz ähnlich. Plotin faßt im Zusammenhang mit der Erlösung der Seele alle Vorstellungen seiner orphischen, pythagoreischen und platonischen Vorläufer von »Reinheit« und »Reinigung« zusammen und präzisiert sie, indem er sie auf ihre Essenz reduziert: Ihm ist die »Reinigung« nichts Geringeres als die *»Reinigung der Seele vom Leib«* überhaupt.

Die Anhänger orphischer wie pythagoreischer Lehren sind in allen Bereichen des Lebens um Reinheit bemüht. »Lebenslange Reinheit« vermag nach orphischer Vorstellung die »unnennbare Schuld« zu tilgen, deretwegen man im Leibe gefangen ist. Der »orphikos bios«, die »orphische Lebensweise«, umschließt alles, was solcher Forderung nach »lebenslanger Reinheit« gerecht wird: Enthaltsamkeit im Essen und Trinken, bestimmte Nahrungs-Tabus, darunter vor allem »Enthaltung von

Beseeltem«[10], also von tierischer Nahrung. Daß tierische Nahrung »unrein« sei, weil durch Einverleibung tierischer Substanzen die Triebe und Leidenschaften, anstatt besänftigt oder überwunden zu werden, gereizt und angestachelt würden, ist eine in Philosophenkreisen allgemein verbreitete Vorstellung. Andererseits spielt aber auch der Gedanke, »Seelen zu verschlingen«, eine zentrale Rolle, da durch die Lehre von der Wanderung der Seele durch alle Elemente und Bereiche des Lebendigen hindurch Mensch und Tier, ja alle Wesen im Kosmos zu einer allumfassenden mystischen Gemeinschaft verbunden worden sind. Das erklärt auch, weshalb sich Empedokles mit solcher Eindringlichkeit gegen die Praxis des Tieropfers wendet:

»Da hebt der Vater den eigenen Sohn auf, der eine andere Gestalt angenommen hat, schlachtet ihn und spricht auch noch das Gebet dazu, der arge Tor! Die Umstehenden sprechen gleichfalls den Fluch dazu, indem sie den Flehenden opfern; der Vater aber, taub gegen seine klagenden Rufe, schlachtet ihn und bereitet so im Hause ein schreckliches Mahl! In der gleichen Weise ergreift auch der Sohn den Vater und die Mutter ihre eigenen Kinder, raubt ihnen mit Gewalt das Leben und verschlingt das Fleisch ihrer nächsten Angehörigen«.[11]

Dies ist keineswegs als Allegorie nach Art der franziskanischen Metapher vom »Bruder Tier« zu verstehen, sondern durchaus realistisch gemeint. Für Anhänger der Seelenwanderungslehre besitzt das Tieropfer keinerlei sakralen Charakter, sondern im Gegenteil: den eines aus Verblendung begangenen Verbrechens. Für Empedokles ist das blutige Opfer, genauso wie das ihm folgende Opfermahl, eine zutiefst unreine Handlung, die den Stempel eines entarteten Zeitalters und einer verderbten Menschheit trägt. Es ist Ausdruck der Herrschaft des Ares, des Gottes des Krieges, der Zwietracht und des Hasses. Die Menschen des Goldenen Zeitalters hingegen lebten unter der milden Regentschaft der »Kypris«, wie Empedokles die Liebesgöttin Aphrodite mit Blick auf ihren Geburtsort vor der Küste Zyperns tituliert. Die Menschen dieses paradiesischen Zeitalters gewannen sich die Gnade ihrer Göttin nicht mit blutigen Opfern, sondern »mit frommen Kultbildern, mit gemalten Lebewesen und köstlichen Salben, mit Opfern reiner Myrrhe und duftendem Weihrauch und indem sie Spenden gelblichen Honigs auf die Schwelle schütteten«. Ihre Altäre wurden niemals »vom reinen Blut ermordeter Stiere« besudelt.[12]

In Abgrenzung von dem Opferbegriff des offiziellen Kultus bilden Orphiker, Pythagoreer und andere einen eigenen, neuen, gewissermaßen »verinnerlichten« Begriff von Opfer aus: Reinigung, Entsühnung, Enthaltsamkeit, Askese und Triebverzicht sind die zentralen Aspekte dieses neuen Opferbegriffs. Das Schlüsselwort lautete »orphikos bios« – die »orphische Lebensweise«. In ihr kommt der Diätetik eine ganz besondere Bedeutung zu, und sie erschöpft sich bei weitem nicht in der Forderung nach »Enthaltung von Beseeltem«, sondern verlangt auch den Verzicht auf Eier, Bohnen und Wein. Was die Reinheits- und Abstinenzvorschriften angeht, scheint zwischen Orphikern und Pythagoreern weitgehende Übereinstimmung geherrscht zu haben. Doch gibt es auch abweichende Überlieferungen, denen zufolge sich die Abstinenzforderungen keineswegs auf alle tierische Nahrung, sondern nur auf das Fleisch bestimmter Tiere, wie Rind und Widder, bezogen haben sollen. Aristoxenos meint sogar, Pythagoras habe Hähne, Milchböcklein und Ferkelchen ausdrücklich als Opfertiere zugelassen, und selbst das immer wieder mit Pythagoras in Verbindung gebrachte Bohnen-Verbot bestreitet er. Im Gegenteil, seiner Kenntnis nach habe der Meister sogar ausgiebig Gebrauch von diesem wohlschmeckenden Gemüse gemacht.[13] Wieder anderen Überlieferungen zufolge sei besonders der Genuß von Fischen untersagt gewesen. Es gibt auch Meidungsvorschriften, die sich nur auf bestimmte Organe beziehen. Wie dem auch sei: *Daß* Nahrungs-Tabus und Abstinenzvorschriften bestanden, darüber kann es keinen Zweifel geben. Und daß diese diätetischen Vorschriften mit dem Verlangen der Pythagoreer nach Reinheit und mit der Lehre von der Seelenwanderung zusammenhingen, scheint ebenfalls festzustehen. Ein überliefertes Fragment, das sich auf das Verbot, Bohnen zu essen, bezieht, enthält sogar die Behauptung, es sei ebenso schlimm, Bohnen zu essen, wie wenn man die Köpfe seiner Eltern verspeise.[14]

Abgesehen von den Meidungsvorschriften, die sich auf bestimmte Nahrungsmittel beziehen, sind den Pythagoreern darüber hinaus auch periodische Fastenzeiten vorgeschrieben. Diese Forderung erklärt sich kaum mehr aus der Lehre von der Seelenwanderung, sondern trägt eindeutig die Kennzeichen einer asketischen Disziplin: Katharsis durch Verzicht. Das gleiche gilt für eine weitere pythagoreische Forderung, die jedem abverlangt wurde, der in den Bund der Pythagoreer aufgenommen werden wollte: eine fünfjährige Schweigeperiode während des Noviziats.[15] Die pythagoreische Disziplin erstreckte sich auf sämtliche Bereiche des Lebens und umgab die alltäglichsten Verrichtungen mit einem Netz von rituellen Vorschriften und Tabus. Hier haben wir einerseits Fragmente einer mönchischen Disziplin vor uns, ja Bestandteile einer echten Klosterregel, andererseits Relikte archaischer Tabuvorstellungen. Selbstverständlich war auch die Kleidung Bestandteil dieser rituellen Ordnung. Hierbei lassen sich sogar gewisse Analogien zu den Abstinenzvorschriften im Bereich der Ernährung erkennen. So ist den Mitgliedern der pythagoreischen Gemeinschaft das Tragen von wollenen Gewändern untersagt, denn Wolle ist ein tierisches Produkt. Die Pythagoreer sollen sich in weiße, linnene Gewänder hüllen, da in Tuchen aus pflanzlichem Material und in der weißen Farbe das pythagoreische Streben nach Reinheit seinen adäquaten Ausdruck findet. Hier gelten also analoge Einschränkungen zu denjenigen, wie sie im Ernährungsbereich gelten, und offenbar liegt beiden auch das gleiche Motiv zugrunde: Meidung von allem, was tierischer Herkunft ist. Man könnte es auch so ausdrücken: Reinheit bedeutet immer »Abkehr von der Animalität«, die wiederum ihrerseits mit »Körperlichkeit« (im Gegensatz zu Geistigkeit) assoziiert wird. Das heißt: In dem Bestreben, eine Berührung mit tierischen Stoffen möglichst zu vermeiden, wird das pythagoreische Streben nach Vergeistigung erkennbar.

Wir hatten schon davon gesprochen, daß von den Pythagoreern bestimmte geistige Übungen eigens zu dem Zweck entwickelt worden waren, sich seiner früheren Existenzen erinnern zu können. Sich an seine vergangenen Existenzweisen zu erinnern, bedeutete nämlich soviel wie: sich der Kräfte und Bedingungen bewußt zu werden, die zur gegenwärtigen Existenz geführt hatten. Pythagoras oder Empedokles gehen in ihren geistigen Übungen allerdings längst nicht so weit wie Buddha, der aus der Meditation über seine früheren Existenzformen das berühmte »Gesetz der zwölf Entstehungen in gegenseitiger Abhängigkeit« ableiten konnte und damit den Schlüssel zur Vermeidung immer neuer Wiederverkörperungen in Händen hatte.

Die geistigen Übungen der Pythagoreer beschränkten sich jedoch nicht auf die Kontemplation über frühere Existenzformen. Mehr noch als mit den Schicksalen und Wanderungen der Seele beschäftigten sich die Pythagoreer mit Betrachtungen über die Gesetze von Zahl und Harmonie. Man hat sehr richtig erkannt, daß die pythagoreische Zahlenlehre keine Mathematik in unserem Sinne gewesen ist, sondern eher mit einer Meditation über Zahlenverhältnisse, Entsprechungen und Harmonien verglichen werden muß, wobei der eigentliche Sinn solcher Meditationsübungen in einer Harmonisierung und Beruhigung der menschlichen Seele bestand. Denn nach pythagoreischer Vorstellung ist die Seele dann, wenn sie zur Harmonie gefunden hat, ein Spiegelbild der Harmonie des Alls – anders gesagt: Um seinen Seelenfrieden zu finden, muß der Mensch zu jener inneren wie auch äußeren Harmonie kommen, deren Prototyp die kosmische Harmonie selbst ist. Diese »Angleichung« an die Harmonie des Himmels – jener Harmonie, wie sie vor allem im regelmäßigen Umschwung der Sphären zum Ausdruck kommt – vollzieht sich pythagoreischer Seelenführung gemäß über die Beschäftigung mit Zahlenlehre, Mathematik, Astronomie und vor allem mit *Musik.* Ein bedeutender Musiktheoretiker des 4. Jahrhunderts v.Chr., der Pythagoreer Archytas von Tarent, drückt wohl die von der überwiegenden Mehrzahl aller Pythagoreer vertretene Meinung aus, wenn er die irdische Musik als »Nachahmung der himmlischen« bezeichnet. Das ist eine Anspielung auf die berühmte pythagoreische Lehre von der »Sphärenmusik«, die auch von Platon und von vielen anderen vertreten wird.

Über die Frieden und Versöhnung stiftende Macht der Musik gibt es unzählige Legenden; einige davon werden in unserem Kapitel »Göttliche Sänger« dargestellt (vgl. auch unser Kapitel »Sehnsucht nach den Sternen«). Neben den Orphikern sind es vor allem die Pythagoreer gewesen, die der Musik eine *all-einende* Macht zuschrieben und sie zur Heilung der Seele und zur Beruhigung des Gemüts einsetzten. Die sogenannte »Musiktherapie« ist sicherlich erst von den Pythagoreern zu einer regelrechten Methode entwickelt worden; doch gibt es Berichte über eine Verwendung von Musik zu exorzistischen Zwecken bereits im Alten Testament. So liest man im Buche Samuel (16, 23): »Wenn nun der böse Geist über Saul kam, nahm David seine Laute und spielte. Dann wurde es Saul leichter und besser, und der böse Geist wich von ihm …« Aber auch in Griechenland gibt es unzählige Mythen und Legenden dieser Art. Die meisten dieser Legenden künden vom Triumph der Musik über die Natur: Wilde Tiere werden zutraulich, Stürme legen sich, und das tosende Meer kommt zur Ruhe. Betrunkene werden nüchtern, Kranke genesen, Besessene werden von ihren Anfällen befreit. Der Heilgott Asklepios selbst soll empfohlen haben, Musik gegen Fieber anzuwenden. Empedokles soll sogar mit Hilfe der Musik einen Mörder von einem geplanten Verbrechen abgebracht haben, und von Terpander wird berichtet, er habe die Bewohner von Lesbos, die sich gegen ihn erhoben hatten, mit Gesängen wieder beruhigt. Der berühmte korinthische Sänger Arion, der mit seinem Gesang und Leierspiel selbst die Tiere erweichen konnte, entging dank seiner Kunst mit knapper Not dem Tode: Angelockt vom Zauber der Musik, rettete ein Delphin (das Tier des göttlichen Leierspielers Apollon!) den Sänger vor dem Ertrinken und trug ihn übers Meer bis an die heimatliche Küste…

Der Lehre des Pythagoras zufolge ist die *Zahl* der Archetyp aller seienden Dinge.[16] Der Kosmos selbst ist seinem Wesen nach Harmonie und Zahl. Diese kosmische Harmonie kann nicht nur in begnadeten Augenblicken erschaut, sie kann auch hörbar gemacht werden. Denn sie findet ihren unmittelbarsten Ausdruck in den harmonischen Tonverhältnissen der griechischen Tonleiter, auf die ein Saiteninstrument gestimmt ist.[17] Dies ist der Ausgangspunkt für das berühmte Gleichnis vom Kosmos als einem Saiteninstrument (Leier oder Monochord), das sich die ganze Antike hindurch immer wieder findet und in der europäischen Renaissance erneut auftaucht.

Nach der pythagoreischen Musiktheorie repräsentiert die Musik des Saiteninstruments am reinsten und vollkommensten die Harmonie des Alls. Die Töne *sind* Zahlen, denn ihre Verhältnisse zueinander – das heißt: die Tonintervalle – lassen sich in ganzen Zahlen ausdrücken. Auf diese Lehre von der Entsprechung zwischen musikalischer und kosmischer Harmonie geht auch die Vorstellung von Apollon als dem Gott der Harmonie zurück, der mit seiner Leier das Weltall in Bewegung hält und den Umschwung der Sphären bewirkt. Heraklits einprägsames Bild von der »gegenstrebigen Harmonie wie bei Bogen und Leier« hat die gleiche Idee zur Voraussetzung. Nach Platon wird die Sphärenmusik allerdings nicht durch die Bewegung der Sphären selbst erzeugt, wie dies die Pythagoreer lehren,[18] sondern von den Sirenen angestimmt[19], die sich in Platons grandioser Vision nicht als chthonische, sondern als himmlische Mächte zu erkennen geben. Platons Version der pythagoreischen »Sphärenmusik« sollte später noch reiche Frucht tragen. Seine Sirenen werden sich nämlich unter christlichem Einfluß zu »Engeln« wandeln, deren himmlische Chöre und deren süße Stimmen noch im Barock erklingen. Ja, in der christlichen Vorstellungswelt ist das Motiv der »musizierenden Engel« und der Engelchöre bis zum heutigen Tage fest verankert. Das Bild von der Sphärenmusik besitzt übrigens auch eine choreographische Entsprechung in Motiven wie dem vom »Tanz der Gestirne« oder vom »kosmischen Reigen« etc. Wie aktuell und gegenwärtig die pythagoreische Idee der Sphärenmusik selbst in der europäischen Neuzeit immer noch ist, bezeugen nicht zuletzt die folgenden Verse aus Goethes »Faust« (Prolog im Himmel):

Raphael:

> »Die Sonne tönt nach alter Weise
> In Brudersphären Wettgesang …«

Zur pythagoreischen Grundidee vom Kosmos als Zahl und Harmonie gesellt sich – gewissermaßen als ihr komplementäres Gegenstück – die Vorstellung, daß auch die Seele Zahl und Harmonie sei[20]. Diese Lehre begegnet uns unter anderem auch in Platons »Phaidon«, wo sie von dem Pythagoreer Simmias vorgetragen wird. Doch Platon selbst, pythagoreischen Gedankengängen gegenüber sonst gewöhnlich sehr zugänglich, lehnt die von Simmias vorgebrachte These, die Seele sei »Harmonie«, mit der Begründung ab, daß sie der Idee von der Unsterblichkeit der Seele widerspreche. In der Tat hatte Simmias in seiner Rede die Harmonie der Seele verglichen mit der Harmonie, auf die eine Leier gestimmt ist, nur mit dem Unterschied, daß die Harmonie, wie sie sich in der Seele manifestiert, das Gleichgewicht der Qualitäten und Elemente bezeichne, aus denen sich unser Körper zusammensetzt: die ausgewogene Mischung zwischen dem »Warmen und dem Kalten und zwischen dem Trockenen und dem Feuchten«. Dahinter verbirgt sich natürlich die Lehre von den Vier Elementen; denn mit dem »Warmen« ist das Feuer gemeint, mit dem »Kalten« die Luft, mit dem »Trockenen« die Erde und mit dem »Feuchten« das Wasser. Mit dem Tode jedoch zerbricht diese Harmonie, so wie die Harmonie eines Saiteninstruments zerstört ist, wenn man es zerbricht oder wenn man die Saiten zerschneidet (Phaidon 86 a b). Doch Simmias ist nicht der einzige Pythagoreer in dieser Gesprächsrunde. Seine radikale These, daß die Seele sich im Tode auflöse, findet selbst in den pythagoreischen Kreisen kaum Zustimmung, da sie ja den übrigen pythagoreischen Lehren von der Seelenwanderung völlig widerspricht. So vertritt denn auch der zweite Pythagoreer, der an der Gesprächsrunde teilnimmt, den geläufigen pythagoreischen Standpunkt von der Prae- und Postexistenz der Seele und von ihrer Wanderung durch verschiedene Körper.

Für uns sind die Ausführungen des Pythagoreers Simmias im »Phaidon« vor allem deshalb so interessant, weil darin die Seele mit einem Saiteninstrument oder – genauer – mit einer Leier verglichen wird. Das Gleichnis von der Seele als einem Saiteninstrument sollte von kaum geringerer Nachwirkung sein als sein Gegenstück: das Bild von der kosmischen Leier. Sowohl die Philosophen als auch die christlichen Kirchenväter werden sich dieses Motivs nicht selten bedienen. »Siehe, ich spiele mit meinem Plektron auf deiner Seele wie auf einer Leier!« läßt Montanus, der Begründer der Sekte der Montanisten, Christus zu ihm in einer Vision sagen. Doch wir brauchen nicht einmal auf die Vergangenheit zurückzugreifen, um uns von der reichen Nachwirkung dieses Motivs zu überzeugen. Denn wenn wir noch heute beispielsweise von »seelischen Schwingungen« oder von einem »zart besaiteten Gemüt« sprechen oder wenn wir »eine Saite in unserer Seele zum Erklingen« bringen, so läßt sich hinter solchen Metaphern immer noch unschwer der pythagoreische Vergleich der Seele mit einem Saiteninstrument erkennen.

Am konsequentesten stehen zwei neuzeitliche Gelehrte in der Nachfolge der Pythagoreer und ihrer Verbindung von Kosmologie, Musiktheorie und Psychagogik: Agrippa von Nettesheim (1486-1535) und der Engländer Robert Fludd (1574-1637). Agrippa, einer der bedeutendsten Vertreter der »Pansophie« und der okkulten Wissenschaften in der Renaissance, sagt von der musikalischen Harmonie, sie ziehe die himmlischen Einflüsse an und beeinflusse Gefühle und Neigungen, Ideen, Handlungen und sogar die Veranlagungen der Menschen. Auch er hebt besonders die Wirkung hervor, die die Musik auf die Natur ausübt. Vor allem Vögel, Fische und Schlangen seien äußerst empfänglich dafür. Ebenso ist der Tanz für Agrippa Ausdruck der kosmischen Harmonie. In den tänzerischen Figuren ahmt der Mensch den Reigen der Gestirne nach und bringt sich so in Übereinstimmung mit der Harmonie des Weltalls. Wie die Pythagoreer, so spricht auch Agrippa der Musik und dem Tanz eine heilende Macht zu: Wenn der Mensch die Bewegungen seines Körpers mit denen der Gestirne in Einklang bringt, dann gewinnt er seine Harmonie wieder und wird – sowohl innerlich als auch äußerlich – wieder gesund. Für Agrippa bedeutet Krankheit den Verlust der Harmonie mit dem Kosmos und Genesung deren Wiederherstellung.

Die pythagoreischen Vorstellungen von der kosmischen Harmonie und von der Wechselwirkung zwischen Makro- und Mikrokosmos, Weltall und Mensch, Kosmos und Seele werden ein Jahrhundert nach Agrippa von dem Engländer Robert Fludd erneut aufgegriffen. Im Mittelpunkt von Fludds Theorien steht der alte pythagoreische Vergleich des Universums mit einem Saiteninstrument, in diesem Fall dem Monochord.[21] Das Tastenbrett des Instruments stellt zugleich ein vollkommenes Modell des Universums nach neuplatonischer Vorstellung dar, und zwar in Übereinstimmung mit dem neuplatonischen Dreierschema von »kosmos aisthetos«, »kosmos noeros« und »kosmos noetos«. Die unterste Sphäre ist die der vier Elemente, beginnend mit dem gröbsten und schwersten Element, der Erde, und sich über die Elemente Wasser, Luft und Feuer immer weiter verfeinernd. Darüber beginnt der mittlere Kosmos: der Raum des sichtbaren Himmels mit den Sphären der sieben Planeten vom Mond bis zum Saturn, wobei sich die Sonne im Zentrum befindet.

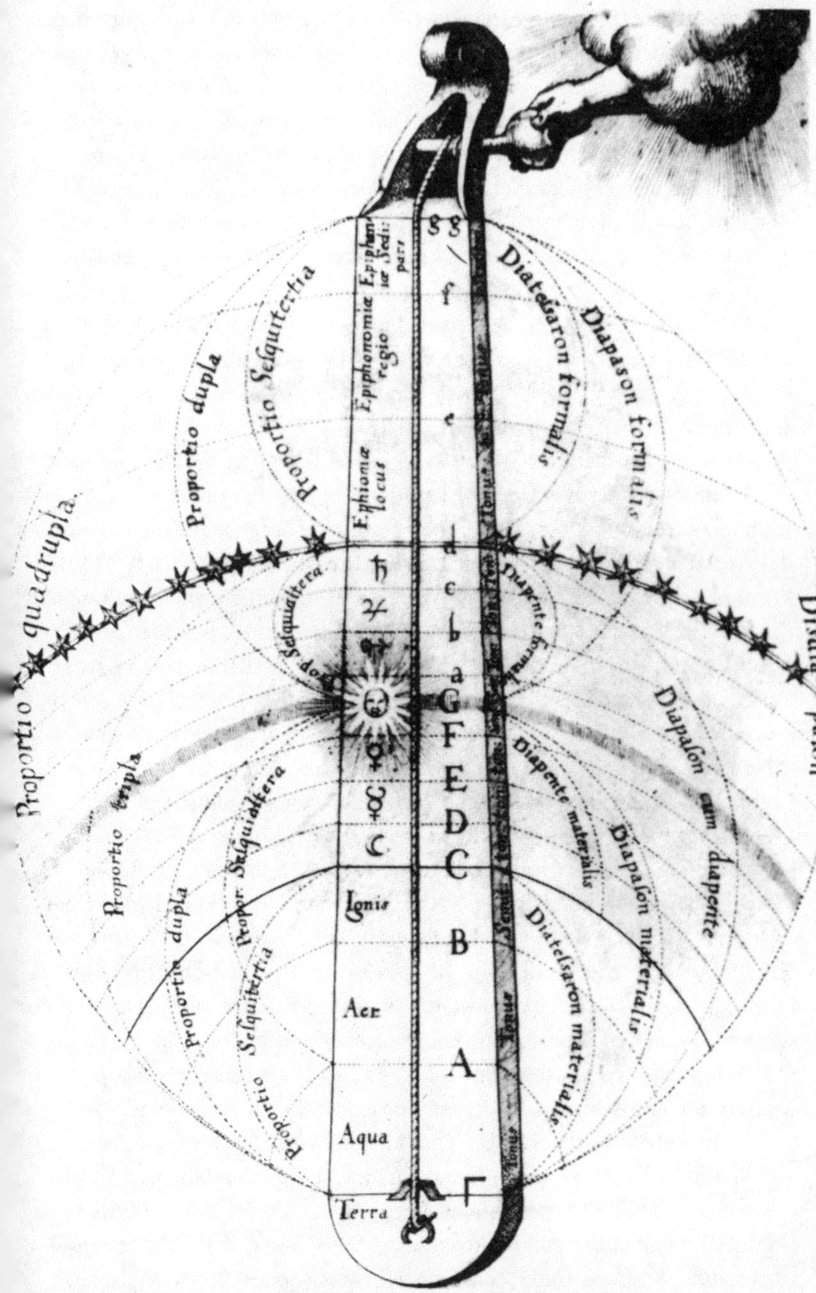

R. Fludd, Das Universum als Monochord

Der gestirnte Himmel findet seinen Abschluß mit der Fixsternsphäre, jenseits derer die immaterielle und unsichtbare Welt der rein geistigen Wesenheiten beginnt. Noch jenseits davon Gott selbst, dessen Hand das Instrument stimmt. Die Sphären aller Bereiche der sichtbaren und unsichtbaren Welt entsprechen in ihren Maßverhältnissen und Proportionen genau den Intervallen der einzelnen Töne, die von diesem Monochord hervorgebracht werden. Im Mittelpunkt des gesamten Systems befindet sich die Sonne. Sie trennt das »Diapason formalis« vom »Diapason materialis«.

Fludds faszinierender Pythagoreismus ist damit jedoch noch längst nicht erschöpfend behandelt. In seiner Schrift, die den bezeichnenden Titel trägt »Über die Musik der Seele«, entdeckt man nämlich eine weitere Illustration, die sozusagen das »mikrokosmische« Gegenstück zu Fludds Schema vom Aufbau der Welt als Monochord enthält. Genau wie nach der Meinung der Pythagoreer ist auch für Fludd nicht nur das Universum nach den Gesetzen der musikalischen Harmonie aufgebaut, sondern auch der Mensch und die menschliche Seele. So ist der Mensch als Mikrokosmos aufgrund der Wechselwirkungen, Sympathien und Analogien, die zwischen dem Makrokosmos und dem Mikrokosmos bestehen, gleichfalls ein Monochord, und dessen Tastatur befindet sich in exakter Übereinstimmung mit derjenigen des makrokosmischen Monochords. Auch hier wiederum legt Fludd seiner Darstellung das neuplatonische Dreierschema zugrunde: Der Dreigliederung des Menschen in Geist, Seele und Leib entsprechen drei kosmische Bereiche: der »Coelum Empyreum« (der Feuerhimmel, der die Sphäre der Fixsterne bildet), der »Coelum Aethereum« (der Ätherhimmel, in dessen sieben Sphären sich die sieben Planeten bewegen) und der »Coelum Elementare« (der Bereich zwischen Erde und Mond mit den vier Elementen). Der Sonne als dem Zentrum des Makrokosmos entspricht im Mikrokosmos des Menschen das Herz. Oberhalb des Herzens spannt sich – in Entsprechung zum »Diapason formalis« – das »Diapason spiritualis«, unterhalb davon – also in Entsprechung zum »Diapason materialis« – das »Diapason corporalis«.

Kehren wir nun von den Systemen der neuzeitlichen Pansophie zurück zu deren antiken Wurzeln. Ein Haupttheorem der Pythagoreer besagt, daß Makrokosmos und Mikrokosmos in innigster Verbindung und Wechselwirkung zueinander stehen und daß zwischen beiden subtile Entsprechungen, Sympathien und Anziehungskräfte herrschen. Mensch und Universum, Kosmos und Seele bilden sowohl jedes für sich als auch beide zusammen ein System von wunderbarer Harmonie, das seine

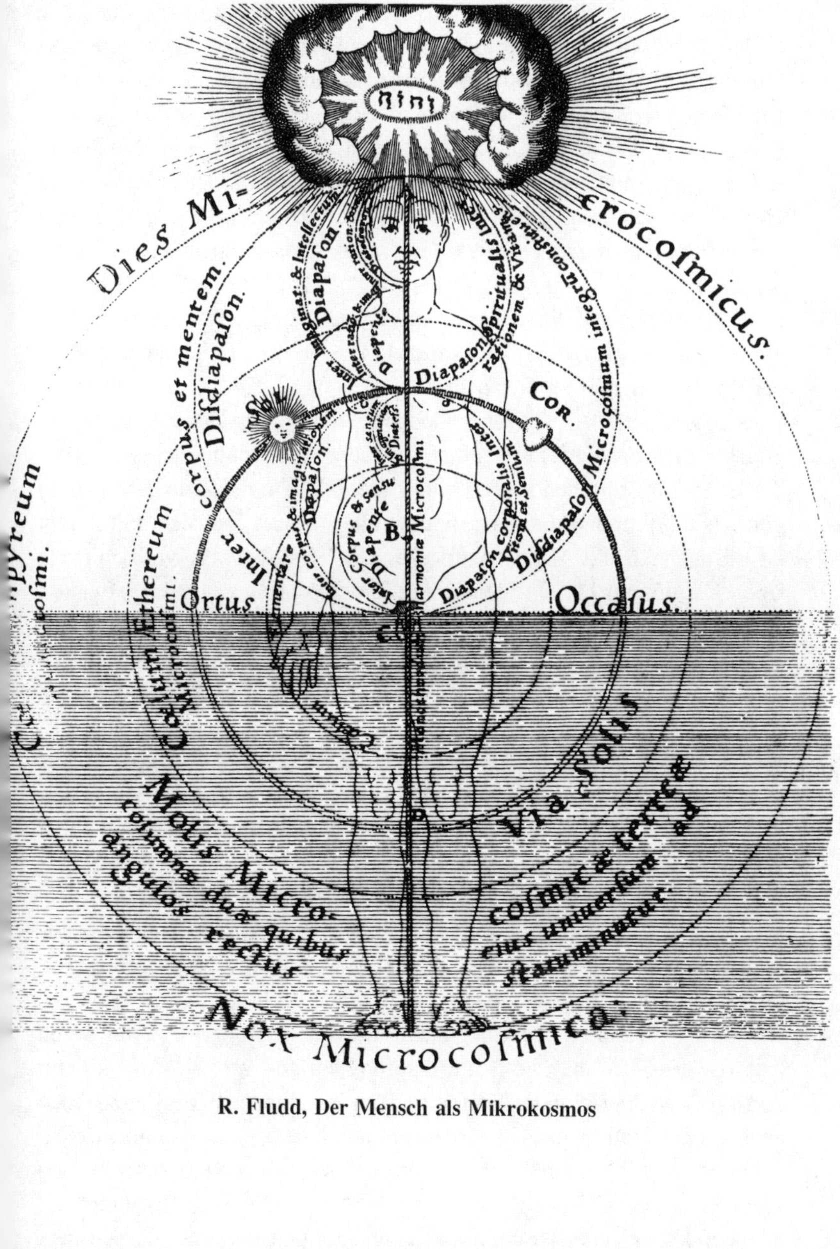

R. Fludd, Der Mensch als Mikrokosmos

direkteste und unmittelbarste Entsprechung in der Harmonie der Töne findet. Doch wir dürfen darüber nicht vergessen, daß die pythagoreische Philosophie nicht nur eine Theorie *über* Harmonie darstellt, sondern auch eine Praxis zu ihrer Verwirklichung und Bewahrung – daß sie also Psychagogik und Therapie ist. Zu diesem Zweck empfiehlt Pythagoras selbst seinen Schülern vor allem die Beschäftigung mit jenen klassischen vier Wissenschaften, die die Gesetze von Zahl und Harmonie zum Gegenstand haben: Zahlenlehre, Mathematik (Arithmetik und Geometrie), Astronomie und Musik. Dahinter steht der Gedanke, daß der Mensch, indem er sich mit Zahl und Harmonie beschäftigt, selbst zur Harmonie gelangt und so auch seine Seele ihrem himmlischen Urbild, der Harmonie der Sphären, immer ähnlicher wird.

Dies ist ein zutiefst mystischer Gedanke, hinter dem die Idee der »Angleichung« (homoiosis) erkennbar wird: der Angleichung an einen göttlichen oder kosmischen Prototyp. Die menschliche Seele findet zu ihrem göttlichen, himmlischen Ursprung zurück, indem sie sich mit ihrem kosmischen Urbild – der Harmonie des Weltalls – in vollkommene Übereinstimmung bringt. Nicht nur die Pythagoreer und Platoniker, sondern auch die Vertreter zahlreicher anderer Mysterienlehren gehen von einem solchen System der Korrespondenzen und Analogien zwischen Makrokosmos und Mikrokosmos aus und erblicken in der Angleichung des Menschen an ein kosmisches Urbild vollkommener Harmonie den Weg zum Heil. Urbilder dieser Art sind zum Beispiel auch die kosmischen Visionen der Hildegard von Bingen[22] oder die Vorstellungen vom Paradies. Konkret nehmen sie Gestalt an in den »Ideallandschaften« und geometrischen Gärten der Renaissance und des Barock. Ein weiteres Beispiel für die Lehre von der Übereinstimmung zwischen Makro- und Mikrokosmos ist das System der Astrologie. Im Umkreis solcher Weltmodelle hat auch Platons Idee von der »Weltseele« ihren Ursprung, wie sie im »Timaios« (34b ff) entwickelt worden ist.

Die innere Verwandtschaft der Seele mit dem Kosmos ist allein schon dadurch gegeben, daß die Seele ursprünglich aus dem Kosmos kommt und am Ende ihrer Wanderschaft durch die verschiedenen Existenzformen auch wieder dorthin zurückkehrt – vorausgesetzt, sie hat sich inzwischen geläutert und von ihren Bindungen an die Körperwelt befreit. Eng verbunden hiermit ist auch die Vorstellung, daß die Seele entsprechend dem Grad ihrer Vervollkommnung in immer höhere Regionen des Kosmos aufsteigt, so daß der Mensch gleichsam schon bei Lebzeiten dem Himmel angehört, in den er dann im Tode entrückt wird. Fast alle bedeutenden philosophischen und mystischen Bewegungen der antiken Welt, angefangen von den Orphikern und Pythagoreern über die Platoniker bis hin zu den Mysterienkulten der römischen Kaiserzeit, stimmen darin überein, daß sie ihren Anhängern ein solches Heil in Aussicht stellen.

Was ist das aber nun für ein Begriff von »Seele«, der solchen Systemen zugrundeliegt? Sicherlich keiner, der sich mit der Idee von einer »einzigartigen«, »unverwechselbaren« und »unauflöslichen« Persönlichkeit vereinbaren ließe. Allein schon die Lehre von der Seelenwanderung wäre mit einer solchen Auffassung unvereinbar. In theologischen Systemen, die der Mystik nahestehen, ist Personalität kein Wert; sie gilt im Gegenteil als das, was einer Vereinigung mit dem Göttlichen im Wege steht. Das, was wir »Personalität« nennen, ist nämlich nichts anderes als die Folge unserer (schuldhaft-schuldlosen) Abtrennung vom Ursprung und somit Ausdruck des Verlustes uranfänglicher Fülle und Vollkommenheit. Mit anderen Worten, Personalität bezeichnet einen Zustand des Mangels, der Bedürftigkeit. Eine Wiedergewinnung des ursprünglichen Zustandes setzt demnach einen Prozeß der Selbstentäußerung, ja »Selbstentleerung« voraus, bei dem das »Ich« geopfert werden muß. Die Leidenschaft des Mystikers hat immer Selbstauslöschung und rückhaltlose Hingabe an das Göttliche zum Ziel. Sie gleicht einer Flamme, die verzehrt, was ihr Nahrung gibt …

Der Seelenbegriff der griechischen Philosophie steht nun – ganz allgemein gesagt – solch mystischen Vorstellungen erheblich näher als derjenigen von der personalen Einzelseele. Die bedeutendste aller Seelenvorstellungen, die im antiken Griechenland entwickelt worden sind, ist die von der Wesensverwandtschaft der Seele mit dem Göttlichen. Sie wird von der großen Mehrheit aller Orphiker, Pythagoreer und Platoniker geteilt, wenn auch im einzelnen erhebliche Unterschiede bestehen. Für die Pythagoreer etwa ist die Seele ein »daimon«, ein göttliches Wesen; für die Platoniker und Neuplatoniker hingegen hat die Seele nur, soweit sie Geist (nous) ist, am Göttlichen teil. Parallel zu den Vorstellungen von der Seele als »Gott in uns« bildete sich auch die Lehre vom *Pneuma* als dem »Seelenstoff« heraus.

Mit der Idee von der Wesensverwandtschaft der Seele mit dem Göttlichen verbindet sich noch eine weitere Vorstellung: Die wahre Heimat der Seele ist nicht in dieser Welt hinieden zu suchen, sondern im Kosmos, in den Sternen oder gar jenseits des sichtbaren Himmels, in einem rein geistigen Reich der Ideen. Von dorther ist die Seele aus irgendeinem dunklen Grunde hinabgestürzt auf die Erde und wurde vom »Kerker«

oder vom »Grab« des Leibes umschlossen. Ihr Fall ins Fleisch geht, Platon zufolge, einher mit einer radikalen Verfinsterung: Die Seele hat dabei die Erinnerung an ihre himmlische Herkunft fast vollständig eingebüßt und erhält sie erst in dem Maße zurück, in dem sie sich vom Körper zu lösen beginnt. Nicht ohne Grund ist Platon der Meinung, die Philosophie müsse mit der »anamnesis«, also mit der Wiedererinnerung der Seele an ihren vorgeburtlichen Aufenthalt im Reich der Ideen, beginnen. Den gleichen Sachverhalt hat Platon auch im Auge, wenn er von der Philosophie sagt, sie sei eine »Übung im Sterben«, oder Plotin, wenn er von einer »Reinigung der Seele vom Leib«[23] spricht. Denn das »Wiedererwachen der Seele aus dem Körper« ist die Voraussetzung für jedwede Form von höherer Erkenntnis.
Seltsam ist auch die Beschreibung, die uns der Dichter Pindar von der Seele gibt: Er sagt nämlich, sie »schlafe, solange die Glieder tätig sind« (d.h.: solange wir wach sind) und werde erst im Traum und im Tod aktiv. Diese Auffassung von der Seele spiegelt mystische und ekstatische Erfahrungen wider – Erfahrungen, wie sie vor allem in den Erzählungen über frühgriechische »Schamanen« und »Mystiker« wie Abaris, Aristeas, Hermotimos, Epimenides und andere ihren Niederschlag fanden. Der Gedanke, daß die Seele sich erst dann entfalten könne, wenn der Mensch zur Ruhe kommt oder in Schlaf sinkt, ist in der Mystik generell verbreitet. Hierauf beruht unter anderem auch der klassische Gegensatz von »vita activa« und »vita contemplativa«. Damit sind wir aber zugleich wieder an den Ausgangspunkt unseres Kapitels zurückgekehrt: Mystik als ein »Schließen der Augen« und als »Rückzug aus der Welt«.
Es war unsere Absicht, mit diesem Kapitel eine Vorstellung davon zu vermitteln, in welch hohem Maße die griechische Philosophie von Anfang an – und nicht erst seit Platon – zugleich eine mystische Bewegung ist. Die meisten ihrer Lehren waren im Zusammenhang mit mystischen Erfahrungen entwickelt worden, so – um nur einige zu nennen – ihre Lehren vom Bau der Welt, von der Harmonie und von der Seelenwanderung.
Hieraus erklärt sich auch die Tatsache, daß die Grenzen zwischen Mysterienlehren und Philosophie häufig fließend sind, wie das etwa beim Vergleich der Orphik mit dem Pythagoreismus der Fall ist. In der römischen Kaiserzeit läßt sich ein ganz ähnliches Phänomen beobachten: Die meisten Vertreter der platonischen und der pythagoreischen Lehre sind zugleich Mystiker oder Anhänger von Mysterienkulten. Umgekehrt haben sich fast sämtliche spätantiken Mysterienreligionen eine platoni-

sche Theologie zugelegt. Ihren absoluten Höhepunkt jedoch erreicht die antike Mystik in der Philosophie des Neuplatonismus. Mit ihr ist auch die Grundlage für alle großen mystischen Bewegungen des Mittelalters und der Neuzeit geschaffen worden.

Die Sehnsucht nach den Sternen

17. Von der himmlischen und der irdischen Ordnung

Die Vorstellungen der meisten Völker vom Bau der Welt lassen sich, trotz all ihrer Vielfalt, im Prinzip auf ein dreiteiliges Schema zurückführen: oben die himmlische Welt mit Sonne, Mond und Sternen, unten die Welt der Toten und die Sphäre der Fruchtbarkeitsgottheiten und in der Mitte die Welt des Menschen, häufig als kreisförmige Scheibe gedacht, mit dem Weltenberg im Zentrum und rings umflossen vom Weltmeer. Was die jeweilige konkrete Gestalt dieses mythischen Universums betrifft, so gibt es eine unübersehbare Vielzahl von Varianten. Sie reichen vom »Weltenbaum« mit weit ausladenden Ästen über den terrassenförmig angelegten »Kosmischen Berg« bis hin zur Vorstellung von der kosmischen Harmonie als einem feingestimmten Saiteninstrument (der »Weltenleier« oder dem »Monochord«) und vom mehrstöckigen »Weltenhaus« mit fünf, sieben, neun oder mehr Etagen bis zum »Welten-Ei« und zur »Weltkugel«. Auch was das Material angeht, aus dem der Kosmos besteht, herrscht eine nicht weniger große Vielfalt von Vorstellungen. So setzt sich etwa der babylonische Himmel aus insgesamt sieben Halbkuppeln, den sprichwörtlichen »Sieben Himmeln«, zusammen, bestehend aus Edel- und Halbedelsteinen wie Jaspis und Lapislazuli; das altiranische Universum dagegen ist eine »kosmische Höhle« aus Felsgestein. Andere Traditionen wiederum kennen Glas und Kristall als kosmisches Baumaterial. Die herrschende Vorstellung vom Kosmos in der griechisch-römischen Antike hatte sich im Zusammenhang mit der pythagoreisch-platonischen Kosmologie herausgebildet: eine Kugel, bestehend aus sieben bzw. acht konzentrisch übereinanderliegenden Schalen, mit der ruhenden, aber ebenfalls kugelgestaltig gedachten Erde im Mittelpunkt. Davon sind sieben Schalen je einem bestimmten Planeten zugeordnet, wobei auch Sonne und Mond zu den »Planeten« gerechnet werden, während die achte und äußerste Schale die Sphäre der Fixsterne bildet, angefüllt mit glühendem Ätherstoff – das sogenannte »Empyreum«. Die Gnostiker der Spätantike schließlich werden jenseits der Sphären des sichtbaren Universums noch ein unsichtbares, rein geistiges Universum placieren – das sogenannte »Pleroma«, mit ebensovielen Sphären, wie sie das sichtbare Universum aufweist: den sogenannten »Äonen«.

Von den drei kosmischen Regionen – Himmel, Erde, Unterwelt – ist dem Menschen nur die mittlere zugänglich. Diese in die eine oder andere Richtung zu verlassen, ist ihm normalerweise versagt – es sei denn im Tode oder im Zustand der Trance und der Entrückung. Nach mythischer Denkweise nämlich verläßt in beiden Fällen die Seele den Körper und begibt sich in jenseitige Regionen des Kosmos, während der Körper auf der Erde zurückbleibt. Nur daß im einen Fall die Trennung lediglich vorübergehend ist, im anderen dagegen endgültig und unwiderruflich. Die Vorstellung, daß sich die Seele in gewissen, »paranormalen« Zuständen vom Leibe entfernt (oft fährt sie in Tiergestalt, zum Beispiel als Vogel oder Kriechtier aus dem Körper heraus), um Reisen in die entlegensten kosmischen Regionen zu unternehmen, ist ältestes schamanistisches Gedankengut, aber auch in anderen Kulturen – Altindien, Iran und Griechenland etwa – verbreitet.

So berichtet uns beispielsweise ein Vers aus dem Rigveda (X,126) von einem Asketen mit langem Haar, der »mit braunem Schmutz bekleidet und mit dem Wind gegürtet« ist und in den die Götter eingehen. Er ruft aus: »In der Trunkenheit der Ekstase haben wir die Winde bestiegen. Ihr Sterblichen könnt nichts wahrnehmen als unseren Körper. Der *muni* (heiliger Mann, Asket) fliegt durch die Lüfte; er ist das Pferd des Windes, der Freund Vayus (des Windgottes). Er folgt der Spur der Apsaras, der Gandharvas und der wilden Tiere, und er versteht ihre Gedanken ...«

Auch die griechische Überlieferung kennt zahlreiche Legenden um Personen, denen solche Jenseitsreisen zugeschrieben werden, darunter halblegendäre Gestalten wie Epimenides, Aristeas von Prokonnesos oder Hermotimos von Klazomenai, aber auch historische wie der eleatische Philosoph Parmenides. Die wohl berühmteste literarische Gestalt dieser Art ist der sonderbare Pamphylier Er, der im letzten Buch von Platons »Staat« auftritt und dessen ekstatische Jenseitsreise die Rahmenhandlung bildet, vor deren Hintergrund der Philosoph seine Vision vom Kosmos und von den Jenseitsschicksalen der Seele entwirft.

Nicht selten verbindet sich der Entwurf einer Kosmologie mit eschatologischen Vorstellungen, etwa mit Visionen vom Jenseitsschicksal der Seele, kosmischen Strafgerichten, Vergeltung, mit Apokalypsen, Weltuntergangsvisionen und Endzeiterwartungen. In dem persischen Buch Arda Viraf aus dem 4. Jahrhundert n.Chr. wird die Vision eines Heiligen vom Kosmos im Zustand der Entrückung geschildert: Während der

Heilige – durch einen Rauschtrank in Narkose versetzt – entschläft, überquert seine Seele, geführt von den Seelengeleitmächten Srosh und Adar, die Cinvat-Brücke, die den Weltenberg überspannt und Diesseits und Jenseits voneinander trennt, um in den Himmel zu gelangen. Über die Sphären der Sterne, des Mondes und der Sonne gelangt Arda Viraf schließlich zum Reich des »Weisen Himmelsherrn« Ahura Mazda (Ohrmuzd), erhält dort die gewünschte Offenbarung über das Jenseitsschicksal der Seele und kehrt nach sieben Tagen wieder in den Körper zurück, um den Menschen von seinen Erlebnissen im Jenseits zu berichten …

Es ist überhaupt zu vermuten, daß sich die mythischen Vorstellungen vom Kosmos in engem Zusammenhang mit solchen Entrückungszuständen ausgebildet haben. Freilich muß man bedenken, daß ekstatische und visionäre Erfahrungen, soweit sie in einen bestimmten religiösen Kontext eingebunden sind, keineswegs so »spontan« und unkontrolliert vor sich gehen, wie man dies häufig annimmt, sondern nach einem bis in Einzelheiten hinein genau festgelegten Programm, ähnlich einer Choreographie oder Partitur oder wie bei der Inszenierung eines Bühnenstücks. Diese, sagen wir, »theatralischen« Aspekte des ekstatischen Szenarios sind bis jetzt weitgehend vernachlässigt worden. Ablauf und Inhalt einer Ekstase folgen, so wird sich zeigen, einem »Drehbuch«, und das Bild vom Kosmos ist die Kulisse, vor der die Handlung spielt. Was für ekstatische Riten im besonderen gilt, das gilt für den Ritus ganz allgemein. Noch die christliche Liturgie nach ostkirchlich-byzantinischem Ritus hat diesen Zusammenhang von Ritus und Kosmologie voll bewahrt: Der Gottesdienst findet in einem kosmischen Rahmen statt – der Altarraum mit dem Allerheiligsten verkörpert den Himmel, das Kirchenschiff mit den Gläubigen die Erde; die Kirche als ganzes repräsentiert so einen vollkommenen Kosmos.

Insgesamt läßt sich sagen, daß das Bild, das religiöse oder, sagen wir, »nichtsäkulare« Kulturen vom Kosmos entworfen haben, weit mehr Verwandtschaft mit einem Kunstwerk besitzt als mit einem Weltbild im naturwissenschaftlichen Sinne. Das Bild vom Kosmos in religiösen Kulturen ist nicht das Ergebnis einer aufgrund astronomischer und physikalischer Daten errechneten, sondern einer erdachten oder erschauten Harmonie, einer Meditation über innere Zusammenhänge, Entsprechungen und Korrespondenzen. Bestimmte Phänomene und Vorgänge am Himmel, wie die Bewegungen der Gestirne, der Zyklus der Mondphasen oder die Bahn, die die Sonne täglich beschreibt, sind lediglich der Anlaß für eine solche Meditation. Deren wichtigstes Ziel aber besteht im Aufzeigen von

Beziehungen zwischen dem Makrokosmos des Alls und dem Mikrokosmos des Menschen, zwischen himmlischer und irdischer Ordnung. Alles in allem stellt das, was wir »Kosmos« nennen, gleichsam das himmlische Urbild einer vollkommenen, ewiggültigen und unveränderlichen Ordnung dar, den mythischen Prototyp, dem die Menschen bei all ihren Bemühungen um die Etablierung einer tragfähigen Ordnung auf Erden nachstreben. Ihm nachzustreben, macht uns gleichsam zu Teilhabern jener kosmischen Harmonie, und soweit wir an dieser teilhaben, haben wir auch am Ewigen teil, sind auch wir dank einer solchen Teilhabe vollkommen und unzerstörbar geworden, sind wir dem Tode entronnen. Damit bekommt jede religiöse Kosmologie einen anderen Hintergrund: Sie erweist sich nämlich als Heilslehre, als Soteriologie.

Die Verknüpfung von kosmologischen mit soteriologischen Konzepten wird uns in exemplarischer Weise vorgeführt am Beispiel der »Himmelfahrt«, die der Philosoph Parmenides erlebt und bei der ihm das Mysterium vom wahren, ewigen, unzerstörbaren Sein enthüllt wird, das sich in Gestalt der *Kugel* offenbart, womit wohl die Gestalt des Kosmos selbst gemeint sein dürfte[1], auf den der Philosoph gleichsam von oben, aus transzendenter Höhe, von seinem Standort *außerhalb* der Welt, hinabblickt. Geleitet von den Heliadenmädchen, den Sonnentöchtern, fährt der Philosoph auf einem von vier feurigen Rossen gezogenen Wagen dem Lichtreich entgegen und empfängt dort oben die beruhigende Botschaft, die ihm Gewißheit verschafft, daß

»Sein ist und Nichtsein nicht ist«,

mit anderen Worten, daß also der Philosoph den Tod nicht zu fürchten braucht, da das, was wahrhaft *ist*, niemals dem Tod verfallen kann, während das, was dem Tod *nicht* widersteht, ohnedies *Nichtsein* war.[2]

Dagegen ist die Frage nach der Vergeltung, nach dem Lohn, der die Seele eines gerechten Menschen nach seinem Tode im Jenseits erwartet, der Ausgangspunkt für Platons kosmologische Vision im 10. Buch des »Staates« (614 b ff). Den äußeren Handlungsrahmen bilden die Erlebnisse eines Mannes namens Er aus Pamphylien in Kleinasien, der im Kriege tot auf dem Schlachtfeld liegengeblieben war, dessen Leichnam aber, als man ihn nach zehn Tagen fand und zur Bestattung holte, noch keinerlei Verwesungsspuren zeigte. Am zwölften Tage plötzlich lebte er wieder auf, gerade als er auf dem Scheiterhaufen lag. Zu Bewußtsein gekommen, berichtete er von seinen Erlebnissen in den vergangenen zwölf Tagen,

von dem Augenblick an, da er auf dem Schlachtfeld in einen todesähnlichen Zustand gefallen war und seine Seele den Körper verlassen hatte: »Nachdem seine Seele ausgefahren, sei sie mit vielen anderen gewandelt und sie wären an einen wunderbaren Ort gekommen, wo in der Erde zwei aneinandergrenzende Spalten gewesen und am Himmel gleichfalls zwei andere ihnen gegenüber. Zwischen diesen hätten Richter gesessen, welche, nachdem sie die Seelen durch ihren Richterspruch geschieden, den Gerechten befohlen hätten, den Weg rechts nach oben durch den Himmel einzuschlagen ..., den Ungerechten aber den Weg links nach unten ... Als nun auch er hinzugekommen, hätten sie ihm gesagt, er solle den Menschen ein Verkündiger des Dortigen sein, und hätten ihm geboten, alles an diesem Orte zu hören und zu schauen. Er habe nun dort gesehen, wie durch den einen jener Spalte im Himmel und in der Erde die Seelen, nachdem sie gerichtet worden, abgezogen seien, von den anderen beiden aber seien, aus dem in der Erde Seelen hervorgekommen voller Schmutz und Staub, durch den anderen hingegen seien reine Seelen vom Himmel herabgestiegen. Und die Ankommenden hätten jedesmal geschienen wie von einer langen Wanderung herzukommen und sich, sehr zufrieden, daß sie auf diesen Matten verweilen konnten, wie zu einer festlichen Versammlung hingelagert. Die einander Bekannten hätten sich dann begrüßt und die aus der Erde Kommenden von den anderen das Dortige erforscht, und so auch die aus dem Himmel von jenen das Ihrige. Und so hätten sie einander erzählt, die einen heulend und weinend, indem sie gedachten, welcherlei und wie Großes sie erlitten und gesehen während der unterirdischen Wanderung; die Wanderung aber sei tausendjährig. Die aus dem Himmel hingegen hätten von ihrem Wohlergehen erzählt und der unbegreiflichen Schönheit des dort zu Schauenden. Vielerlei nun davon erfordere viel Zeit zu erzählen, die Hauptsache aber sei dieses, daß sie jeder für alles, was sie jemals und wem immer Unrechtes getan, einzeln hätten Strafe geben müssen, zehnmal für jedes, nämlich immer wieder nach hundert Jahren, weil das die Länge des menschlichen Lebens sei, damit sie so zehnfach die Buße für das Unrecht ablösten.«
Sieben Tage lang dürfen die Seelen der Abgeschiedenen so verweilen und einander von ihren Erlebnissen berichten. Dann müssen sie wieder aufbrechen und wandern. Nach vier Tagen gelangen sie an einen Ort, »wo man von oben herab ein gerades Licht wie eine Säule durch den ganzen Himmel und die Erde gespannt sieht, am meisten dem Regenbogen vergleichbar, nur glänzender und reiner« – das platonische Bild für die »axis mundi« im Zentrum der Welt, die die acht kosmischen Sphären

miteinander verbindet und das Universum zusammenhält. Platon spricht sogar von einer Säule – die klassische Gestalt der Weltachse in den Kosmologien vieler Völker –, wie er auch den Regenbogen nennt, der ebenfalls zu den Grundmotiven in mythischen Weltmodellen gehört und darin die Funktion der »Himmelsbrücke« hat. Näher zu dieser Lichtsäule hingekommen, erblicken die Seelen dann das eigentliche Herzstück der Himmelsmechanik: die sogenannte »Spindel der Notwendigkeit« – gleichfalls ein uraltes mythisches Symbol, das an die Tätigkeit der Schicksalsmächte erinnert, und diesen ist ja die Wahrung der kosmischen Harmonie anvertraut: Während die Moiren den Umschwung der Sphären bewirken, lassen die Sirenen die Musik des Alls ertönen und machen so die kosmische Harmonie hörbar. Nach seiner grandiosen Beschreibung der Sphärenharmonie wendet sich Platon wieder dem Schicksal der Seelen zu, die auf ihrer Wanderschaft bis hierher, zum »Mittelpunkt der Welt«, vorgedrungen sind. Hier fällt die Entscheidung über das Los, das die Seelen in ihrem künftigen Leben erwartet, wenn sie, der platonischen Seelenwanderungslehre gemäß, in neuer Gestalt ein neues Erdendasein beginnen und damit den Reigen von Geburt, Tod und Wiedergeburt um einen weiteren Zyklus verlängern.

Was die vom Zwang zu neuerlichem Erdendasein erlöste und in den Himmel aufgefahrene Seele betrifft, so erfahren wir von ihrem aller Erdenschwere enthobenen Dasein hier nichts Näheres. Dazu müßten wir uns an jene andere berühmte Jenseitsvision halten, die uns Platon im »Phaidros« (246 ff) wiedergibt: Die ihrer irdischen Fesseln ledige und über die acht Sphären des Himmels aufgestiegene Seele des Erlösten zieht, gemeinsam mit den Göttern und den Seelen der anderen Auserwählten, in Gestalt eines »geflügelten Gespannes« über den »Rücken des Himmels« – sie gelangt also über die achte und äußerste Sphäre des sichtbaren Himmels noch hinaus, obgleich sie auch dort, an ihrem Ort jenseits des sichtbaren Universums, an der allgemeinen Kreisbewegung, die den gesamten Kosmos beherrscht, teilnimmt.

Auch Platons Vision vom Bau des Universums, wie sie uns der Philosoph durch den Mund des Ekstatikers Er wiedergibt, ist unvollständig. Wir müssen uns diese Darstellung ergänzt denken durch das Bild von der »Weltseele«, wie es Platon im »Timaios« (34 b ff) entwirft. Er entwirft es in enger Anlehnung an die pythagoreische Vorstellung vom Kosmos als *Zahl und Harmonie*, doch in Übereinstimmung gebracht mit der platonischen Ideenlehre. Danach ist die sichtbare Welt nichts anderes als die Erscheinung der Idee in Raum und Zeit, das sinnliche und veränder-

liche Abbild des Ewigen. So wie der Kosmos als Ganzes, sind auch die einzelnen Gestirne »lebendige« und »beseelte« Wesen. Der Himmel ist erfüllt mit Ätherstoff, einer dem »pneuma« durchaus vergleichbaren feinstofflichen Substanz; Himmel und Seele, Weltseele und Einzelseele sind also letztendlich konsubstantiell.
Doch nun zum Aufbau dieses pythagoreisch-platonischen Universums, dessen Grundschema für die gesamte hellenistische und spätantike Welt verbindlich bleiben sollte, nachdem es durch Aristoteles seine letzte und entscheidende Präzisierung erfahren hatte: Die große Grenzscheide zwischen irdischer und himmlischer Welt bildet danach die Sphäre des Mondes, die erste und erdnächste der kosmischen Sphären. Dieser innerste Kreis ist gemeint, wenn auf einem der berühmten, den Orphikern zugeschriebenen Goldtäfelchen aus Thurioi, Unteritalien (ca. 350 v.Ch.), der Verstorbene bekennt: »Ich entfloh dem Kreis der Trauer und der Schmerzen!«. Denn alles, was sich *diesseits* der Sphäre des Mondes, in diesem innersten Kreis also, abspielt, ist nichts als ein Totentanz: Hier befindet sich die Welt des Vergänglichen und des Zufalls; hier herrschen die kalten und schweren Stoffe vor, die sich gleichsam aus den »Schlacken« des Universums, aus seinen nach unten gesunkenen Ablagerungen, gebildet haben. Doch *jenseits* des Mondes eröffnet sich die Welt jener ehernen und ewiggültigen Gesetze, deren sichtbaren Ausdruck die Kreisbahnen der Gestirne darstellen. Für die acht Sphären des platonischen Kosmos gilt demnach folgende Reihenfolge:[3]

8) die Sphäre der Fixsterne und des Tierkreises
7) die Sphäre des Saturn
6) die Sphäre des Jupiter
5) die Sphäre des Mars
4) die Sphäre des Merkur
3) die Sphäre der Venus
2) die Sphäre der Sonne
1) die Sphäre des Mondes

Bei Platon verbindet sich die Kosmologie bekanntlich mit der Lehre von der Präexistenz der Seele in einem hyperuranischen Raum, einem Himmel noch jenseits des sichtbaren Himmels, in den die Seele am Ende ihrer Reise durch die irdischen Existenzformen auch wieder zurückkehrt. Welches Ereignis überhaupt den Absturz der Seele aus dem Himmel in die Körperwelt verursacht, erfahren wir gleichfalls aus einem platonischen Mythos. In der vorhin genannten Stelle im »Phaidros« (246 ff) ist nämlich auch davon die Rede, daß die befiederten Seelengespanne bei ihrer Fahrt über den »Rücken des Himmels« ins Straucheln geraten können, wobei die Gefahr besteht, daß sie einen Unfall erleiden und ihrer Flügel verlustig gehen. Dann stürzen sie, aus ihrer Bahn geworfen, durch die acht Sphären des Kosmos hinab bis auf die Erde, wo sie in einen Leib eingehen und in immer neuen irdischen Existenzformen solange ausharren müssen, bis ihnen ihre Flügel wieder nachgewachsen sind.

Bei einigen der von der pythagoreisch-platonischen Kosmologie beeinflußten Denker der römischen Kaiserzeit wird Platons Mythologem vom Sturz der Seele aus dem Lichtreich in die irdische Existenz weiterentwickelt zu einer regelrechten »Astralpsychologie«, womit der heute noch aktuellen Verbindung von Astralgläubigkeit und Charakterkunde der Weg gewiesen wird. Zwar hatte man bereits in der babylonischen Gestirnskunde den Planeten aufgrund ihrer unterschiedlichen Farbe und Helligkeit verschiedene Eigenschaften zugesprochen, doch erst nunmehr, in der römischen Kaiserzeit, wird die Zuweisung von Charaktermerkmalen an Gestirne mit einer Lehre von den menschlichen Charaktereigenschaften verbunden. In Anknüpfung an die Lehre von der Präexistenz der Seele und ihrem Fall durch die Sphären in die Körperwelt ließ man die Imprägnierung der ursprünglich völlig reinen Seele mit allen ihren späteren negativen Charaktermerkmalen und Wesenszügen aus ihrer Berührung mit den Planeten hervorgehen. So liest man etwa im Kommentar des Servius zu einer Stelle aus Vergils Äneis, daß die Seelen vor ihrer Verbindung mit dem Leib durch die Planetensphären hinabsteigen und dabei vom Saturn die Trägheit, vom Jupiter die Herrschsucht, vom Mars den Zorn, vom Merkur die Gewinnsucht und von der Venus das Genußstreben erhalten.

Diese Sicht bietet auch die Erklärung dafür, weshalb bei den Gnostikern die Planetendämonen als böse gelten. Sie stellen die »Archonten« dar, die den Toren jeder Himmelssphäre zugeordnet sind und alles Geschehen auf Erden negativ beeinflussen. Nur durch ihren Wiederaufstieg ins Lichtreich eines *anderen, jenseits* des sichtbaren Kosmos gelegenen Universums kann die Seele sich reinigen und dem Einfluß der Gestirnsdämonen entkommen.

Für sämtliche Platoniker sowie für alle von Platon beeinflußten Denksysteme oder Mysterientheologien und Heilslehren der Spätantike ist der Aufstieg der Seele über die acht Sphären des Kosmos zugleich der Weg zur Erlösung und zur Vereinigung mit Gott. Die Seele erhebt sich in den Himmel, während der Leib und mit ihm alle negativen Charaktereigenschaften und Wesensmerkmale, alle niederen Instinkte zurückbleiben bzw. Stufe um Stufe, im Einklang mit dem Aufstieg über die Planetensphären, abgestreift werden, so wie man – wir kommen auf diesen Vergleich noch zurück – »Gewänder ablegt« und sich »vormaliger Hüllen entledigt« (Plotin). Doch die Sicht von der Erlösung als Aufstieg der menschlichen Seele ins Sternenreich ist bereits in der Eschatologie Zarathustras und seiner Lehre vom Dualismus des Lichten und des Dunklen zu finden. Sie wird sich in der Erlösungslehre der Mithras-Mysterien fast unverändert wiederfinden. Ob Pythagoras eine altiranisch-zoroastrische Quelle gekannt hat, die ihn dazu inspirierte, die »Inseln der Seligen« nicht mehr – wie Hesiod noch – »jenseits des Okeanos, am Rande der Welt« zu lokalisieren, sondern in die Gestirne zu verlegen, wissen wir nicht genau. Ein berühmtes »Akusma« des Philosophen lautet jedenfalls: »Was sind die Inseln der Seligen? – Sonne und Mond!« Genau diese Auffassung aber finden wir auch bei Zarathustra. Auch die orphischen Zeugnisse legen nahe, daß die Anhänger dieser Mysterien gleichfalls den Menschen als »Kind der Gestirne« ansahen. Dies geht unter anderem aus einem orphischen Goldtäfelchen aus Petelia (Unteritalien) hervor, auf dem der Verstorbene bei seiner Ankunft in der Unterwelt bekennt: »Ich bin ein Sohn der Erde und des gestirnten Himmels«.[4] Ähnliche Anschauungen bestimmen auch die Verbindung von Astralreligion und Soteriologie in den Mysterien des Mithras, deren kosmologische Vorstellungen unter dem Einfluß Zarathustras und Platons gleichermaßen stehen. Auch hier steigt der Myste, im Einklang mit den sieben Stufen seiner Einweihung, über die sieben Planetensphären auf, seiner Sternenheimat entgegen. Mit jeder neuen Stufe hat sich der Myste weiter geläutert und vergeistigt; jeder Planetensphäre entspricht ein Weihegrad, dessen Name einen symbolischen Zusammenhang mit der ihr zugeordneten himmlischen Sphäre auch trotz seines verschlüsselten Charakters erkennen läßt. Wenn wir im folgenden das System dieser sieben Einweihungsstufen und der ihnen zugeordneten Himmelskörper kurz vorstellen, so ist zu bedenken, daß hier die Anordnung der sieben Planetensphären nicht mit dem oben wiedergegebenen platonischen Schema übereinstimmt. Das hängt damit zusammen, daß nach iranisch-zoroastrischer Tradition der Mondhimmel und der Sonnenhimmel noch *jenseits* des Sternenhimmels lokalisiert wurden, was auch noch aus dem relativ spät, nämlich erst im 4. Jh. n.Chr. entstandenen Buch »Arda Viraf« ersichtlich ist. Nun das mithräische Schema der sieben Weihegrade und der mit ihnen verbundenen Planeten:

1) Rabe (corax; als himmlischer Bote): Merkur
2) Bräutigam (nymphus): Venus
3) Soldat (miles): Mars
4) Löwe (leo; Königssymbol): Jupiter
5) Perser (dem der Mond heilig war): Luna
6) Sonnenläufer (heliodromus): Sol
7) Vater (pater; Ältester u. Ranghöchster): Saturn

Im Mithräum von Ostia war die Beziehung zwischen den Einweihungsgraden und den Planetensphären durch das Symbol einer »Himmelsleiter« veranschaulicht worden. Auch dieses Symbol reicht weit in die Kulturgeschichte zurück – man denke nur an die biblische Erzählung vom Traum Jakobs (Gen 28,10-19) oder davon, daß z.B. bei den Ägyptern Leitermodelle als Grabbeigaben dienten, um dem Toten seinen Aufstieg in den Himmel zu ermöglichen. Origenes zufolge erwähnt Celsus gleichfalls die Bedeutung solcher »Himmelsleitern« im Rahmen des Mithraskults. Er teilt uns sogar mit, daß jeder kosmischen Sphäre ein bestimmtes Metall zugeordnet gewesen sein soll, und zwar dem Saturn das Blei, der Venus das Zinn, dem Jupiter das Erz, dem Merkur das Eisen, dem Mars eine Metallegierung, dem Mond das Silber und der Sonne das Gold[5] – auch dies altiranische Tradition. Es scheint, daß es die in Ostia auf einem Mosaik dargestellte »Himmelsleiter« auch als plastisches Modell gegeben hat – jede ihrer Sprossen aus dem Metall bestehend, das für die entsprechende Planetensphäre charakteristisch war.

Plotin wiederum vergleicht den Himmelsaufstieg mit dem »Ablegen von Gewändern«, die wir vor unserer Geburt, beim Abstieg der Seele über die Sphären und bei ihrer Verbindung mit dem Leib angelegt haben. Umgekehrt entledigt sich die Seele, indem sie sich vom Körper löst, dieser Gewänder, bis sie schließlich ganz entblößt und dergestalt »vom Leibe gereinigt« die mystische Vereinigung mit Gott vollziehen kann. Dazu äußert sich der Philosoph am ausführlichsten in der Ersten Enneade (Enn. I 6, 7): Demzufolge erlangen wir die ersehnte Vereinigung mit Gott, »indem wir hinaufschreiten nach oben, uns hinaufwenden und die Kleider ablegen, die wir beim Abstieg angelegt haben – so wie denjenigen, die zum Allerheiligsten des Tempels hinaufsteigen, Reinigungen vorgeschrieben sind und Ablegen der Kleider, die sie vorher trugen, und nacktes Hinaufsteigen«.

Ähnliche Riten gab es auch in den Mysterienkulten, unter anderem bei den Orphikern oder im alexandrinischen Kult des Allgottes Aion, dessen

Mithrasleiter mit den Symbolen der sieben Weihegrade. Ostia

Liturgie mit den Riten der Mysterien von Eleusis vergleichbar gewesen sein soll und von dem ein Dokument überliefert ist, in dem es heißt: »Das ist die Pforte des Himmels und das ist das Haus Gottes. Dort angekommen, müssen sie alle Kleider abwerfen und alle zum Bräutigam werden ...« Bereits Kleanthes von Athen vergleicht den gestirnten Himmel mit einer erhabenen, gewaltigen Einweihungshalle, so wie sie in den Mysterienkulten zur Durchführung der Mysterienfeiern üblich war. Mehr als ein Jahrtausend später sollte der berühmte islamische Mystiker Dschelal ed-Din Rumi (geboren 1207) in der anatolischen Stadt Konya seinen Orden der »Tanzenden Derwische«, die »Tariqa Mevlawiya«, begründen, bei deren Riten die sogenannte *Sama*-Zeremonie im Mittelpunkt steht: der feierliche rituelle Tanz der Derwische zu einer hochstilisierten mystischen Musik, die als »Musik des Paradieses« gilt und eine sehr komplexe kosmologische und soteriologische Symbolik enthält. Der Saal, in dem die Zeremonie stattfindet, symbolisiert den Kosmos. Der Sufi-Meister, der »Sheikh«, ist der Mittler zwischen Himmel und Erde und stellt im Tanz die Sonne dar. Die Tänzer selbst bilden zwei Halbkreise und bewegen sich nach einer Choreographie, die das Drama vom Abstieg der Seelen aus dem Himmel in die Körperwelt und ihren schließlichen Wiederaufstieg über die kosmischen Sphären zu Gott darstellt. Auch hier also ist der Kosmos die Bühne eines Heilsdramas, wobei der Tanz der Derwische das Schicksal der Seele wie auch den Reigen der Gestirne nachahmt und ihre Musik die Sphärenharmonie.

Wir wissen, daß die Idee der »Sphärenmusik« auf die Pythagoreer zurückgeht. Doch sollte dieser Gedanke im Laufe der Zeit in fast alle Schulen und Richtungen der antiken Philosophie Eingang finden, vor allem aber in die Theologien der Mysterienreligionen. Im »Somnium Scipionis« beschreibt Cicero einen mystischen Traum von Scipio dem Jüngeren (Scipio Aemilianus), der mit einer Seelenreise einhergeht. Dem träumenden Scipio erscheint sein Großvater (Adoptivvater), Scipio der Ältere (Scipio Africanus), und geleitet ihn hinauf zu den Sternen. Sie durchschreiten die sieben Planetensphären, die zu einer überirdisch schönen, noch nie vernommenen Musik zusammenklingen. Der ältere Scipio belehrt seinen Enkel: »Du hörst die Harmonie. Sie entsteht aus ungleichen Intervallen, die in vollkommenem Verhältnis aufeinander abgestimmt sind, und sie entsteht durch die Bewegung der Sphären«.

Einer der bedeutendsten Renaissance-Gelehrten, Agrippa von Nettesheim, hat diesen antiken Gedanken aufgenommen und dabei besonders den Rahmen berücksichtigt, in den er von Anfang an eingebettet war: die

Lehre von der Entsprechung zwischen Makrokosmos und Mikrokosmos, zwischen Himmel und Erde, Weltall und Mensch, Kosmos und Seele. Nach Meinung Agrippas ist die Sprache der Gesten, Gebärden und Schritte, die der Mensch im Tanz ausführt, nichts anderes als eine irdische Nachahmung der himmlischen Choreographie, die in den Bewegungen der Gestirne und in den geheimnisvollen Bildern und Figuren, zu denen sich die Sterne gruppieren, ihr Urbild hat. Agrippa selbst hatte sogar dieses mystische Himmelsalphabet aufgezeichnet. Doch auch hier reicht die Traditionskette bereits weit zurück. So heißt es etwa im »Sohar«, dem »Buch des Glanzes«, einem Grundbuch aller späteren Kabbalisten: »Durch die ganze Weite des Himmels, der die Welt umgibt, zeigen sich bestimmte Figuren und Zeichen, durch die wir geheimnisvolle und tiefe Mysterien enthüllen können. Diese Zeichen werden durch die Konstellationen der Gestirne gebildet; für den Weisen sind sie Gegenstand der Betrachtung und des höchsten Entzückens«.
In Zusammenhang mit der ungeheuren Nachwirkung, die die antike Lehre von der Sphärenharmonie und der Musik des Alls besonders im neuzeitlichen Europa des 16. und 17. Jahrhunderts hatte, darf man auch den Engländer Robert Fludd nicht vergessen, dem von uns bereits eingehend gewürdigten hermetischen und kabbalistischen Theoretiker, der von 1574 bis 1637 gelebt hat und dem sich die Wiederbelebung eines uralten Motivs der pythagoreisch-orphischen Kosmologie verdankt: der Vergleich der kosmischen Harmonie mit einem Saiteninstrument. Nach Fludd gleicht der Kosmos einem sogenannten »Monochord«, einem Instrument mit nur einer einzigen Saite, die gewissermaßen die Funktion einer »axis mundi« hat, denn sie verbindet sämtliche Sphären des Himmels miteinander und ist in der Erde verankert. Gott selbst ist der Virtuose dieses kosmischen Saitenspiels, denn er ist es, der dieses himmlische Instrument stimmt und die Harmonie hervorbringt. Über die enge Beziehung zwischen der im Makrokosmos geltenden Harmonie, der der Reigen der Gestirne gehorcht, und der Harmonie, die den Mikrokosmos des Menschen bestimmt, belehrt uns der Kabbalist in seinem Werk »Über die Musik der Seele«. Danach ist der Mensch als integrales Wesen aus Geist, Seele und Leib ein unmittelbares Abbild der kosmischen Harmonie und genau wie diese aus musikalischen Intervallen aufgebaut, die – ganz im Sinne der Pythagoreer gedacht – denen der Sphärenmusik exakt entsprechen (vgl. auch S. 186-189).
Nach antiker Tradition beruht die Beziehung zwischen dem Kosmos und der menschlichen Seele nicht nur auf dem Urbild-Abbild-Verhältnis, in

dem beide zueinander stehen, sondern sogar auf einer letztendlichen *Konsubstantialität* beider. Schon Heraklit erblickte, einer Stelle in Macrobius' Kommentar zu Ciceros »Somnium Scipionis« zufolge, in der Seele »einen Funken aus der Substanz der Gestirne«[6]. Als Anhänger der stoischen Philosophie scheint Cicero selbst diese Auffassung voll geteilt zu haben. Denn in seinem »Somnium Scipionis« ist zu lesen, daß »dem Menschen der Geist aus jenem ewigen Feuerbereich gegeben ist, den ihr den gestirnten Himmel nennt«. Macrobius, der Ciceros Traum-Fragment kommentiert, führt unter Berufung auf das oben wiedergegebene Heraklit-Zitat den Gedanken in der gleichen Richtung weiter: Die Seelen der Menschen sind geschaffen aus der Essenz der Sternenwelt. Sie bestehen aus dem gleichen feurigen Ätherstoff, mit dem die achte und äußerste Sphäre des Kosmos, die Fixsternsphäre, angefüllt ist. Der Gedanke von der Konsubstantialität der Seele mit dem Feuerhimmel hatte sich bei Heraklit mit einer weiteren Idee verbunden: der Vorstellung vom Feuer als dem Urprinzip und dem Substrat des »Logos«, der Weltvernunft. Von dieser Vorstellung sollten entscheidende Impulse für die Philosophie der Spätantike und sogar für die sich ausbildende Theologie des Christentums ausgehen: Es war dieses himmlische Geistfeuer Heraklits, das sich als *»Pneuma Hagion«,* als »Heiliger Geist«, in Gestalt von Flammenzungen über die in Jerusalem versammelte Apostelgemeinde ergoß und die als »Pfingstwunder« bekannten charismatischen Phänomene auslöste: Zungenreden, Reden in fremden Sprachen etc. Ebenfalls von Heraklit hatten lange vorher bereits die Stoiker ihre Vorstellung von der »Weltvernunft« als »feurigem Pneuma« entlehnt.

Derjenige Philosoph jedoch, der in Anlehnung an die Philosophie Heraklits und seine Idee vom Feuer als dem Träger der »Weltvernunft« die Pneuma-Lehre am konsequentesten weiterentwickelte und sie mit einer Theorie der Ekstase verband, war der hellenistisch-jüdische Gelehrte Philon von Alexandria (geboren ca. 25 v.Chr.), der Wegbereiter so bedeutender philosophischer und theosophischer Systeme der Spätantike wie Neuplatonismus und Gnosis. Auch für Philon ist Gottes Geist feuriges Pneuma. Dieses ist aber auch im Menschen anwesend, der über das Pneuma am Göttlichen teilhat. Doch diese Teilhabe kann sich, Philon zufolge, nur in der Ekstase realisieren – »Pneuma« ist ein Begriff von »Geist« mit entschieden ekstatischen Eigenschaften und Fähigkeiten: »Wenn du«, so Philon, »am Göttlichen teilnehmen willst, so mußt du nicht bloß den Leib, die sinnliche Wahrnehmung und die Sprache verlassen, sondern auch aus dir selbst mußt du in prophetischer Begeisterung, in einer Art korybantischem Wahnsinn heraustreten; es muß dir sein wie einem sprach- und bewußtlosem Kinde«. Dabei – und hier verbindet Philon seine Lehre von der Ekstase mit orphischer und pythagoreisch-platonischer Kosmologie – erhebt sich die Seele zum Himmel, während der Leib zurückbleibt. So vollzieht sich also auch bei Philon von Alexandria die Erkenntnis des Göttlichen in Form einer Auffahrt in den Himmel im Zustand der Entrückung. In der mystischen Ekstase erlebt der Myste eine Himmelfahrt bis über das Sternenzelt hinaus und gelangt so – wie die vom Schicksal der Wiederverkörperung erlöste Seele in Platons »Phaidros« – zum »Rücken des Himmels«.

Philon selbst beschreibt diesen Vorgang mit folgenden Worten: »Ich glaubte in göttlicher Begeisterung der Seele zu schweben, glaubte mit Sonne und Mond im Kreise mitzuschwingen und mit dem ganzen Himmel und Kosmos. Damals erschaute ich, von oben, vom Äther herniederblickend und das geistige Auge wie von einer Warte hinabrichtend, unzählige Gesichte aller Dinge auf Erden und pries mich glücklich, daß ich durch die Anspannung meiner Kräfte den Todeslosen des sterblichen Lebens entronnen war«[7]. In einer anderen Schrift verbindet Philon die Beschreibung einer ekstatischen Himmelauffahrt mit einer Lichtmystik: »Und dann erhebt sich der Geist im Fluge und betrachtet die Luft und ihre Veränderungen und schwingt sich immer höher hinauf zum Äther und in die Himmelskreise und dreht sich mit den Reigentänzen der Planeten und Fixsterne nach den Gesetzen der vollkommenen Musik. Indem er der Liebe zur Weisheit als Führerin folgt, schreitet er über die ganze sinnlich wahrnehmbare Welt hinaus und strebt nach der rein geistigen. Und wenn er hier die Urbilder und Ideen der sinnlich wahrnehmbaren Dinge, die er dort gesehen, in ihrer außerordentlichen Schönheit betrachtet, so wird er von einer nüchternen Trunkenheit ergriffen und gerät in Verzückung wie die korybantisch Begeisterten, und erfüllt von anderer Sehnsucht und besserem Verlangen wird er durch dieses zum allerhöchsten Gipfel des rein Geistigen emporgetragen und glaubt bis zum Großkönige selbst vorzudringen. Wenn er nun begierig ist zu schauen, ergießen sich über ihn stromweise reine und ungetrübte Strahlen vollen Lichtes, so daß durch ihren Glanz das geistige Auge geblendet wird«[8].

Philon verbindet hier die altiranische Lichtmetaphysik mit pythagoreischer Kosmologie und mit der platonischen Ideenlehre zu einer Mystik, bei der die in Verzückung und göttlichen Wahnsinn geratene Seele sich nach den Rhythmen und Figuren der Gestirne bewegt; die Ekstase vollzieht sich im Gleichklang mit dem Umschwung der Sphären – es ist ein *geordneter* Taumel, eine »*nüchterne* Trunkenheit«, mehr noch: im Zustand der Ekstase gewinnt die Seele ein *höheres* Maß an Ordnung und Harmonie, als es ihr jemals in ihrem irdischen Normalzustand möglich wäre. Die höhere Ordnung, der sie nun angehört, da sie sich vom Körper gelöst und auf die Himmelsreise begeben hat, ist die Ordnung des Kosmos, ist die Sphärenharmonie.

Dazu kommt, daß auch Philon lehrt, die menschliche Seele sei von gleicher Natur wie die Gestirne. An anderer Stelle sagt er sogar, die Seele des Weisen sei ein »Abbild des Himmels«, ja ein »auf die Erde herabgeholter Himmel«. Nach seinem Tode wird der Mensch verstirnt, wird zum »Sternengott« oder, wie Philon es ausdrückt, wird »Himmlischer Mensch«. Von gleicher Substanz wie die Gestirne, kehrt er nach seinem Tode in seine Sternenheimat zurück. Haben nicht auch, wie wir anhand ihrer Aussagen nachweisen konnten, die Orphiker, Pythagoras, Heraklit, Platon, Cicero, Macrobius und andere den Gedanken von der himmlischen Herkunft der menschlichen Seele zum Ausdruck gebracht?

Kosmische Religiosität und Gestirnsfrömmigkeit sind kennzeichnend für das gesamte geistige Klima der römischen Kaiserzeit und der Spätantike. Ihre Ausdrucksformen sind in fast allen geistigen und künstlerischen Schöpfungen dieser Epoche zugegen. Unmittelbarster Ausdruck einer solchen Religiosität ist die Sehnsucht, im Tode zu den Sternen entrückt zu werden und gemeinsam im Reigen mit ihnen über den Kosmos zu ziehen. Aber träumend oder meditierend gelingt es auch dem Philosophen, eine solche kosmische Perspektive einzunehmen, sich im Geiste an den Himmel zu versetzen und sich gleichsam den »Blick der Götter« zu eigen zu machen. Höhenflüge dieser Art sind in der Spätantike nicht mehr nur den begnadeten Momenten der Trance und der Ekstase vorbehalten; vielmehr gehören sie zu den geistigen Übungen, wie sie von den Vertretern fast aller philosophischen Richtungen empfohlen werden. Der Blick zum Himmel lehrt, gleichsam von oben wie von einer hohen Warte aus auf die Erde und das Treiben der Menschen hinabzuschauen und daraus auch Schlußfolgerungen für das tägliche Leben und Handeln abzuleiten. Die zentralen Kategorien der stoischen Ethik, wie »apátheia« (Leidenschaftslosigkeit) und »ataraxía« (Unverwirrbarkeit), sind nicht zuletzt Ausdruck einer solchen Perspektive »von oben«. Die beste Einübung in jene Seelenzustände, wie sie der Stoiker als höchstes ethisches Ideal ansieht, besteht darin, sich im Geiste an den Himmel zu versetzen und aus der Sternenperspektive das irdische Geschehen zu betrachten. Berühmtestes

Zeugnis einer solchen Haltung sind die »Selbstbetrachtungen« des Philosophenkaisers und Stoikers Marc Aurel. An einer Stelle im 11. Buch seiner »Selbstbetrachtungen« (XI 1, 3) etwa beschreibt der Kaiser die Fähigkeit der Seele, »die ganze Welt zu umwandeln und das Leere um diese herum und sich auszudehnen in die Unendlichkeit der Ewigkeit und die periodische Wiedergeburt des Alls zu umfassen und zu umdenken ...« Sich in Gedanken über die irdische Sphäre hinaus zu erheben und sich den Standpunkt des Himmels zu eigen zu machen, um von dort oben aus die Welt gleichsam »sub specie aeternitatis« zu betrachten, gehört für die Stoiker zu den wichtigsten philosophischen Übungen zum Erlernen von Gleichmut und Gelassenheit. Marc Aurel empfiehlt sie, weil man auf diese Weise »die Seele vom Schmutz des Erdenlebens zu reinigen« vermag und sich von allem »Überflüssigem, das die Seele belastet«, befreit.[9]

18. Erlösungsvorstellungen und Jenseitserwartungen

Am stärksten wirkte sich die kosmische Religiosität der Spätantike im Bereich der Erlösungsvorstellungen und Jenseitserwartungen aus. Ihr Einfluß blieb jedoch keineswegs auf die Theologie von Kulten beschränkt, in denen soteriologische Vorstellungen im Mittelpunkt standen, sondern prägte ganz allgemein die Hoffnungen und Sehnsüchte, die sich auf ein Weiterleben nach dem Tode bezogen. Wir hatten schon einmal bei anderer Gelegenheit darauf hingewiesen, daß in fast allen Zeugnissen des Totenkults auf Erden das Bestreben sichtbar wird, den Toten gleichsam zu einem »kosmischen Menschen« umzugestalten und ihn »in den Kosmos einzubetten«. Ähnliches gilt natürlich auch für die spätantiken Sarkophagbestattungen. Hier schmückte man die Vorder- und Seitenwände der Sarkophage vorwiegend mit Apotheoseszenen. Besonders beliebt waren Motive der Entrückung und der Auffahrt in den Himmel, die der griechischen Mythologie entlehnt wurden. Einige davon wollen wir näher betrachten.
Ein häufig wiederkehrendes Motiv stellt die Entführung des trojanischen Prinzen Ganymed durch Zeus dar. Der Gott stürzt sich in Gestalt eines Adlers auf den wegen seiner außerordentlichen Schönheit weithin gerühmten Jüngling hinab, ergreift ihn und trägt ihn auf seinen Schwingen zum Olymp empor. Dort darf Ganymed auf ewig als Mundschenk an der Göttertafel die Unsterblichen bedienen. Dieser Mythos wird in der Spät-

antike mit soteriologischem Sinngehalt versehen und als Vorgang der Erwählung durch die Gottheit zum ewigen Leben gedeutet: Die Gottheit (Zeus) bemächtigt sich der Seele eines Sterblichen (Ganymed) und entrückt sie in den Himmel, wo sie sich ewiger Glückseligkeit in der Gemeinschaft mit den Unsterblichen erfreuen darf.

Eine andere berühmte mythologische Szene, der wir auf spätantiken Sarkophagen häufig begegnen, ist die Liebe der Mondgöttin Selene zu dem Hirten Endymion. Schauplatz des Geschehens ist das Latmos-Gebirge in Karien in Kleinasien. Dort wird der junge, schöne Hirte auf Geheiß der Mondgöttin, die sich in ihn verliebt hat, in tiefen Schlaf versenkt. Sobald Endymion eingeschlafen ist, steigt die Göttin vom Himmel herab, um ihren Geliebten in der Höhle aufzusuchen und ihm beizuwohnen. Das bemerkenswerte an der allegorischen Ausdeutung des Mythos ist dies, daß nicht der Sterbliche gen Himmel fährt, sondern die Göttin hinabsteigt, um ihren Geliebten (sprich: die menschliche Seele) in der (Todes-)Höhle zu umfangen. Der Tod wird hier mit einem ewigen Schlaf verglichen. Diesmal wird also die Erlösung gleichsam aus der Perspektive des bestatteten Leichnams betrachtet: Während der Körper im Grab der Höhle verbleibt, entschläft der Verstorbene und vermählt sich mit dem Kosmos.

Das bei weitem häufigste Motiv jedoch ist die heilige Hochzeit von Dionysos und Ariadne. Das heilige Paar zieht, meist zurückgelehnt in einem prächtigen Wagen einherfahrend, im festlichen Triumph zum Olymp empor, geleitet von Mänaden, Satyrn, Silenen und anderen Trabanten des Gottes, deren Zug sich zum entfesselten Taumel eines Bacchanals steigert. Die Szene knüpft an an eine berühmte Episode aus dem Sagenzyklus um Theseus, dem mit Hilfe des Ariadnefadens die Rückkehr aus dem Labyrinth geglückt war, nachdem er den Minotauros getötet hatte. Bei der Überfahrt nach Athen macht der Heros einen Sinneswandel durch, bricht das Hochzeitsversprechen, das er Ariadne gegeben hatte, und läßt sie, die ihn immer noch liebt, auf Naxos zurück. Dort erblickt Dionysos von seinem himmlischen Ort aus die zu Tode Betrübte, verliebt sich in sie, steigt zu ihr hernieder und geleitet sie im Triumph zum Olymp empor, wo er sie zu seiner himmlischen Gemahlin macht (s. Abb. S. 121). Auch hier ist das dem Mythos immanente Apotheose-Motiv leicht zu erkennen: Die Hochzeit von Dionysos und Ariadne wird in der Spätantike umgedeutet zur Erlösung der Seele, die im Tode ihren göttlichen Retter und Bräutigam umarmt und von ihm zum Himmel emporgetragen wird. Andere Apotheose-Motive auf den Reliefs spätantiker Sarkophage sind

Herakles, der Alkestis aus der Unterwelt zurückholt, Odysseus, der den todbringenden Sirenen widersteht, Amor und Psyche etc. Seitdem Platon in seiner kosmologischen Schlußvision im 10. Buch des Staates die Sirenen zu himmlischen Mächten umgedeutet hat, werden auch sie häufig als Jenseitsgeleitmächte dargestellt, die – wie Sphingen, Greife oder Adler – die Seele gen Himmel tragen. Auch abgesehen von den großen mythischen Themen ist die Ikonographie spätantiker Sarkophage förmlich übersät mit Symbolen der Himmelauffahrt und Verstirnung des Toten, seiner »Kosmisierung« und Vergöttlichung. Die bevorzugten Symbole sind der sogenannte Clipeus, das meist kreisförmige Medaillon mit dem Brustporträt des Verstorbenen, der dadurch als »Himmlischer Mensch«, als der Ewigkeit zugehörig charakterisiert ist, sowie die gleichsam an den Himmel versetzte Muschel der Venus, die dem Toten eine Wiedergeburt in himmlischer Gestalt verheißt. Bisweilen wird auch der Clipeus mit dem Bild des Verstorbenen von Genien flankiert und gen Himmel getragen. Es wird nicht mehr lange dauern, bis sich die Totengeleitmächte und Genien der römischen Kaiserzeit zu Engeln gewandelt haben und so unter christlichem Vorzeichen ihre alte Funktion als Seelengeleitmächte weiter ausüben. Selbst die aus Totendämoninnen hervorgegangenen Sirenen werden dank ihrer neuen Rolle als Schutzmächte der Sphärenharmonie und Seelengeleiter sehr schnell den Engeln angeglichen. In der kosmischen Hierarchie des großen byzantinischen Kirchenlehrers Dionysios Areopagita nehmen die verschiedenen Ränge und Gattungen von Engeln genau den Platz ein, den in der platonischen Kosmologie die Sirenen innehaben: Jeder Engelklasse ist eine ganz bestimmte kosmische Sphäre zugewiesen.

Eines der interessantesten Beispiele für eine Entrückungsszene in Form einer Himmelfahrt ist der Sockel einer – leider zerstörten – Säule, die zu Ehren des vergöttlichten Kaisers Antoninus Pius und seiner Gemahlin Faustina in den 60er Jahren des 2. Jahrhunderts n.Chr. errichtet worden war. Der Sockel mit der Darstellung der Konsekration und Apotheose des Kaiserpaares befindet sich heute im Hof der Vatikanischen Sammlungen in Rom. Seine Stirnseite zeigt einen geflügelten Genius – vermutlich Aion, den Gott der Ewigkeit –, der auf seinen gewaltigen Schwingen das kaiserliche Paar wie auf einem Triumphwagen gen Himmel trägt. Die Seele (der »Genius«) des Kaisers wird symbolisiert durch den Adler des Jupiter, die der Kaiserin durch einen Pfau, das heilige Tier der Göttin Juno, der Himmelskönigin und Gemahlin Jupiters. Die dargestellte Szene findet übrigens ihre reale Entsprechung im Ritual der

Consecratio und Apotheose des Kaisers Antoninus Pius und der Kaiserin Faustina. Vatikanische Sammlungen Rom

Bestattung selbst: Während der kaiserliche Leichnam auf dem Scheiterhaufen verbrannt wird, werden zwei Adler freigelassen und steigen als die sichtbare Gestalt des kaiserlichen Genius zum Himmel empor. Der Zeitgott Aion, der den Kaiser und seine Gemahlin in die Ewigkeit hinaufträgt, hält zum Zeichen seiner Macht über den gesamten Kosmos die Weltkugel in der Linken, an der sich eine Schlange emporringelt. Im Bild sieht man links unten eine Gestalt, die auf den Ort des Geschehens weist: den »Genius loci« des Marsfeldes mit dem seinerzeit von Augustus als Zeiger einer Sonnenuhr dort aufgestellten Obelisken. Auf dem Marsfeld wurde der Scheiterhaufen errichtet, auf dem die Verbrennung des Kaiserpaares stattfand und sich die Konsekration vollzog. Rechts unten im Bild die Göttin Roma; ihr Schild läßt die berühmteste Episode aus dem römischen Gründungsmythos erkennen: die Zwillinge Romulus und Remus, von der Wölfin gesäugt. Die übrigen Seiten des Sockels zeigen ebenfalls Szenen vom kaiserlichen Leichenbegängnis – vor allem Szenen von der Totenparade, der sogenannten »Decursio«, einem dreimaligen Ritt um den Scheiterhaufen durch die Prätorianer.

Werfen wir zum Abschluß noch einen Blick auf die Architektur. Auch in zahlreichen Bauten der römischen Kaiserzeit spiegelt sich die Astralreligion der Epoche. Als berühmtestes unter den erhaltengebliebenen architektonischen Zeugnissen des Gestirnskultes darf wohl das unter Kaiser Hadrian erbaute Pantheon gelten. Doch das Bestreben, »sakrale Planetarien« zu errichten, setzt schon erheblich früher ein, vermutlich mit Neros legendärer »Weltenrotunde«. Für die Kultbauten mehrerer Mysterienreligionen ist der astrale und kosmologische Bezug theologisches wie liturgisches Programm; so stellt bekanntlich jedes Mithräum ein Bild der »Welthöhle«, ganz im Einklang mit der altiranischen Kosmologie dar.

Die spätantike Gestirnsfrömmigkeit geht in der Architekturgeschichte einher mit dem plötzlichen Auftreten von Kuppelbauten, die einen völligen Bruch mit der klassischen antiken Tempelarchitektur bedeuten. Der baugeschichtliche Ursprung dieser spätantiken Kuppelbauten ist nach wie vor umstritten; der religionsgeschichtliche Zusammenhang mit der Kuppel als Abbild des Himmels liegt dagegen klar auf der Hand. Hadrians Pantheon war ebenso den Gestirnsgottheiten geweiht wie Neros Weltenrotunde, wie das »Septizonium« des Kaisers Septimius Severus und andere monumentale Kuppelbauten. Die Entwicklung wird sich bis in die christlich-byzantinische Ära hinein fortsetzen und in der »Hagia Sophia« schließlich einen neuen Höhepunkt erreichen.

Doch in den großen christlichen Kuppelbauten aus spätrömischer und frühbyzantinischer Zeit hat sich der sichtbare Himmel zum geistigen, jenseitigen Himmel verklärt, mit Christus als der neuen, unsichtbaren Sonne, der »Sonne der Gerechtigkeit« im Mittelpunkt, der als »Christus Pantokrator« den Scheitelpunkt der Innenseite aller Kuppeln beherrscht. Um ihn als Zentrum dieses neuen Kosmos bewegt sich nun der Reigen der himmlischen Heerscharen, der Engel und Erzengel sowie der Apostel, Heiligen und Märtyrer, so wie einst die Planeten und Fixsterne ihr kosmisches Zentrum – Erde oder Sonne – umkreisten. An die Stelle der uralten babylonischen Gestirnsgottheiten, die an den vier Ecken des »Weltenhauses« postiert waren, sind nunmehr die vier Evangelisten getreten, in deren Symbolen jedoch die astralen Torwächter des Himmels von Babylon weiterhin präsent sind.

Göttliche Sänger: Orpheus

19. Die orphische Mysterientheologie

Orpheus ist zweifellos der berühmteste aller großen Sänger, Leierspieler und musischen Heroen, die der griechische Mythos kennt. Der Überlieferung nach ist er in Pierien geboren, einer Landschaft im Grenzgebiet von Makedonien und Thrakien, die auch als Heimat der Musen galt. Eine Muse – Kalliope – ist es auch, die als Mutter des Orpheus genannt wird; über die Vaterschaft dagegen gibt es verschiedene mythische Traditionen: Genannt werden Oiagros, ein mythischer Jäger, sowie Apollon, der Gott mit der Leier und Führer der Musen. Verschiedentlich wird Orpheus als »Vates Apollineus«, als »apollinischer Seher«, bezeichnet; auf jeden Fall geht seine unvergleichliche Meisterschaft in Gesang und Leierspiel unmittelbar auf diesen Gott zurück, der nach der bekannteren Version auch als sein Vater gilt.[1]

Daß der Heros mit seiner Kunst die Natur nicht nur zu rühren, sondern auch zu *beherrschen* vermag, ist Allgemeingut sämtlicher sich an Orpheus knüpfenden Sagen: Nicht nur Menschen, sondern auch Tiere, ja sogar Bäume und selbst Felsen und Flüsse unterliegen dem Zauber der orphischen Musik. Stürme legen sich, Unwetter lassen sich besänftigen, und die Fluten des Meeres kommen zur Ruhe. Selbst angesichts von tödlichen Gefahren triumphiert die Macht der Musik: Auf der Fahrt der Argonauten nach Kolchis übertönt der Heros mit seinem Gesang die tödlichen Klänge der Sirenen.

Die bekannteste Erzählung aus dem orphischen Mythenkreis ist die von Orpheus und Eurydike. Ihre Faszination besteht vor allem in der zentralen Bedeutung des Eros-Thanatos-Themas. Nach seiner Rückkehr von Kolchis vermählt sich der Heros mit Eurydike, einer Najade oder Dryade, die jedoch auch noch von einem anderen begehrt wird: Aristaios. Vor dessen Nachstellungen fliehend, muß Eurydike über eine Wiese laufen, strauchelt und wird dabei von einer Schlange tödlich in den Knöchel gebissen. Untröstlich über den Verlust seiner geliebten Gattin, beschließt Orpheus, in die Unterwelt hinabzusteigen und Eurydike aus dem Totenreich zurückzuholen.[2] Tatsächlich scheint der Heros mit dem Zauber

seiner Musik selbst die Mächte des Todes erweichen zu können: Der Totenfährmann Charon ist ebenso gerührt wie der schreckliche Höllenhund Kerberos, und selbst Hades und Persephone, die unerbittlichen Herrscher im Reich des Todes, lassen sich anrühren und widerrufen ihr eigenes unabänderliches Gesetz, indem sie dem Heros seine geliebte Gemahlin zurückgeben – freilich unter jener berühmten Bedingung, er dürfe sich nicht eher nach Eurydike umwenden, als bis sie die Oberwelt wieder erreicht hätten. An der scheinbar so belanglosen Klausel scheitert schließlich das ganze heroische Unternehmen: Orpheus vermag seine Sehnsucht nicht länger zu bezähmen, wendet sich nach der Geliebten um, wie um sich zu versichern, ob sie ihm denn auch tatsächlich folge, bricht damit die Abmachung, und alles war umsonst ...: Eurydike entschwebt, von Hermes geführt, unwiderruflich und auf ewig.
Nach seiner Wiederankunft im Reich der Lebenden versagt sich der Heros auf immer der Liebe zum weiblichen Geschlecht, schart junge Männer um sich und stiftet jene berühmten Mysterien, die mit seinem Namen auf ewig verbunden sind und die gegründet sind auf das geheime Wissen vom Tod und den Schicksalen der menschlichen Seele, das sich Orpheus auf seiner Reise durch das Reich der Unterirdischen erworben hatte. »Orpheotelesten« – »die in die orphischen Mysterien Eingeweihten« – nennen sich die Adepten, deren heiß ersehntes Heilsziel darin besteht, die Seele aus dem »Grab des Leibes« auferstehen zu lassen und so dem »Kreis der Trauer und der Schmerzen« zu entfliehen. Die ebensooft zitierte wie mißverstandene orphische Päderastie ist ein mythisches Bild für die Absage an das Weibliche als Schicksalsmacht, sprich: an das Weibliche als Verkörperung jenes unerbittlichen Gesetzes der Natur, das sich im nie endenden Kreislauf von Geburt und Tod manifestiert. Diesen Kreislauf zu sprengen, ihm »zu entfliehen« (»Ich entfloh dem Kreis der Trauer und der Schmerzen«, heißt es auf einem berühmten orphischen Goldtäfelchen, das man einem Toten ins Grab mitgegeben hatte), ist Ziel aller Bemühungen der Mysten. Weiter heißt es im Mythos, der Heros habe sich nach seiner Rückkehr aus dem Totenreich, dessen Herrscher Hades mit Dionysos gleichgesetzt wird, der weiteren Verehrung dieses Gottes widersetzt und sich ausschließlich der Verehrung Apollons, seines himmlischen Vaters, zugewandt. Im übrigen hatte ja auch der Bund von jungen Männern, der die Keimzelle der orphischen Mysteriengemeinschaft bildete, streng apollinischen Charakter. Es ist kaum ein Zufall, daß Apollon seinerseits ein Gott mit ausgesprochen homoerotischen Zügen und Neigungen ist. So liebt er bekanntlich den schönen Jüngling

Hyakinthos, und diese Zuneigung teilt er wiederum mit einem anderen berühmten und ebenfalls – wie Orpheus – tragisch endenden Sänger und Leierspieler: Thamyris. Von diesem Heros heißt es nicht nur, daß er die Knabenliebe erst eingeführt habe – das gleiche sagt man ja bekanntlich auch von Orpheus –, sondern daß er gewagt habe, die Musen zum Wettstreit herauszufordern, und wegen dieser seiner Hybris von ihnen seines Augenlichts, seines Gedächtnisses und seiner Stimme beraubt worden sei.[3] Das Ende des Orpheus indessen ist noch weitaus gewaltsamer und tragischer: Ihn werden die thrakischen Mänaden zerreißen und damit die Rache ihres göttlichen Herrn Dionysos vollstrecken. Doch davon später.

Die Mythen um Orpheus lassen sich von völlig unterschiedlichen Blickwinkeln aus deuten und interpretieren – doch immer geht es um den Konflikt zwischen zwei gegensätzlichen Sphären und ihren Repräsentanten: Geist und Trieb, Himmlisches und Chthonisches, Harmonie und Chaos, sinnliche und musische Leidenschaften, Apollon und Dionysos. Außerdem läßt sich aus dem orphischen Mythenkreis eine Vielzahl von antiken Lehren und Konzepten herausdestillieren: eine Kosmologie (Harmonie als Grundprinzip der Welt), eine Heilslehre (Abstieg in die Unterwelt und Triumph über den Tod), eine Geschichtsutopie (Mensch und Natur versöhnt und befriedet im Geist der Musik), eine Opfertheorie (der Heros als stellvertretendes Opfer), eine Triebtheorie (Kunst und Eros), eine Kulturtheorie (Sublimierung und ihr Preis) und nicht zuletzt der Gründungsmythos der Orphischen Mysterien.

Älter als die Bruderschaft der Pythagoreer, deren Stifter seinerseits stark unter dem Einfluß orphischer Lehren gestanden haben muß, stellt sich die Orphik gleich jener als Heilslehre im Schnittpunkt zwischen Religion und Philosophie dar. Zudem ist sie die erste religiöse Bewegung auf griechischem Boden, die sich nicht mehr dem offiziellen Kult verpflichtet fühlt und nicht mehr wie dieser um Opfer und Opfermahl zentriert ist; sie bricht vielmehr mit diesem und etabliert sich gleichsam als eine Art »Gegenreligion« mit den unverkennbaren Zügen einer Geheimgesellschaft, deren konkrete Gestalt uns eben aus diesem Grund nur sehr vage bekannt ist. Und noch etwas: Zum erstenmal in der Geschichte der griechischen Religion steht die Gestalt eines leidenden Heros und seines Opfertodes im Zentrum einer Mysterientheologie. Dies ist um so aufsehenerregender, als sich der Gestalt des zerrissenen Orpheus ein auf nicht weniger grausame Weise zerrissener Gott hinzugesellt: Dionysos selbst, der Gegenspieler des gemarterten Heros, durch sein eigenes Todesschicksal auf mystische Weise mit seinem Opfer verbunden. Der Mythos von der Zerreißung des Dionysos durch die Titanen ist der zweite zentrale Mythos der Orphiker, und auch dieser Mythos gilt als Ausgangspunkt für einige Grundlehren der orphischen Theologie und Anthropologie, nämlich vor allem für die Lehre von der Zerrissenheit des Menschen zwischen Himmlischem und Chthonischem, zwischen Göttlichem und Titanischem, sowie für die spezifisch orphische Idee der »Erbsünde« und die Auffassung vom »Leib als dem Grabmal der Seele«, die sogenannte »Soma = Sema«-Lehre (griech.: *soma* = Leib; *sema* = Grabmal; *soma* = *sema:* »Der Leib ist das Grab der Seele«).[4]

Eine weitere zentrale Idee der Orphiker ist die Lehre von der *Seelenwanderung* (griech.: »metempsychosis«), die besagt, daß der Tod nur eine Wiederkehr in anderer Gestalt bewirkt, so wie jedes Leben nur das augenblickliche Stadium zwischen einer Praeexistenz und einer Postexistenz in jeweils anderer Seinsform – als Mensch, Tier oder Pflanze – darstellt. Das Gesetz, dem dieser unablässige Gestaltwandel und der Zwang zu ständiger Wiederverkörperung gehorcht, definiert sich als ein allumfassender Vergeltungs- und Entsühnungszusammenhang, dem zufolge jede neue Existenzform gleichzeitig Sühne wie auch Bewährung bedeutet. Die jeweiligen Formen und Gestalten, in denen die Seele sich verkörpert, sind Straf- und Sühneorte für vormals begangenes Unrecht, bieten jedoch auch die Möglichkeit zu »Reinigung« und »Läuterung« der Seele, zu ihrer »Katharsis«. Der »schmerzvolle, traurige Kreis« nämlich kann durchbrochen und die Seele erlöst werden, indem sie sich einer bestimmten Disziplin unterwirft, die mit dem Begriff »Orphikos bios«, »orphische Lebensweise«, wiedergegeben wird und besagte Katharsis bewirken soll. Sie verpflichtet den »Orpheotelesten« zu strenger Abstinenz, vor allem zur Enthaltung vom Fleischgenuß. Überhaupt soll die Berührung mit tierischen Substanzen und Produkten möglichst vermieden werden: Neben Fleisch ist sogar der Verzehr von Eiern untersagt. Daß – ähnlich wie bei den Pythagoreern und anderen Mysteriengemeinschaften – auch das Tragen wollener, also aus tierischer Substanz hergestellter Gewänder verboten gewesen sei, ist nicht ausdrücklich bezeugt, aber anzunehmen.

Die Forderung nach strenger Abstinenz und einer besonderen Diätetik geht einher mit der Abkehr vom Opferkult. An seine Stelle treten die »verinnerlichten« Opfer der orphischen Disziplin. Eine weitere Besonderheit der Orphik ist die Tatsache, daß sie heilige Texte und Schriften besitzt. Hier begegnet uns also erstmals eine »Buchreligion« im vollen

Sinne des Wortes, deren früheste Zeugnisse jedoch kaum vor das 6. Jahrhundert v.Chr. zurückreichen. Die berühmten »orphischen Fragmente«, unsere bedeutendste Quelle für die gesamte orphische Mysterienlehre, sind zum größten Teil erst in nachchristlicher Zeit in ihrer heutigen Form aufgezeichnet worden und verraten nicht selten neuplatonischen Einfluß.

Orpheus ist, wie gesagt, der bedeutendste unter den großen Sängern und Leierspielern des griechischen Mythos: Thamyris, Philammon, Linos, Amphion ... Musik steht im griechischen Mythos wie auch im Kult in einem doppelten Verhältnis zur Leidenschaft. Ihre Aufgabe ist es sowohl, Leidenschaften zu entfesseln, wie auch, Leidenschaften zu beruhigen, die Seele zu besänftigen und zu harmonisieren. Im Kult fallen der Musik demgemäß vor allem zwei Aufgaben zu: Sie dient zur Herbeiführung ekstatischer Zustände wie auch als Werkzeug kultischer Reinigung. Als solche hat Musik ihren festen Platz in ekstatischen Riten und Kulten ebenso wie in der »Paideia« – in den Bildungsprogrammen der Pythagoreer und Platoniker.

Im Mythos ist die Musik zugleich ein machtvolles Zauberinstrument: in den Händen dämonischer Mächte ein Werkzeug des Schadenszaubers, mit dessen Hilfe übelwollende Geister und Rachedämonen ihre Opfer des Willens berauben, sie in Bann schlagen, einschläfern, verhexen, betäuben, wahnsinnig machen, sich ihrer bemächtigen und sie schließlich töten. Hierfür ist die Begegnung des Odysseus mit den Sirenen zweifellos das markanteste Beispiel. Andererseits aber ist Musik in den Händen von Heilbringern und Kulturheroen ein nicht minder mächtiges Werkzeug im Dienste des entgegengesetzten Zieles. War sie im erstgenannten Fall ein Werkzeug der Todesmächte, so wird sie in den Händen von Heroen häufig zum Medium gerade des Triumphes *über* Schicksal und Tod, ja vermag sie sogar die Herrschaft über die Natur zu ermöglichen. Für diese zweite Möglichkeit, sich der Musik zu bedienen, ist wiederum Orpheus das berühmteste Beispiel. So gebietet der Heros auf der Argonautenfahrt, an der er teilnimmt, dank seiner Leier und seines Gesanges über das Wetter und die Stürme,[5] die sich ebenso von ihm besänftigen lassen wie in einer anderen bekannten mythischen Episode die wilden Tiere oder – wiederum in einer anderen Begebenheit, nämlich beim Abstieg in die Unterwelt – die Mächte des Todes selbst.

Die berühmte Szene, die Orpheus inmitten der Tiere zeigt, angelockt und betört vom Spiel seiner Leier und seinem Gesang, ist vor allem auf spätantiken Mosaiken unzählige Male und in immer wieder neuen Va-

riationen dargestellt worden. Eine der schönsten und reichsten Darstellungen dieser Art ist das Orpheus-Mosaik in Woodchester (Gloucestershire), England. Wahrscheinlich erst in konstantinischer Zeit, zwischen 300 und 325 n.Chr., entstanden, spiegeln sich in ihm nicht nur orphische, sondern vor allem auch neuplatonische und sogar christliche Einflüsse, insbesondere was das trinitarische Schema – Orpheus als die mittlere Figur einer Trias von Apollon, Dionysos und dem Heros selbst – betrifft. Bei genauerer Betrachtung erkennt man, daß hier eigentlich zwei verschiedene Episoden aus dem Mythenkreis um Orpheus zu einer einzigen Szene vereinigt worden sind: einmal die bereits genannte Darstellung des Orpheus inmitten der von seiner Musik angelockten Tiere, jedoch kombiniert mit der Darstellung einer anderen, vielleicht nicht ganz so bekannten Szene: dem Aufstieg des Heros auf den Gipfel des Pangaion-Gebirges, um seinem Vater Apollon in Gestalt der aufgehenden Sonne allmorgendlich mit Saitenspiel und Gesang die Ehre zu erweisen.[6] Im Zentrum des Mosaiks, das wir uns ja räumlich, nämlich als die Oberfläche eines Wasserbassins zu denken haben, befindet sich die Sonnenscheibe, die sichtbare Gestalt Helios-Apollons, den tiefsten Punkt des Bassins bezeichnend, der aber – von der kosmologischen Struktur des Mosaiks her betrachtet – den höchsten Punkt der dargestellten Szenerie meint: den himmlischen Ursprung und die Quelle des Lichts, das eigentliche Zentrum, um welches das ganze Universum kreist.
Tief unten im Bilde und nur bei genauerem Hinsehen überhaupt erkennbar: Apollons chthonischer Gegenpol Dionysos, dargestellt in klassischer Weise als bärtige schwarze Maske, aus deren Schläfen jene sich zu Spiralen windenden Ranken und Blattarabesken herauswachsen, die den äußeren Kreis der Komposition füllen. Himmlisches und Chthonisches, Licht und Dunkel, Geist und Trieb, Erkenntnis und Leben stehen einander diametral gegenüber, und beide sind durch die Art der Darstellung selbst als Ursprungsmächte ausgewiesen: Apollon-Helios als Ursprung der Harmonie des Universums und Quelle allen Lichts, Dionysos, sein dunkler Gegenspieler als Lebensursprung und Keimzelle allen Wachstums, von dem Heraklit sagt, daß er und Hades *derselbe* seien[7].
Genau in der Mitte zwischen den beiden so gegensätzlichen Ursprungsmächten und somit auch genau im Schnittpunkt ihrer beiden Einflußsphären placiert, erscheint die Figur des Mittlers, jene Gestalt also, der die Aufgabe zukommt, die beiden einander entgegengesetzten Sphären zu einer Harmonie zu verbinden, einer »Harmonie des Gegenstrebigen«, wie Heraklit in einem berühmten Fragment[8] dies nennt.

Orpheus-Mosaik in Woodchester/Gloucestershire

Eine Harmonie aus gegenstrebigen Kräften zu bilden, genau dies ist die Aufgabe des Heros Orpheus, auch wenn diese Harmonie unter dem Primat der Sonne steht und den Triumph des Lichtes über den dunklen, chthonischen Gegenpol bezeugt. Denn wie heißt es doch an jener Stelle des Mythos selbst, die hier augenscheinlich illustriert ist: Nach dem endgültigen Verlust seiner Braut Eurydike vergaß der Heros, dem Gott Dionysos die ihm geschuldeten Ehren zu erweisen, und wandte sich ganz der Verehrung seines Vaters Helios-Apollon zu. Allmorgendlich vor Sonnenaufgang stieg Orpheus hinauf auf den höchsten Gipfel des Pangaion-Gebirges, um seinen Vater in Gestalt der sich erhebenden Sonne mit seinem Leierspiel zu begrüßen und ihm Verehrung zu zollen.[9]

Dabei sollte man im Auge behalten, daß die Leier, die der Heros schlägt, ebenjene seines Vaters Apollon-Helios ist, mit der der Gott, einem alten orphischen Hymnus zufolge, den Kosmos in harmonischer Bewegung erhält und den Umschwung der Sphären bewirkt.[10] Nach einem weiteren Fragment, das auf Skythinos zurückgeht, wird sogar das Plektron, mit dem der Gott die Saiten anreißt, mit dem Licht der Sonne selbst identifiziert.[11]

Das beschriebene Mosaik stellt also eine doppelte Harmonie dar: das aus konzentrischen Sphären gebildete Weltall[12], das sich um die Sonne als seinem Zentrum bewegt, und die problematische Harmonie aus den einander entgegengesetzten Polen des Himmlischen und Chthonischen, wofür die Polarität des Apollinischen und des Dionysischen steht. Wir dürfen jedoch nicht übersehen, daß das Bild darüber hinaus noch eine dritte Harmonie thematisiert: die Harmonie, zu der sich die Tiere gruppieren, die herbeigeeilt sind, um dem betörenden Spiel des Heros und Sängers zu lauschen.

Tiere aller Gattungen und Bereiche sind darunter, wilde wie scheue, allesamt in ansonsten ungewohnter Eintracht,[13] gleichsam die griechisch-römische Version des Paradieses. Und selbst die Vögel und die Fische fehlen nicht in dieser Sphärenharmonie[14] und nicht einmal die Bäume, von denen es im Mythos heißt, daß auch sie dem Zauber der Musik nicht hätten widerstehen können und ebenfalls herbeigeeilt gekommen seien.[15]

Im abgebildeten Mosaik sind die zum Kreis geordneten Tiere und Pflanzen zugleich Bestandteil eines kosmologischen Modells. Die Bewohner des Landes, der luftigen Höhe wie auch der Meerestiefe und der Gewässer bilden jede für sich eine geschlossene Sphäre, kreisend um jenes gemeinsame Zentrum, das von der Sonne Apollons gebildet wird. Die innerste Sphäre, aus einem Oktogon gebildet, repräsentiert das Weltall einschließ-

lich der Fixsternsphäre – ein pythagoreisch-platonisches Bild, das in der Spätantike allgemein verbreitet war.
Wenn wir das Bild so verstehen wollen, wie es in der Antike verstanden wurde, dann dürfen wir nicht außer acht lassen, daß Tiere zugleich auch als Sinnbilder und Metaphern für seelische Qualitäten gebräuchlich waren und daß man die Triebe, Affekte und Leidenschaften, denen der Mensch ausgeliefert ist, mit wilden Tieren verglich, wie denn auch das gesamte Triebleben des Menschen als sein animalischer Teil verstanden wurde, den man allerdings durch bestimmte Exerzitien, die sowohl asketische Praktiken wie bestimmte philosophische Übungen umfaßten, der Herrschaft des Geistes unterwerfen und dadurch die Seele zur Harmonie bringen konnte. Demgemäß wird hier auch eine Beziehung zwischen Makrokosmos und Mikrokosmos hergestellt oder zumindest nahegelegt: Die Harmonie der Seele spiegelt die Harmonie des Universums, wie auch umgekehrt die kosmische Sphärenharmonie ein Bild der befriedeten und zur Ruhe gekommenen Seele darstellt.

20. Die Erziehung der Seele durch Musik

Die Seele zu »reinigen«, das heißt, sie von der Herrschaft des Animalischen, der Triebe, Affekte und Leidenschaften, zu befreien und so zu befrieden, zur Harmonie zu bringen, ist eines der wichtigsten Ziele aller antiken »Paideia«, also Erziehung und Ausbildung. Die »Paideia« umfaßte nach Platon – ganz ähnlich wie bei den Pythagoreern – sämtliche Wissenschaften, die der Harmonie der Seele wie des Leibes in besonderem Maße dienlich waren, also Mathematik, Astronomie und Zahlenlehre, dazu Gymnastik und allen anderen voran: Musik[1]. Bei solchen harmoniestiftenden Übungen spielten nun insbesondere die Saiteninstrumente eine zentrale Rolle, unter diesen wiederum die Leier. Pythagoras zufolge bildet das Weltall eine vollkommene Harmonie, die in Form einer himmlischen Musik ertönt – der sogenannten Sphärenmusik, die dann in christlicher Zeit durch Engelchöre ersetzt wird –, deren Klang von der Bewegung dereinzelnen Gestirnssphären herrührt. Wahrgenommen werden kann diese überirdische Musik jedoch nur von wenigen, aufgrund ihrer Berufung oder Veranlagung dazu befähigten Menschen, wie Pythagoras selbst, und nur mit dem »inneren Ohr«, sprich: mit speziell dafür ausgebildeten geistigen Organen. Die berühmte Leier, von der hier dauernd die Rede ist und die so virtuos von Göttern wie Apollon, Heroen wie Orpheus und auserwählten Menschen wie Pythagoras gehandhabt wird, ist nun genau nach dieser Sphärenharmonie gestimmt: Die Tonintervalle der griechischen Oktav entsprechen exakt den Abständen der einzelnen Planeten nach pythagoreisch-platonischer Vorstellung vom Kosmos zueinander, und ihre Siebenzahl findet sich wieder in der Siebenzahl der Saiten, die auf ebenjene Sphärenharmonie gestimmt sind.

Alte orphische, pythagoreische und platonische Lehren gehen besonders in der Spätantike, also in der Zeit, aus der das beschriebene Mosaik stammt, eine innige Verbindung ein, und zwar unter dem gemeinsamen Dach der neuplatonischen Philosophie, unter dem sich die Elemente aller drei genannten Denk- und Mysterientraditionen zu einer letzten großartigen Synthese zusammenfinden, bevor die sterbende Antike die Reste dieses Kosmos der christlichen Vision vom Bau der Welt einverleiben wird. So stammen denn auch die beiden bedeutendsten und uns weitgehend erhaltengebliebenen Beschreibungen des »Lebens des Pythagoras« von neuplatonischen Schriftstellern und Philosophen. Aus der berühmtesten, der »Vita Pythagorica« des Iamblichos, entstanden ungefähr zeitgleich mit unserem Mosaik, wollen wir eine entsprechende Stelle zitieren, die unsere Angaben hinsichtlich der zentralen Rolle der Musik im Rahmen der Paideia, der Erziehung der Seele, bestätigt.

So heißt es da unter anderem an einer Stelle, daß Pythagoras die Musik sogar im Dienste der Heilung verwendet habe, da er der Meinung gewesen sei, »die Musik trage Wesentliches zur Gesundheit bei, wenn man sie in der rechten Weise betreibe«.[2] Im Anschluß daran erfahren wir auch, um welche Art Heilung es sich dabei handelte: nämlich um »Reinigung«, also »Katharsis« – ein kultischer Terminus, mit dem die Tilgung von Schuld und Befleckung ebenso gemeint sein kann wie exorzistische Praktiken, Heilung von Besessenheit, Dämonenaustreibung oder jene Art geistiger Übungen, wie sie von verschiedenen Philosophenschulen und Mysterienkulten empfohlen werden: Enthaltsamkeit im Essen wie im Geschlechtsleben, Gedächtnisübungen und Kontemplation, eine spezielle Diätetik, Vegetarismus – kurzum, das ganze Spektrum dessen, was man mit »orphikos bios«, also »orphischer Lebensweise« bezeichnete. Bei den Platonikern und Neuplatonikern wird »Reinigung« in einem radikalisierten und zugespitzten Sinn als *»Reinigung der Seele vom Leib«* verstanden, was gleichbedeutend ist mit einer Loslösung und Befreiung der Seele vom Körper und seiner Knechtschaft bereits zu Lebzeiten, sozusagen ein »vorweggenommener Tod«, bei dem die Seele ihre vormalige göttliche Seinsweise wiedererlangen soll. Doch auch dieses soteriologische Verständnis von »Reinigung« gründet sich auf ältestes orphisches Gedankengut, nämlich die Lehre von der Befleckung der Seele durch ihre Verbindung mit dem Körper und die Vorstellung vom Körper (soma) als dem Grabmal (sema) der Seele.

Auf welche Weise Pythagoras die »Heilung durch die Musik«, also jene »Reinigung« im besagten Sinne bewirkt habe, das schildert uns der anschließende Passus: »Im Frühjahr«, so heißt es da nämlich, griff Pythagoras »zu einer melodischen Übung folgender Art: in die Mitte setzte er einen, der die Leier schlug, und rings um diesen ließen sich die Sänger nieder und sangen so gemeinsam zu seinem Spiel bestimmte Paiane (das sind Hymnen zu Ehren des Gottes Apollon), durch die sie, wie sie glaubten, frohen Sinnes, harmonisch und rhythmisch wohlgeordnet wurden.«[3]

Wie die Musik im einzelnen als Heilmittel für die Seele eingesetzt wurde, das erfahren wir aus dem folgenden Absatz, in dem es heißt, daß es ganz bestimmte Melodien und Tonfolgen gegeben habe, die ihrerseits wiederum auf ganz bestimmte Affekte, wie »Anfälle von Mutlosigkeit und nagendem Kummer« zugeschnitten gewesen seien. Andere wiederum hätten auf »Zornes- und Gemütswallungen und auf jedes Außersichgeraten der Seele« gewirkt.[4] Eine eigene Art von Musik sei, so überliefert uns Iamblichos, erfunden worden, um die Begierden zu unterdrücken und zu besänftigen. Auch der Tanz habe in Verbindung mit der Musik bei den Pythagoreern eine bedeutende Rolle gespielt. Immer jedoch, so wird uns versichert, sei dabei die Leier das wichtigste Instrument gewesen bzw. habe die Gattung der Saiteninstrumente die beherrschende Stellung innegehabt, während eine andere Gattung von Musikinstrumenten, nämlich die Blasinstrumente, insbesondere die Flöten, meist nicht im Rahmen der Musiktherapie verwendet wurden. Dies hatte einen tieferen Grund, der mit der antiken Theorie der Musik und der Zuordnung bestimmter Instrumentengruppen zu bestimmten Kultpraktiken und Riten zusammenhängt. Einen entsprechenden Hinweis finden wir sogar im Text. So heißt es zum Beispiel in dem Passus, aus dem wir gerade zitierten, Pythagoras sei der Auffassung gewesen, die Flöten und Oboen (griechisch: auloi) hätten einen enthemmenden Klang, der zwar zur Atmosphäre von Festveranstaltungen passe, jedoch »freier Menschen völlig unwürdig sei«.[5]

Das ist ein Hinweis, dem wir nachgehen sollten. Warum sind Orpheus,

Amphion, Linos, Thamyris und Philammon Leierspieler? Warum ist dem Gott Apollon, der nach einer Version des Mythos auch als Vater des Orpheus gilt, die Leier bzw. die Phorminx oder die Kithara zugeordnet? Weshalb spricht Heraklit in einem seiner berühmtesten Fragmente von der »gegenstrebigen Harmonie wie bei Bogen und Leier«? Und weshalb wird in der spätantiken und frühchristlichen Literatur die Seele so häufig mit einer Leier verglichen? Umgekehrt könnte man sich fragen, weshalb in den Triumphzügen des Dionysos die Doppelflöte eine so beherrschende Rolle spielt, weshalb Marsyas, ein berühmter phrygischer Quelldämon von satyresker Wesensart, die Kunst des Flötenspiels so meisterhaft beherrscht und weshalb er sich auf jenen für ihn so verhängnisvollen Wettstreit mit Apollon einläßt, an dessen Ende er zur Strafe für seinen Hochmut auf Weisung Apolls exekutiert und geschunden wird.[6] Marsyas ist im übrigen eine Gestalt aus dem Gefolge des Dionysos!

Die Antwort auf alle jene Fragen ist von eindrucksvoller Klarheit: Blasinstrumente, insbesondere die Flöten, Oboen, aber auch die Syrinx, die sogenannte »Panflöte« – auch Pan tritt vorzugsweise im Gefolge des Dionysos auf! – haben berauschende, narkotisierende, die Sinne verwirrende Wirkung. Aus diesem Grunde bedient man sich solcher Instrumente vorzugsweise im Rahmen ekstatischer Kulte und Riten, um mit ihrer Hilfe den ersehnten Zustand herbeizuführen, in dem die Gottheit erscheint und von den außer sich geratenen Teilnehmerinnen und Teilnehmern an solchen Riten Besitz ergreift. »Enthousiasmos«, »Gott-Trunkenheit«, oder »mania«, »göttliche Ergriffenheit«, »göttlicher Wahnsinn« – so lauteten die wichtigsten Termini für einen Zustand, in dem sich die Teilnehmer am Kult ekstatisch mit ihrem Gott vereinigten oder von ihm ergriffen und in Besitz genommen wurden. Das waren Kulte, bei denen Affekte und Leidenschaften bis zu einem solchen Maße entfesselt wurden, daß das Subjekt »außer sich« geriet und in diesem Zustand dem Gott begegnen, von ihm ergriffen und verwandelt werden konnte. Solcherart waren die Riten und Weihen in gewissen Mysterienkulten, insbesondere denjenigen des Attis und der Kybele sowie des Dionysos – im übrigen beides Kulte mutmaßlich phrygischer Herkunft –, wobei vor allem Blasinstrumente, daneben aber auch Pauken, Trommeln und Zymbeln Verwendung fanden, um die heiligen Leidenschaften zu entfesseln und bis zur Ekstase zu steigern.

Die Anhänger des Orpheus, die »Orpheotelesten«, und ebenso die Pythagoreer, Platoniker und Neuplatoniker suchen dagegen die »stille«

Orpheus beschwört die Tiere. Mosaikfußboden. Sizilien

Ekstase, die sie durch Kontemplation, Meditation und durch die beschriebene Art der »Paideia«, bei der die Harmonie der Seele, die Harmonie von Körper und Geist, die Harmonie von Makrokosmos und Mikrokosmos im Mittelpunkt steht, herbeizuführen hoffen, wobei das Instrument der Harmonie schlechthin, die Leier, bzw. die anderen mit ihr verwandten Saiteninstrumente die Hauptrolle spielen.

Wie Dionysos und der Schar seiner Satelliten die Flöte, so ist Apollon und den mit ihm verwandten Gestalten die Leier zugeordnet, und zwar gemäß der Logik ihrer so gegensätzlichen Kultpraktiken, denen zwei gegensätzliche Auffassungen vom Heil und vom Stellenwert der Leidenschaften und Affekte zugrundeliegen. Sehr vereinfacht ausgedrückt, lautet die hier angesprochene Antinomie: Harmonie oder Besessenheit, Konzentration oder Exaltation, Ruhe und Frieden oder Ekstase und höchste Erregung. Beide drücken verschiedene Konzepte vom Heil aus, und beide wurden maßgebend für alle großen religiösen wie auch philosophischen Bewegungen im Altertum. Hinter beiden Richtungen verbergen sich zugleich auch unterschiedliche Lebensformen und Erziehungsmodelle. Zitieren wir noch einmal Iamblichos und seine Darstellung des pythagoreischen Lebens: »Da Pythagoras glaubte, die Betreuung der Menschen müsse auf dem Wege über die Sinneswahrnehmung beginnen, über das Sehen schöner Formen und Gestalten und das Hören schöner Rhythmen und Melodien, so wies er der Erziehung durch Musik die erste Stelle zu, der Erziehung durch bestimmte Weisen und Rhythmen, die auf die Wesensart und die Affekte des Menschen heilend wirkten. Die Seelenkräfte wurden dabei wieder in ihr ursprüngliches harmonisches Gleichgewicht gebracht. So erdachte er verschiedene Mittel, leibliche und seelische Erkrankungen einzudämmen und zu heilen … Abends, wenn seine Jünger schlafen gingen, befreite er sie von dem verwirrenden Nachhall des Tages, reinigte ihr von den Wogen der Erregung zugeschüttetes Denken und schuf ihnen ruhigen, von guten, ja prophetischen Träumen erfüllten Schlaf. Beim Aufstehen befreite er sie von der Schlaftrunkenheit und Benommenheit durch bestimmte eigentümliche Gesänge und Melodien, die in ungemischter Besetzung – also entweder nur auf der Lyra oder rein vokal – ausgeführt wurden«.[7]

Im folgenden Abschnitt nun kommt schließlich jene mystische und soteriologische Dimension mit ins Spiel, auf die bereits hingewiesen wurde: Mit Hilfe der Musik wird die Seele gereinigt und frei gemacht von allen Affekten und Leidenschaften, um sie der Harmonie des Kosmos, die ja in der pythagoreischen Musik selbst erklingt, anzugleichen. Die mit sich selbst in Harmonie gebrachte Seele wird so zum Spiegel der kosmischen Harmonie, und diese teilt sich über die Musik unmittelbar der Seele mit; der also von seinen Begierden befreite und zur Ruhe gekommene Mensch wird gleichsam zu einem mikrokosmischen Abbild jener überirdischen göttlichen Harmonien, die von einem göttlichen Leierspieler, nämlich Apollon selbst, hervorgebracht und bewahrt werden. Heißt es doch in dem vorher schon angesprochenen orphischen Hymnus, daß Apollon mit den Klängen seiner Leier den Umschwung der Sphären bewirke und den ganzen Kosmos ständig in harmonischer Bewegung erhalte. In der pythagoreischen Übertragung der kosmischen Harmonie auf die menschliche Seele geht es aber nicht mehr um bloße »Musiktherapie« im Sinne einer bestimmten »ars vivendi«, sondern um eine Heilstechnik, der wiederum ein religiöses Modell zugrundeliegt, das in sämtlichen Hochkulturen des Altertums – in Griechenland und Rom ebenso wie im Alten Orient: in Ägypten, Mesopotamien, Indien und China – verbreitet war: Alles Irdische ist wesenhaft, gut und von Dauer nur dann, wenn es einem überirdischen, einem himmlischen Archetyp nachgebildet ist. So ist es das Bestreben aller Architektur in religiösen Kulturen, ihre Stadtanlagen und Bauwerke zu einer »imago mundi«, einem »Bild des Kosmos« und seiner Harmonie zu gestalten. Was für die Welt, in der sich der Mensch einrichtet, gilt, gilt ebenso für seine eigene Person und Gestalt. Mircea Eliade belegt in seinem faszinierenden Buch über Yoga, daß die Körperdisziplin und die mit ihr verbundenen *asana-* und *pranayama-*Techniken einer kosmologischen Symbolik gehorchen: Der Yogin gestaltet seinen Körper zu einem »Abbild des Kosmos« um und stilisiert sich dadurch zu einer hieratischen Figur, die als Angleichung an die Göttlichkeit der Harmonien im Kosmos zu verstehen ist. Solches Streben nach »Kosmisierung« der eigenen Person bewegt Yogis ebenso wie frühchristliche Säulenheilige und beherrscht die gesamte Ikonographie des Heiligen bis in die Sprache christlicher Ikonen. Noch die berühmten Visionen der Hildegard von Bingen folgen diesem Schema: Der sogenannte »Makroanthropos«, der »kosmische Mensch«, ist dem »kosmischen Urmenschen« der altorientalischen und gnostischen Kosmogonien nachgebildet. Wer ihn *in sich* verwirklicht, der hat sich damit gleichsam erlöst, vergöttlicht und ist vollkommen geworden. Dies ist die Dimension, auf die sich die pythagoreische Musiktheorie eigentlich bezieht.

Rufen wir uns also noch einmal den Ausgangspunkt für die pythagoreische und platonische Musiktheorie ins Gedächtnis: Danach nämlich ist die

Harmonie der Töne und Klänge in der Musik ihrerseits nur das Abbild jener göttlichen Harmonie der Sphären, wie sie im Bau des Universums mit seinen sieben bzw. acht Schalen und in der Bewegung der Gestirne zum Ausdruck kommt. Die himmlische Musik der Sphären stellt also gleichsam das Urbild, den Archetyp aller auf Erden erklingenden und durch irdische (Saiten-)Instrumente erzeugten Musik dar, wobei der Leier die beherrschende Rolle zukommt. Der Pythagoras-Legende zufolge habe jedoch von allen Menschen einzig und allein Pythagoras jenen Grad an göttlicher Vollkommenheit besessen, der es ihm erlaubte, auf materielle Hilfsmittel wie Musikinstrumente und sogar die menschliche Stimme völlig zu verzichten, um seine Seele zu läutern und frei von Begierde zu werden; er habe vielmehr, wie es heißt, »kraft eines unsagbaren und schwer vorzustellenden göttlichen Vermögens sein Gehör und seinen Geist fest auf die erhabenen Zusammenklänge des Kosmos gerichtet«. Weiter heißt es: »Dabei hörte und verstand er, wie er erklärte, ganz allein die gesamte Harmonie und den Wettgesang der Sphären und der Gestirne, die sich darin bewegen. Diese Harmonie ergab eine vollkommenere und erfülltere Musik als die irdische, denn aus ungleichen und sich mannigfach unterscheidenden Geschwindigkeiten, Tonstärken und Schwingungsdauern von Klängen, die aber doch in einer klaren, überaus musikalischen Proportion aufeinander abgestimmt sind, werden Bewegung und Umlauf zugleich überaus wohlklingend und in ihrer Farbigkeit unaussprechlich schön gestaltet. Von dieser Musik ließ er sich gleichsam durchtränken, ordnete seinen Geist in diesen reinen Verhältnissen und übte ihn darin, wie ein Athlet seinen Körper trainiert. Davon gedachte er seinen Jüngern, so gut es geht, Abbilder zu geben, indem er die Sphärenmusik auf Instrumenten und durch die bloße Stimme nachahmte. Glaubte er doch, ihm allein unter allen Irdischen seien die kosmischen Klänge verständlich und hörbar, und er hielt sich für würdig, unmittelbar an der göttlichen Quelle und Wurzel etwas zu lernen, es sich ganz zu eigen zu machen und selbst im Nacheifern und in der Nachbildung den Himmlischen ähnlich zu werden …«[8]

Daß die Musiktherapie und eine Musiktheorie nach Art der pythagoreischen bei den Orphikern eine ähnlich zentrale Rolle gespielt hat wie bei den Pythagoreern, ist aufgrund der engen geistigen Verwandtschaft beider Richtungen zwar anzunehmen, nachzuweisen ist es aber nicht.[9] Doch wie würde es sich sonst erklären, daß die Figur des berühmtesten Sängers, den die antike Mythologie überhaupt kennt, bei den Orphikern als der Stifter ihrer Mysterien gilt?

Weit weniger bekannt als Orpheus ist der dem thebanischen Sagenkreis zugeordnete Leierspieler Amphion, der zusammen mit seinem Zwillingsbruder Zethos das »thebanische Dioskurenpaar« bildet. Amphion verdankt sich, dem Mythos zufolge, die Erfindung der siebensaitigen Leier; denn wenn auch Hermes als der eigentliche Schöpfer der ersten Leier gilt, so besaß doch seine Leier zunächst lediglich vier Saiten, war also nur ein unzureichendes Abbild der Harmonie der Sphären. Erst als Amphion ihr drei Saiten hinzufügte, besaß sie jene Voraussetzung, die es ihr ermöglichte, die Musik des Kosmos hörbar zu machen. Werfen wir einen Blick auf das Instrument, das Orpheus auf dem wiedergegebenen Mosaik spielt, so stellen wir fest: Auch in diesem Fall handelt es sich um die siebensaitige Leier.

Von Amphion heißt es, er sei der Erbauer Thebens gewesen, der von sieben Mauerringen mit sieben Toren umgebenen Stadt. Dabei habe er sein Saitenspiel so eingesetzt, daß sich beim Erklingen der Musik die Steine ganz von alleine und ohne irgendwelche Anwendung von Brachialgewalt zu jener gewaltigen Mauer gefügt hätten, die das »siebentorige Theben« umschloß.[10] Aus diesem Mythos erfahren wir zweierlei: Zum einen, daß die Stadt Theben als »imago mundi«, also nach dem Bild des Kosmos und seiner Harmonie – den sieben Sphären entsprechen die sieben Mauerringe mit ihren sieben Stadttoren – errichtet worden war, und zweitens, daß die Leier getreu ihrer Funktion als Instrument der Weltschöpfung und -erhaltung auch die mikrokosmischen Abbilder der großen kosmischen Harmonie zu erschaffen vermag. Ergänzend könnte man noch hinzufügen, daß sie überdies das Demiurgische, Titanische der Kunst auf anschaulichste Weise illustriert: den Triumph des Geistes über die rohe Körperkraft und Brachialität.

Bemerkenswert ist, daß fast alle Mythen, die die Macht der Musik zum Thema haben, Martyriologien sind: ihre Heroen erwartet fast immer ein schreckliches Ende. So wird Orpheus von den Mänaden zerrissen und Marsyas geschunden. Amphion schändet einen Tempel seines göttlichen Schutzherrn Apollon und kommt durch die Rache des Gottes zu Tode. Einer anderen Version zufolge gibt er sich selbst den Tod, als er erfährt, daß seine Kinder – die Niobiden – wegen der Hybris ihrer Mutter Niobe von Apollon und Artemis dahingeschlachtet werden. Thamyris, ein anderer leierspielender Heros, wird seines Augenlichts, seines Gedächtnisses, seiner Stimme und seines wundervollen Instruments beraubt, und diese Aufzählung ließe sich beliebig fortsetzen …

Die Verbindung von Musik und Kosmologie ist keineswegs der griechischen Mythologie und Philosophie allein vorbehalten. Der Dichter Hermann Hesse zitiert in der Einleitung zu seinem – ebenfalls diesem Thema gewidmeten – Roman »Das Glasperlenspiel« einige Passagen aus einem berühmten alten chinesischen Buch: »Frühling und Herbst« des Lü Bu We. Dort heißt es unter anderem über die Musik, sie habe ihren Ursprung im *Maß* und entstamme dem *Großen Einen* (dem Tao), aus dem die kosmische Urpolarität (Yang und Yin) hervorgeht. Die Musik gründet, so heißt es weiter, »in der vollkommenen Harmonie von Himmel und Erde« sowie »in der absoluten Übereinstimmung des Prinzips des Lichten, Hellen mit dem Prinzip des Trüben, Dunklen«. Auch hier werden, genau wie in Griechenland, zwei Arten von Musik unterschieden: eine klare und »heitere« sowie eine »rauschhafte«, »zauberische« – es zeigt sich exakt der griechische Antagonismus des Apollinischen und Dionysischen! Welche Auswirkungen es hat, wenn die Harmonie gestört ist, wenn also das »apollinische« Gleichmaß zwischen Oben und Unten, Himmel und Erde, Licht und Dunkel zerbricht und sich zugunsten des »Dionysischen« verschiebt, wenn also an die Stelle der auf Harmonie gegründeten Musik eine andere, zum Beispiel eine »rauschhafte« tritt, das wird im Anschluß daran im »Frühling und Herbst« geschildert: Das Reich zerfällt und geht unter, die Kultur erlebt ihren Niedergang, Sitte und Moral verkommen, Gesellschaft und Staat lösen sich auf ... So schöpferische, ja demiurgische Macht die Musik entfaltet, wenn sie auf Harmonie und Gleichmaß gründet, so sehr verkehrt sich diese Macht ins Dämonische und Destruktive, wenn sie diese Prinzipien aufgibt.[11]

Wir hatten bereits darauf hingewiesen, daß die Polarität des Harmonischen und des Rauschhaften sowohl von zwei Gottheiten – Apoll und Dionysos – als auch von zwei Instrumentengattungen – Saiten- und Blasinstrument – verkörpert wird. Das beste Beispiel, um diesen Gegensatz zu illustrieren, sind der Amphion des thebanischen Mythos und der Josua des Alten Testaments: Amphion errichtet die Mauern von Theben mit Hilfe des Saitenspiels, Josua bringt dagegen die Mauern von Jericho zum Einsturz, indem er die Posaunen, ein Blasinstrument also, erschallen läßt. Alle apokalyptischen Szenarien werden von Blasinstrumenten, meist Posaunen, begleitet: von den Posaunen von Jericho bis zu denen des Jüngsten Gerichts; Posaunen und andere Blasinstrumente bilden zusammen mit den sich mit ihnen sehr häufig verbindenden Schlaginstrumenten – Trommeln, Pauken etc. – die Musik des Krieges. Sie haben eine entfesselnde und auflösende Wirkung. Das oft so martialische Gepränge von Prozessionen und Umzügen im Rahmen ekstatischer Kulte – Kybele und

Attis, Dionysos ... – erinnert an Triumphzüge und Militäraufmärsche. Und noch eine Eigentümlichkeit, die nahtlos in dieses Bild paßt: Orphiker und Pythagoreer verwerfen prinzipiell alle blutigen Opfer, während die Anhänger des Dionysos und die Teilnehmer an seinen *»Orgia«* genannten Begehungen Opfer nicht nur zulassen, sondern sie sogar in ihrer blutigsten und martialischsten Form praktizieren: der sogenannten »Omophagie«, was man die »Kommunion des rohen Fleisches« nennt, die in den »Bakchen« des Euripides so anschaulich beschrieben wird. Kein Wunder, wenn wir erfahren, daß das griechische Opfer im allgemeinen von Flötenspiel begleitet wurde, dem sich auf dem Höhepunkt die sogenannte *»Ololyge«*, der von den teilnehmenden Frauen ausgestoßene schrille Schrei, hinzugesellte.[12]

Bezeichnenderweise sind die Tiere, die sich – angelockt vom Spiel des Orpheus – um den Heros herum gruppieren, um seiner Musik zu lauschen, aller ihrer Animalität beraubt worden: Die Raubtiere haben ihren Raubtierinstinkt genauso verloren wie ihre natürlichen Beutetiere und Opfer die ihrer Art gemäße Scheu. Die einen jagen nicht mehr, die anderen nehmen nicht mehr reißaus. Die Aussage liegt auf der Hand: Frieden und Harmonie kann nur auf Kosten der animalischen Instinkte konstituiert werden; anders ausgedrückt: Die Besänftigung der Triebe, Affekte und Leidenschaften, die Beruhigung des Gemüts, ist die Voraussetzung für jedwede Harmonie.

Die Jahre des Ersten Weltkriegs, der ja bekanntlich eine Epochenschwelle bezeichnet, sind nicht nur Schauplatz von Inferno und Apokalypse, sondern auch der Wiedergeburt einer in Vergessenheit geratenen Idee: die der »Großen Harmonie«, wie sie sich in der abstrakten Kunst manifestiert und gleichsam als Revolte des Geistes gegen die sich mörderisch entfesselnden Instinkte in den Stahlgewittern und Blutorgien von Verdun und anderswo Gestalt annimmt. Uraltes orphisches und pythagoreisches Gedankengut wird gleichsam über Nacht aufs neue belebt. So spricht Wassilij Kandinsky vom »inneren Klang«, womit die bildnerische, abstrakte Harmonie im Unterschied zur bloß äußerlichen, vordergründigen gegenständlichen Pseudoharmonie gemeint ist. Das Prinzip des »Synästhetischen« bei Kandinsky gründet sich nicht, wie man gemeint hat, auf bloße Analogien zwischen Musik und Malerei, sondern gehorcht den uralten Vorstellungen von der harmoniestiftenden, ja weltschöpferischen Macht der Musik. Verkündet doch der Schöpfer der abstrakten Malerei mit geradezu programmatischer Deutlichkeit und dem der Sache angemessenen Pathos: »Werkschöpfung ist Weltschöpfung«.

Seine frühen Kompositionen tragen selbst Titel wie »Fuge« oder »Gegenklänge«; eine Bühnenkomposition heißt »Gelber Klang«, eine Mappe mit Holzschnitten ist betitelt »Klänge« usw. Nicht nur dies – die Kunstrichtung, der Kandinsky und seine Freunde vom »Blauen Reiter« die stärksten Impulse verdankten, war der »Orphismus« von Robert Delaunay, und damit war der mythische Bezug schon vor der eigentlichen Geburtsstunde der abstrakten Malerei expressis verbis hergestellt worden.
Auch die alte pythagoreisch-platonische Vorstellung von der Sphärenmusik und von der Seele als einem Saiteninstrument, das mit Hilfe bestimmter musiktherapeutischer Verfahren und Techniken auf die kosmische Harmonie gestimmt werden muß, erlebt ihre Wiedergeburt: Kandinsky spricht beispielsweise von der »gegenstandslosen Vibration der Seele«, von der Seele als einem »Klavier mit vielen Saiten«; das Klavier ist ja bekanntlich ein Saiteninstrument![13] Wir könnten diese Betrachtung noch lange fortsetzen und würden ähnliche Vorstellungen bei Mondrian, Malevitch und den Künstlern des »Bauhauses« entdecken; am Ende würde sich uns der sakrale Ursprung der Klassischen Moderne enthüllen, deren Schöpfer mehr Künstler-Priester als Dekorateure ihrer Gesellschaft und ihrer Epoche gewesen sind. Noch enthüllender jedoch ist die Tatsache, daß Orpheus der Protagonist nicht nur der lichten, harmoniestiftenden, sondern auch der nächtlichen und tragischen Seite des Künstlers ist, und davon soll nun die Rede sein.
Dem Mythos zufolge findet der Heros bekanntlich ein schreckliches und gewaltsames Ende: Von den Mänaden, den »Rasenden«, die das weibliche Gefolge des Gottes Dionysos bilden und von denen der Gott auf allen Darstellungen, die seinen Triumph zum Thema haben, ekstatisch umtanzt und begleitet wird, wird Orpheus Glied um Glied zerrissen und sein abgetrenntes Haupt in den Fluß Hebros geworfen, der es hinausträgt ins Meer. Obgleich vom Rumpf getrennt, treibt das Haupt singend weiter, bis es an der Küste von Lesbos – der Insel der Poesie und der berühmten Dichterin Sappho – an Land gespült wird. Dort stellt man das Haupt des Sängers im Bakcheion, dem Heiligtum des Dionysos, auf und läßt sich von ihm Weissagungen und Orakel erteilen. Seine gleichfalls angetriebene Leier wird dagegen im Tempel Apollons, des leierspielenden Gottes, niedergelegt, später vom Gott an den Himmel versetzt und verstirnt. Die von den Mänaden zerrissenen und überallhin verstreuten Glieder des Heros aber werden von den in namenloser Trauer herbeigeeilten Musen aufgesammelt und in Libethra beigesetzt.
Begründet wird die schreckliche Gewalttat vom Mythos damit, daß der

Heros, wie bereits beschrieben, nach seiner Rückkehr aus der Unterwelt und dem unwiderruflichen Verlust seiner geliebten Gattin Eurydike dem weiblichen Geschlecht ein für allemal entsagt, junge Männer um sich geschart, sie zu einem Mysterienbund zusammengefaßt und sich ausschließlich dem Dienst an seinem göttlichen Vater Apollon zugewandt habe, während er Dionysos seine Verehrung versagte.[14] Damit jedoch habe er den tödlichen Zorn und die Rache dieses Gottes auf sich gezogen – des Gottes Dionysos, der als absoluter Gegenpol zu Apollon all das verkörperte, was Orpheus vernachlässigte oder gar negierte und aus der Welt seiner Harmonie ausschloß.

Die dem orphischen Mythenkreis innewohnende Logik ist – wir wissen dies bereits – die Logik des Konflikts zwischen zwei gegensätzlichen Sphären: Harmonie, Form und Klarheit hier, Formauflösung und Chaos dort – Apollon und Dionysos. Nun ist die Begründung der Harmonie ihrerseits ein gewaltsames Unternehmen, das sich nur durchführen läßt, indem man sämtliche Kräfte, die diese Harmonie bedrohen und gefährden könnten, sprich: alle formauflösenden Kräfte der menschlichen Seele, alles, was das Gemüt erhitzt und beunruhigt, systematisch unterdrückt und ausschaltet. Dazu gehören alle Affekte, Triebe und Leidenschaften, die einer Sublimierung widerstehen, das heißt: sich nicht veredeln und vergeistigen lassen. Dazu gehört die sinnliche Liebe, worunter der Trieb zum anderen Geschlecht zu verstehen ist, nicht jedoch deren päderastische Variante, die bereits als Form sublimierter Sexualität verstanden wird. Des weiteren zählen dazu Aggressivität und Furchtsamkeit[15]. Und diese Kräfte sind es nun auch, die die Atmosphäre des »Dionysischen« charakterisieren: jene Mischung aus Gewalttätigkeit und Angst, die dort herrscht, wo die Mänaden ihre ekstatischen Begehungen abhalten, so wie sie uns Euripides in den »Bakchen« beschreibt.

Es sind nun genau jene Kräfte »aggressiver, mänadischer Weiblichkeit«, an denen Orpheus zugrundegeht. Die ausgeschlossenen Triebe, Affekte und Leidenschaften, das »Dionysische« also, bricht auf gewalttätige und zerstörerische Weise in das orphisch-apollinische Universum der Harmonie ein und verschlingt deren Schöpfer. Dazu müssen wir wissen, daß alle bedeutenden Mythen, die von Dionysos berichten, Mythen sind von seinem Triumph, von siegreicher Rückkehr nach versuchter Vertreibung, Mythen, in denen der Gott schreckliche Rache an seinen Widersachern nimmt, die gewagt hatten, die kultischen Begehungen zu Ehren des Gottes eben wegen ihres ekstatischen und formauflösenden Charakters zu unterbinden.

Wie lange sich die um der Harmonie willen unterdrückten Leidenschaften und Begierden zurückhalten lassen, ist ungewiß, aber *daß* sie irgendwann wiederkehren *müssen*, und zwar in um so zerstörerischer Art und Weise, je rigoroser und totaler ihr Ausschluß war, ist sicher. Hier formuliert der antike Mythos in seiner Sprache und mit seinen Stilmitteln ein Gesetz, das erst die Psychoanalyse in unserem Jahrhundert wiederentdecken sollte: das Gesetz von der Wiederkehr des Verdrängten.

Der sakrale und heilsgeschichtliche Aspekt dieses Geschehens ist jedoch bei weitem bedeutsamer als der psychologische. Der Heros – Orpheus – selbst ist das stellvertretende Opfer, das alle Leidenschaften in ihrer zerstörerischsten und gewalttätigsten Form auf seine Person herabzieht, um der Welt die universale Harmonie und die allumfassende Versöhnung schenken zu können.

Alle Harmonie, so lehrt uns der Mythos, ist über einem Opfer errichtet, und dieses Opfer stellt der Schöpfer dieser Harmonie selbst dar. Das Schicksal des Orpheus erinnert in frappierender Weise an Christus: Auch hier geht es um Versöhnung und Wiederherstellung einer zerbrochenen Harmonie zwischen den Menschen und zwischen Mensch und Gott. So erklärt es sich einerseits, daß Orpheus in dem von uns beschriebenen Mosaik gleichsam als die »zweite Person« einer Trinität von Apollon, Orpheus und Dionysos erscheint, also geradezu »christologisch« interpretiert wird, andererseits Christus selbst in der spätantiken Kunst nicht selten nach dem Bilde des Orpheus geschaffen und dargestellt wurde – so auf zahlreichen Sarkophagreliefs und in Mosaiken, zum Beispiel im zentralen Apsismosaik von San Vitale in Ravenna.

Das Schicksal des Orpheus erinnert aber auch an das Schicksal des Dionysos selbst, des Gottes, dessen Rache der Heros ja heraufbeschworen hat und der er zum Opfer fällt. Denn einem anderen zentralen orphischen Mythos zufolge wird der Gott von den Titanen zerstückelt, so wie im übrigen das Schicksal des Zerstückelt- und Zerrissenwerdens auch das typische Schicksal darstellt, das fast alle Feinde und Widersacher des Gottes Dionysos erleiden. In der europäischen Renaissance wird dann das Schicksal der Zerreißung des Orpheus zum exemplarischen Schicksal und Paradigma des Künstlers und seiner Gefährdung. Die Mythen vom verfemten Künstler, vom »Maudit« oder von ihm als dem von Wahnsinn und Umnachtung besonders Bedrohten sind konstitutiv für das Verständnis vom Künstler im gesamten neuzeitlichen Europa von der Renaissance bis in die Gegenwart: Heimgesucht von Dämonen, besessen von seiner Mission, nicht selten im Rausch sich selbst zerstörend, im

Feuer seiner Schöpfungskraft sich verzehrend und in seiner Leidenschaft verglühend – dergestalt sind die Bilder und Motive, in denen sich der neuzeitliche Mythos vom Künstler manifestiert, und den wenigsten ist dabei bewußt, daß die Gestalt des Orpheus gleichsam den Prototyp, das Urbild jenes Bildes vom Künstler verkörpert.

Epilog
Heilige Leidenschaften heute

Der Prozeß der Säkularisierung wird in der Regel mit dem Verschwinden des Heiligen gleichgesetzt. Bei näherer Betrachtung zeigt sich jedoch, daß das Heilige gerade in Bereichen weiterlebt, in denen man es am wenigsten erwartet hätte.

So spricht etwa der Surrealist André Breton mit Blick auf die irrationalen Quellen der Intuition, Inspiration und Imagination vom »außerreligiösen Heiligen«. Der gleichfalls den Surrealisten nahestehende Schriftsteller Michel Leiris beschwor das »Heilige im Alltagsleben«, und sein Freund Georges Bataille erblickte das Heilige vor allem in der Erfahrung des »Selbstverlustes«, durch die Eros und Tod unauflöslich miteinander verbunden sind. Der Begründer der Psychoanalyse, Sigmund Freud, fand das Heilige dagegen in der magischen Welt des Kindes und der Träumenden, aber auch in den Wahnvorstellungen der Paranoiker wieder, während C.G. Jung es mit dem »Kollektiven Unbewußten« und der Welt der »Archetypen« gleichsetzte. Für den Religionswissenschaftler Mircea Eliade wiederum bildet das Heilige eine eigene »Dimension des Bewußtseins«, die aller Säkularisierung widersteht und sich in immer neuen Formen und Spielarten manifestiert, wobei den wechselnden Formen immer dieselben »pattern« zugrundeliegen. Vor ihm hatte Rudolf Otto im »Fascinosum« und »Tremendum«, also in der Faszination und im Schauder, die beiden Pole im Erlebnis des Heiligen erkannt; sein 1917 erschienenes Buch »Das Heilige« gilt heute als die Inkunabel der Religionswissenschaft.

Wenn wir die Kultur der Gegenwart betrachten, so werden wir zu Zeugen einer paradoxen Entwicklung: In dem gleichen Maße, in dem im Westen die institutionalisierte Religion immer mehr an Kraft verliert, leben uralte und längst totgeglaubte Rudimente magisch-archaischer Religiosität wieder auf: Astrologie und Wahrsagerei florieren, Heiler genießen bei vielen Menschen eine größere Reputation als Ärzte; okkultistische und spiritistische Konventikel erfreuen sich eines nie für möglich gehaltenen

Zulaufs, und selbst innerhalb der Kirchen gewinnen charismatische und ekstatische Bewegungen ständig an Einfluß. Es hat den Anschein, als sei das Bedürfnis nach »Heil« und als seien die Leidenschaften, die sich mit der Suche nach einem solchen Heil verbinden, heute so stark wie seit Jahrhunderten nicht mehr.

Doch vergessen wir über diesen »spektakulären« Formen der Suche nach dem Heil nicht jene unaufdringlichen und daher häufig übersehenen Erscheinungsformen des Heiligen, wie sie sowohl in den exklusiven Bereichen der Kunst und Kultur, als auch in der Alltagskultur zu finden sind: Musik, Tanz und Film, Spiel und Sport sind voll von Elementen des Sakralen. Es ist kein Zufall, daß in der Phantasie der Science-Fiction-Autoren die außerirdischen Welten oft mit genau denselben mythischen Wesen, Monstren und Mischgestalten bevölkert werden, deren Prototypen bereits in den Kosmologien der antiken Völker den »Rand der Welt« bewohnen. Dieses »Archaisieren« ist keineswegs ein Privileg der populären Kultur. Selbst die avanciertesten Kosmologien der modernen Naturwissenschaft beschwören oft Bilder, in denen unverkennbar das Hesiodsche »Chaos« oder die orphische »Urnacht« ebenso wieder auftauchen wie die apokalyptischen Szenarien vom Weltenbrand und von der periodischen Rückkehr der Welt in das uranfängliche Chaos: »Schwarze Löcher«, »Urknall«, »Antimaterie«, »Entropie«, »Wärmetod« und »Kältetod«, neuerdings »Dunkle Materie« sind nur einige Beispiele für solch mythisch überfrachtete Topoi.

Ein anderer Bereich, in dem die Weltmodelle des Altertums bis heute gegenwärtig sind, ist der Bereich des Spiels. Antike Vorstellungen vom Aufbau und vom Schicksal des Kosmos liegen unzähligen Spielregeln und vor allem dem geometrischen Grundriß und der Einteilung der Spielfelder zugrunde. Das gilt für die Spielbretter von Schach, Dame, Backgammon oder Halma ebenso wie für Fußballfelder, Tennisplätze oder Rennbahnen. Besonders augenfällig zeigt es sich bei dem unter Kindern immer noch beliebten »Himmel-und-Hölle«-Spiel, das bereits im Alten Orient bekannt war. Überall hier wirken uralte kosmologische Vorstellungen nach – von der schamanistischen »Weltenmatte« über die Idee vom Stockwerkbau des Universums mit seinen 3, 4, 7, 9 oder 13 Etagen bis hin zur pythagoreischen Sphärenharmonie. So besehen erscheint auch das berühmte Fragment B 52 von Heraklit in einem neuen Licht. Der Philosoph vergleicht den Kosmos mit einem Brettspiel und den Zeitgott Aion mit einem Knaben, der die Spielsteine setzt und zu immer neuen Konstellationen gruppiert.

Ein anderer, sehr wichtiger Aspekt, der uns auf die sakralen Ursprünge von Spiel und Sport zurückführt, ist die zuweilen verblüffende Übereinstimmung von sportlichen Wettkämpfen aller Art (Ringen, Boxen, Fechten, Fußball und andere Ballspiele) mit antiken Formen des Orakelwesens und des Opferrituals. Nehmen wir beispielsweise das altmexikanische Ballspiel. Der – nicht mit den Füßen, sondern nur mit der Hüfte gestoßene – Ball stand auf magisch-sympathetische Weise mit der Sonne und ihrem Lauf in Beziehung. Dem Ballspiel wohnte also eine geradezu weltschöpferische Macht inne; es war ein Spiel und doch zugleich das ernsteste und folgenreichste, das sich denken läßt, denn der Spielverlauf konnte das Schicksal des gesamten Universums entscheiden. Gleichzeitig wurde durch das sakrale Ballspiel auch das für die Gottheit (die Sonne) bestimmte Opfer erwählt; allerdings wissen wir heute nicht mehr, ob diese Rolle dem Verlierer oder dem Gewinner des Spiels zufiel. Tatsache ist, daß mit dem heiligen Spiel zahlreiche Mythen korrespondierten, die davon berichten, wie eine Gottheit beim sakralen Ballspiel »ihren Kopf verlor«. Hier ist der sakrifizielle Hintergrund, der buchstäblich »tödliche« Ernst des Spiels noch mit aller Deutlichkeit zu erkennen: Die Spieler kämpfen nicht um die Ehre des Sieges, sondern um ihr Leben. Ihr Prestige erwächst ihnen nicht aus ihrer Leistung, sondern aufgrund ihrer Teilhabe am Prestige des Opfers.

Das gleiche gilt für die altrömischen Gladiatorenspiele, die von ihren etruskischen und oskischen Ursprüngen angefangen bis in spätrepublikanische Zeit hinein ausschließlich im Rahmen des Totenrituals abgehalten wurden. Man ließ die beiden Kontrahenten solange gegeneinander kämpfen, bis einer gefallen war. Eine Begnadigung des Unterlegenen, die sogenannte »missio«, kam dabei überhaupt nicht in Betracht, denn der Kampf selbst war ja letztlich nichts anderes als die rituelle Bestimmung des sepulkralen Menschenopfers durch ein »Gottesurteil«.

Karl Meuli hat seinerzeit für die Olympischen Spiele – wie auch für alle anderen griechischen Agone – ähnliche Ursprünge nachgewiesen[1]. So ist die Entstehung der Olympischen Spiele beispielsweise mit dem Totenkult für den mythischen Heros Pelops verbunden. Schon in der Ilias ist davon die Rede, daß Achill beim Tode seines Freundes Patroklos Kampfspiele abhalten und die vornehmsten trojanischen Jünglinge auf Leben und Tod gegeneinander fechten ließ. Dabei fanden neben den tödlichen Zweikämpfen auch noch andere sportliche Wettbewerbe, wie Bogenschießen, Wagenrennen und Wettläufe, statt[2].

Zu den Wettkampfbestimmungen gehört seit jeher auch, daß die Gegner

(Einzelpersonen oder Mannschaften) in Kleidung und Habitus »entindividualisiert« werden. Das Wettkampf-Trikot ist eine Art Uniform und erfüllt damit den gleichen Zweck wie die olympische Nacktheit im antiken Griechenland: die sportliche Gemeinschaft als eine Gemeinschaft von *Gleichen* auszuweisen – ungeachtet ihrer Standesunterschiede im normalen bürgerlichen Leben. Die Welt des Wettkampfes soll damit in einen eigenen Kosmos, einen »heiligen Raum« verwandelt werden, in dem die Attribute des profanen Alltags nichts zu suchen haben. Häufig werden die Teilnehmer am Wettkampf sogar zu bloßen Trägern von Nummern. Diese forcierte »Entindividualisierung« unterstreicht das Prinzip der Gleichheit und Gleichwertigkeit und zeigt, daß die Spieler nicht als Personen auftreten sondern als Figuren – als Funktionäre des Spieles, die an genau festgelegte Regeln gebunden sind.

In jedem Wettkampf, egal ob Fußball, Pferderennen, Autorennen, Radralleys, Schwimm- oder Skilaufmeisterschaften, Boxen, Ringen etc., kommt also ein ausgeprägt rituelles Moment zum Tragen. Zwar ist die landläufige Meinung, daß beim Sport die höhere Leistung entscheidet, doch dies täuscht darüber hinweg, daß in Wahrheit weniger die Leistung als vielmehr der Zufall entscheidet, wer der Sieger ist. Denn man läßt ja nicht zwei unterschiedlich starke Gegner gegeneinander antreten, sondern zwei möglichst gleichwertige. Die »Spannung«, die Bereitschaft der Zuschauer, auf den Sieg des einen oder des anderen zu setzen, eine Wette abzuschließen, kurzum die leidenschaftliche Anteilnahme, mit der die Zuschauer einen Wettkampf verfolgen, resultiert gerade aus der *Gleichwertigkeit* der Gegner. Gäbe es einen Kampf zwischen ungleichen Gegnern, so würde das Ergebnis des Wettkampfes ja von vorneherein feststehen, und damit wäre das ganze Spiel sinnlos. Man kann also sagen: Es ist gerade der ungewisse Ausgang, das Element des Zufalls, das Unkalkulierbare, die verborgene Asymmetrie scheinbar total symmetrischer Verhältnisse, woran sich die Leidenschaften des Zuschauers entzünden.

Was für den Sport gilt, gilt für Spiele ganz allgemein. Bei zahlreichen bis heute populären Spielen ist der vormalige Orakel- und Weissagecharakter evident. Alle Glücksspiele sind eigentlich Schicksalsspiele, die über Tod oder Leben, Sieg oder Niederlage, Krieg oder Frieden entscheiden konnten. Davon vermittelt uns das altindische Nationalepos Mahabharata einen sehr schönen Eindruck: Ein König verliert sein Reich beim Würfelspiel. In Indien werden zudem die vier Weltalter (sanskrit: Yuga) gemäß der vedischen Weltalterlehre mit denselben Namen benannt wie

die vier Hauptwürfe beim altindischen Würfelspiel: Satya-yuga oder Kr'ta-yuga, Treta-yuga, Dvapara-yuga und Kali-yuga.
Im antiken Griechenland diente das Würfelspiel zunächst hauptsächlich zu Orakelzwecken. Erst nach und nach begann der reine Spiel- und Unterhaltungscharakter zu überwiegen. Als Würfel wurden ganz bestimmte Knöchelchen verwendet, die sogenannten Astragale (griech.: astrágaloi); so bezeichnete man die Verbindungsknöchelchen zwischen dem Waden- und Schienbein des Schafes, das ja als typisches Weissage- und Orakeltier galt.
Um noch einmal auf die Brettspiele zurückzukommen: Hier erkennt man besonders deutlich, daß weniger das Schicksal eines einzelnen als vielmehr das Schicksal des gesamten Kosmos »auf dem Spiele stand«. Die 8 mal 8 Felder des Schachbretts entsprechen dem Rastermodell des altindischen Kosmos. Den vier Seiten des Bretts, die den vier Richtungen der Welt entsprachen, waren ursprünglich vier Spieler zugeordnet, wovon noch die altindische Bezeichnung »Caturanga« = »Viererspiel« zeugt. Die 64 Felder des Schachbretts finden zudem ihr Gegenstück in den 64 Stellungen, die das Kamasutra kennt und in den 64 Kombinationen von Yang und Yin des altchinesischen Orakelbuches I-Ging. Allen genannten Beispielen liegt eine kosmologische Bedeutung zugrunde.
Am offensichtlichsten ist der einstige Orakel- und Weissagecharakter jedoch bei den reinen Glücksspielen wie Würfeln, Roulette, Lotto und gewissen Karten- und Losspielen. Hier ist jede persönliche Leistung, ja jede Möglichkeit des Eingreifens von vorneherein ausgeschlossen. Der »Zufall« entscheidet, also eine »transzendente« Instanz, über die der Mensch keine Macht hat. Nun ist in allen sakralen Kulturen der Ort des Zufalls nichts anderes als der Ort des Wunders und der Epiphanie der Gottheit: Im Zufall manifestiert sich die Stimme oder der Wille der Gottheit – »blind« ist der Zufall nur für den Spieler. Nichts ist jedoch gleichzeitig »sehender« als der Zufall, bestimmt er doch das »Los« und das »Schicksal« dessen, der sich dem Zufall ausliefert.
Vielleicht könnte man sagen: Der Mensch fühlt sich nirgendwo näher am Ursprung, an der Quelle des Schöpferischen, als dort, wo er den reinen Zufall wirken läßt. Dort sind auch seine Leidenschaften und am höchsten und intensivsten bis hin zur Obsession und zur Sucht. Ganz wesentlich ist der *ambivalente* Charakter des Zufalls: Der Möglichkeit höchsten Glücks und höchsten Gewinns steht gleichrangig die Gefahr größten Unglücks und Verlustes gegenüber. Im Zufall reichen sich Schöpfung und Zerstörung, Aufstieg und Untergang, Leben und Tod die

Hand wie nirgendwo sonst. Demgemäß verbinden sich in allen Glücksspielen, ja überhaupt in allen Handlungen, die den Zufall herausfordern, Gefühle von Hoffnung und Angst, freudiger und banger Erwartung, Faszination und Schauder, worin wir unschwer die beiden gegensätzlichen Qualitäten des »Fascinosum« und des »Tremendum« wiedererkennen, mit denen Rudolf Otto das Heilige charakterisiert hat.

Ein anderer Bereich, in dem der Zufall Regie führt, ist der Karneval, ist das Spiel mit Maskierung, Verkleidung und Camouflage. Dem Tausch der Masken und Kostüme entspricht auch ein allgemeiner Rollentausch: Jeder kann für eine befristete Zeit alles sein, jeder sich in jeden verwandeln; Schein und Wirklichkeit, Realität und Phantasie werden für einen kurzen Augenblick identisch! In der grenzenlosen Vermischung solcher Feste regiert einzig der Zufall und knüpft zuweilen Verbindungen, die eben noch – unter normalen Verhältnissen – für absolut unmöglich gehalten worden wären.

Man weiß mittlerweile, daß der Karneval aus Veranstaltungen hervorgegangen ist, in denen das »Chaos zwischen den Jahren« rituell inszeniert wurde – jene »heilige« Zeit, die keiner profanen Ordnung angehört, da die Ordnung des alten Jahres bereits aufgehört hat zu existieren und die des neuen noch nicht begonnen hat. Verschiedenerorts im nördlichen Europa lebt diese Zeit »zwischen den Jahren« heute noch in der Bezeichnung »die Zwölf Rauhnächte« fort, womit die zwölf Nächte zwischen Weihnachten (25. Dezember) und Epiphanias (6. Januar) gemeint sind. Die altrömischen Saturnalien hatten gleichfalls einen karnevalesken Charakter. Hier geschah die Inszenierung des zwischenzeitlichen Chaos durch die Darstellung der »Verkehrten Welt«: Herren und Sklaven tauschten vorübergehend die Rollen: Die Sklaven konnten ihren Herren Befehle erteilen und ließen sich von ihnen bewirten. Der altrömische Saturnalienkönig entsprach in etwa unserem Faschingsprinzen und wurde nach dem Ende des turbulenten Interregnums rituell »hingerichtet« und »bestattet«. Auch bei uns wird der Faschingsprinz am Faschingsdienstag um Mitternacht feierlich »zu Grabe getragen«, auf dem Balkan verschiedentlich sogar in Gestalt einer Puppe öffentlich verbrannt.[3] Nach dem ältesten römischen Kalender endete das Jahr – ähnlich wie in weiten Teilen des antiken Orients, wo nicht die Wintersonnenwende, sondern das Frühjahrsaequinoctium den Zeitpunkt der Jahreswende bestimmte – nicht mit dem Dezember (10. Monat!), sondern mit dem Februar, also mit dem letzten Wintermonat. Daran erinnern nicht nur gewisse kalendarische Besonderheiten dieses Monats (28 statt 30 bzw. 31 Tage, Schalttage), sondern auch sein Name: »Februar« bedeutet nämlich soviel wie »Reinigungsmonat«, und rituelle Reinigungen gehören seit jeher der »Zeit zwischen den Jahren« an. Auch bei uns fällt der Höhepunkt des Karnevals in den Februar, und nicht ohne Grund wird der Karneval zugleich auch mit der »Austreibung des Winters« in Verbindung gebracht. Doch kehren wir noch einmal kurz zu jenen Bräuchen anläßlich der Jahreswende zurück, die im engeren Sinne mit »Zufall« und »Glück« zu tun haben. Denn noch im Rahmen unserer Silvester- und Neujahrsbräuche beherrschen Zufalls- und Glücksspiele weitgehend die Szenerie. Das traditionelle Bleigießen etwa ist ja nichts anderes als ein Orakel- und Zukunftsbefragungsspiel.

Die sogenannte »Period of license«, wie solche Ausnahmezeiten häufig auch genannt werden, gehört nicht nur dem Außerordentlichen, Wunderbaren, dem Zufall und der Abweichung von jeder Regel, sondern auch dem Exzeß, der Orgiastik und dem Rausch: dem erotischen Rausch ebenso wie auch jenem Rausch, der durch stampfende Rhythmen und den Gebrauch ekstatischer Musikinstrumente wie Pauken, Trommeln, Flöten und Trompeten (Schlag- und Blasinstrumente!) herbeigeführt wird und selbstverständlich auch dem Rausch mit Hilfe von Rauschmitteln wie Alkohol, Tabak, Marihuana, Haschisch, Opium, Mescalin u.a. Daß der Gebrauch von Drogen ursprünglich ebenso in ein rituell-kultisches Szenario (das des Schamanismus) eingebettet war wie Glücksspiele, Orakel- und Zukunftsbefragungstechniken, liegt nahe – nicht nur, weil Spiele obsessiven Charakter annehmen können, sondern weil beides die profane Ebene transzendiert und den Menschen zum Objekt einer *anderen* Macht werden läßt. In beiden Fällen ist dem Menschen die Entscheidung aus der Hand genommen und er statt dessen einer Instanz ausgeliefert, die ihn vollkommen beherrscht – sei es, ihn zum König macht oder zum Hanswurst. Vielleicht sind Rausch und Spiel deshalb auch die beliebtesten Techniken, der Welt des profanen Alltags zu entkommen.

Zuletzt schließlich könnte man noch die Lust zu reisen und die Lust am Abenteuer miteinbeziehen, spielt doch auch hier das Neue, Unbekannte, Außerordentliche, der »schöpferische Zufall« neuer Begegnungen, neuer Erlebnisse die Hauptrolle. Auch das Reisen ist letztendlich eine Technik des Transzendierens – also des »Überschreitens«, des »Aus-sich-Heraustretens« –, das nicht nur an einen anderen Ort, sondern auch in eine andere Dimension des Bewußtseins führen kann (auch wenn das Reisen in unserer Zeit eher zum Surrogat des Transzendierens zu verkommen droht; in der Bezeichnung »Erlebnisurlaub« klingt allerdings noch etwas von dieser ursprünglichen Dimension des Reisens nach). So wohnt also selbst der so fragwürdigen Zeiterscheinung »Tourismus« letztendlich noch ein ekstatisches Moment inne (man denke an den Begriff »Reisefieber«!), ein Heraustreten aus den Fesseln des Verwalteten, Berechenbaren und Kalkulierbaren. Hinzu kommt, daß Urlaubsziele wie auch die Urlaubssituation als solche dem Motiv der »Verkehrten Welt« entsprechen: Der Tourist tritt in einer merkwürdigen Verwandlung auf, in einer Maske, die meist das genaue Gegenteil seiner Alltagsidentität darstellt – gewissermaßen als sein »alter ego«.

Von dem Verlangen, ein *anderer* zu werden, und sei es nur für einen begrenzten Zeitraum, lebt nicht nur die Tourismusindustrie, sondern ein erheblicher Teil unserer Alltagskultur, ja unseres Kulturlebens überhaupt. Diskotheken, Kinos, Theater, Opernhäuser, Konzertsäle und Museen sind Stätten der *Verwandlung*. Sie haben *initiatischen* Charakter: Der profane Raum wird verlassen und ein qualitativ anderer Raum betreten – ein Raum, durchaus vergleichbar sakralen Räumen wie Tempeln, Kirchen und Moscheen. Die sprichwörtliche »Schwellenangst«, die den Besucher befällt, wenn er den »anderen«, den »nichtprofanen« Raum betritt, ist ein Rest jenes »heiligen Schauders«, wie er den Gläubigen beim Betreten einer heiligen Stätte erfaßt.

Der Vergleich geht aber noch weiter: Dem Betreten sakraler Räume gingen meist umfangreiche Riten voraus – »rîtes de passage«, durch die man die Reinigung vom profanen »Draußen« vollzog: rituelle Waschungen, Salbungen, Ablegen profaner Gewänder und Anlegen »reiner«, nur dem Kult vorbehaltener Gewänder. Ganz ähnlich vollzieht sich heute die Vorbereitung zum Besuch eines Theaters, Konzertes oder einer Opernaufführung: Man reinigt sich, zieht eine besondere Kleidung an, schminkt sich, »macht sich schön«. Während der Aufführung herrscht feierliche Stille; jede Störung würde als Sakrileg empfunden. Vergleichbar die Atmosphäre in einem Museum: Es wird gedämpft gesprochen oder nur geflüstert. Die Kunstwerke dürfen nicht berührt werden; sie sind vom Betrachter entrückt wie Götterbilder, verborgen wie diese hinter Vorhängen, in Nischen oder in Vitrinen, auf Sockel und Postamente gestellt.

Genau wie im Bereich des Kultischen finden wir auch im Bereich der Kunst die Polarität von »Traum« und »Rausch«, Versenkung bzw. Trance und Ekstase, von »Apollinischem« und »Dionysischem« wieder. So wie das künstlerische Erlebnis von feierlicher Stille begleitet sein kann, so kann es andererseits auch extrovertierte Formen von Begeisterung auslösen: frenetischen Jubel, Ekstase und Enthusiasmus (von griech.: enthousiasmos = »Gott-Trunkenheit«!). Man denke nur an den orgiastischen Taumel bis hin zur Hysterie, zur Ohnmacht, ja zu regelrechten Besessenheitszuständen, von denen Fans (lat.: fanaticus = »vom Heiligen ergriffen«) häufig beim Auftritt ihrer Idole erfaßt werden, oder an die – rituell gebändigte – Leidenschaft, wie sie sich in den Ovationen kundtut, mit denen ein begeistertes Opern- oder Konzertpublikum Solisten und Dirigenten feiert.

Aber nicht nur der Rahmen, in dem Kunstwerke aus dem Bereich der Musik, des Theaters, der Literatur und der Bildenden Kunst erlebt werden, hat etwas von der Aura sakraler Räume und kultischer Handlungen; gerade im künstlerischen Schöpfungsakt selbst ist der Mensch wie nirgendwo sonst dem Göttlichen nahe (Kandinsky beschrieb den künstlerischen Schöpfungsprozeß in kosmogonischen Metaphern: »Werkschöpfung ist Weltschöpfung«. Noch prägnanter hatte es der Renaissance-Philosoph Marsilio Ficino ausgedrückt: »In der Kunst ist die Seele die Rivalin Gottes«. Dabei brauchen wir keineswegs nur an die große religiöse Kunst der Vergangenheit zu denken; für die Kunst unseres Jahrhunderts, deren mythische und mystische Wurzeln ja kaum zu übersehen sind, gilt dies nicht weniger. Besonders die Künstler in den ersten Jahrzehnten dieses Jahrhunderts sind von Leidenschaften erfüllt, wie wir sie von Religionsstiftern und Propheten kennen. Der häufig feierliche, ja priesterliche Ton ihrer Manifeste unterstreicht nur, was man beim Anblick ihrer Werke ohnedies spürt: Hier sind keine gewöhnlichen, sondern *heilige* Leidenschaften am Werk; hier wird die »Ankunft eines neuen Sakralen« gefeiert, wenngleich eines »außerreligiösen Sakralen«, wie André Breton präzisiert hat. Der russische Maler und Mitbegründer des »Blauen Reiter«, Wassily Kandinsky, beschwört in seinen Schriften immer wieder die »Umwertung aller Werte«, die »Wiederkehr des Geistigen«, die »Ankunft einer neuen Ordnung« und die »Geburt eines neuen, geistigen Universums«. Kein Zweifel, dies ist die Sprache messianischer Verheißungen, und sie ist bezeichnend für das charismatische Pathos einer ganzen Künstlergeneration.

Gerade dieses visionäre Element ist es, das die Protagonisten der Moderne in die Nähe hieratischer Persönlichkeiten wie Schamanen, Seher, Propheten oder Mystiker rückt, in deren Nachfolge sie auch tatsächlich stehen. Das bedeutet aber, daß ihre Schöpfungen – zumindest soweit es sich um Spitzenwerke handelt – gewissermaßen den Charakter von Visionen und Offenbarungen haben und auch als solche gesehen bzw. gelesen werden sollten: Der Künstler versteht sich als »Medium«, als

»Stimme einer höheren Macht«, die in der psychologisierenden Sprache des 20. Jahrhunderts häufig mit dem »Unbewußten« in Verbindung gebracht wird. Davon zeugen die Texte und Kommentare zahlreicher Maler und Dichter zu ihren Werken. Lassen wir stellvertretend Kandinsky zu Wort kommen: »Indem der Künstler ein Bild macht, ›hört‹ er immer ›eine Stimme‹, die ihm einfach ›richtig‹ oder ›falsch‹ sagt. Wenn die Stimme zu undeutlich wird, muß der Maler seine Pinsel auf die Seite legen und warten«[4]. Der »inneren Stimme« entspricht auch ein »innerer«, visionärer »Blick«. Dazu Kandinsky an anderer Stelle: »Das Erleben der ›geheimen Seele‹ der sämtlichen Dinge ... nenne ich den ›inneren Blick‹. Dieser Blick geht durch die harte Hülle, durch die äußere ›Form‹ zum Inneren der Dinge hindurch und läßt uns das innere ›Pulsieren‹ der Dinge mit unseren sämtlichen Sinnen aufnehmen. Und diese Aufnahme wird beim Künstler zum Keim seiner Werke. Unbewußt«.

Begriffe wie »innere Stimme«, »innerer Blick« oder auch »innere Notwendigkeit«, »innerer Klang« bezeugen die Wiederentdeckung der transzendenten, sakralen Wurzeln des Schöpferischen. Im »Ersten Surrealistischen Manifest« von 1924 verkündet André Breton programmatisch: »Surrealismus ist die reine psychische Selbstbewegung, durch welche man es unternimmt, mündlich, schriftlich oder auf irgendeine andere Weise das wirkliche Funktionieren der Vorstellung auszudrücken. Ein Diktat des Denkens unter Ausschaltung jeglicher von der Vernunft ausgearbeiteten Kontrolle, außerhalb jeglicher ästhetischer oder moralischer Bedenken«. Das Prinzip dieses »Automatismus« ist uralt und entspricht dem Zustand eines »Mediums in Trance«, das unter dem Diktat einer höheren Macht handelt und deren Weisungen verkündet: Das Stammeln der Pythia oder der Propheten, das Zungenreden der Gottbegeisterten und Charismatiker, ja jede Form eines »inspirierten Sprechens« sind Ausdrucksformen eines solchen »Automatismus«.

Schon diese wenigen kulturgeschichtlichen Parallelen, die wir aufgezeigt haben, genügen, um uns die sakralen Wurzeln der Modernen Kunst erkennen zu lassen.

Der Weg hat uns von den antiken Opferritualen und Weissagetechniken über die Mysterien der Philosophie und Kunst bis hin zu verschiedenen modernen Erscheinungsformen in Kunst und Alltagskultur geführt, hinter denen wir immer noch dieselben *heiligen Leidenschaften* entdecken konnten. All diese Versuche des Menschen, der Unzulänglichkeit des profanen Lebens zu entkommen und es zu »heiligen«, bergen als Triebfeder in sich die *Sehnsucht nach Vollkommenheit.*

Anhang

Anmerkungen

1. Kapitel (11-24): Der schöpferische Mord

1 Die wörtliche Übersetzung dieser Stelle lautet: »Wenn (der Priester) beim Anbruch der Morgenröte das Feueropfer darbringt, dann bringt er dieses (Sonnenkind) hervor ... Aber es würde gewiß nicht aufgehen, wenn er das Opfer nicht darbrächte« (Satapatha-Brahmana II 3, 1, 5)
2 Römische Inschrift, zitiert v. H. Hepding, Attis, seine Mythen und sein Kult, Gießen 1903, S. 89
3 Vgl. hierzu: A. Christensen, Les types du premier homme et du premier roi dans l'histoire légendaire des Iraniens, Stockholm 1918
4 Hippolytos, Philosophoumena 5,8
5 Homer, Odyssee 11,45 f
6 Homer, Ilias 23, 255 ff sowie 166 ff
7 Arnobius, Adversus Nationes II, 62

2. Kapitel (25-35): Kosmogonischer Eros

1 Aitareya Brahmana 5,32,1
2 Satapatha-Brahmana I 6, 3, 35-36. Zur sakrifiziellen Bedeutung des Prajapati-Mythos vgl0. R. Panikkar, Rückkehr zum Mythos, Frankfurt a.M. 1985, S. 90 ff
3 »Wer das verstanden hat ..., stellt die Gottheit wieder her, die in Stücke zerfallen war, und macht sie wieder heil und vollständig« (Satapatha-Brahmana X 4, 3, 24 ff)
4 Hesiod, Theogonia 116 ff, zit. in Anlehnung an M. Eliade, Geschichte der religiösen Ideen, Bd. IV, Quellentexte
5 DK = Diels/Kranz, Fragmente der Vorsokratiker

3. Kapitel (37-45): Vom kultischen Neubeginn aus göttlicher Kraft

1 Vgl. C. Lévi-Strauss, Les structures élémentaires de la parenté, Paris 1949
2 Vgl. M. Mauss, Les variations saisonnières des sociétés eskimos, in: Anneé sociologique IX (1904/05)
3 Vgl. A. Christensen, Les types du premier homme ..., Stockholm 1918
4 Vgl. hierzu Spruch 16 der »Sargtexte«, die ägyptische Quelle, die Plutarchs Bericht zugrundeliegt, und auf die Epoche des Mittleren Reiches zurückgeht.
5 Hippokrates, Vict. 4,92; VI 658 L
6 Bis zum heutigen Tage muß sich der japanische Tenno bei seiner Thronbesteigung in einem Schrein mit der mythischen Urmutter des

japanischen Kaiserhauses, der Sonnengöttin Amaterasu, rituell vereinigen. In welcher Form dieser Hieros Gamos konkret vollzogen wird, ist nur wenigen Eingeweihten bekannt.

7 Das Paar Siegmund und Sieglinde ist mythisch präfiguriert in Wagners »Walküre«.

4. Kapitel (45-56): Vom Ursprung der Beschneidung

1 Dt. M. Griaule, Schwarze Genesis, Freiburg 1970

2 Vgl. ebd., S. 148 f

3 Vgl. inbes. Prudentius, Peristephanon X 197

4 Vgl. Pausanias, Periegeta 7,17

5 Vgl. Arnobius, Adversus Nationes 5,5-7,7

6 Man beachte dabei die phallische Symbolik des kleinen Fingers. Die ithyphallischen Begleiter der Göttermutter hießen bezeichnenderweise »daktyloi«, also »Finger«!

7 Firmicus Maternus, De Errore Profanarum Religionum 22

8 Nach den meisten alten Kalendern steht die Jahreswende im Zeichen der Fische, was zugleich das Ende des Winters und damit die Wiedererneuerung des Lebens im Frühling ankündigt.

9 Vgl. hierzu: K. Kerényi, Arbor Intrat, in: Apollon und Niobe, Werke in Einzelausgaben Bd. VI, München 1980

10 Vgl. Lukian, De Dea Syria 15

11 Vgl. Clemens Alexandrinus, Protreptikos 2,15

5. Kapitel (57-69): Der Kult des Sonnengottes

1 Vgl. das Kapitel über Elagabal in F. Altheims Hauptwerk »Der Niedergang der Alten Welt«, 2 Bände, Frankfurt a.M. 1952

2 Jungfräulichkeit und Mutterschaft ein und derselben Göttin stellten im Gottesbild des Alten Orients keineswegs einen Widerspruch dar.

3 Vgl. Aurelius Victor XXIII 3

4 Zum Eunuchenpriestertum im Dienste der pontischen Ma-Bellona: Iuvenal, Satiren VI 512

5 Lukian, Lucius 35 ff. Vgl. auch Apuleius, Metamorphosen VIII 24 ff

6 Vgl. damit auch die Ursprungslegende des sakralen Eunuchenpriestertums im Dienste der Dea Syria: Lukian, De Dea Syria 17-23

7 Hesiod, Theogonia 154-206

8 Vgl. Strabon, Geographica XIV 614 c

9 Vgl. Iuvenal, Satiren VI 512

10 Vgl. Herodot, Historia I 105 und IV 67

11 Vgl. Sextus Aurelius Victor, De Caesaribus

6. Kapitel (69-78): Kultische Travestie

1 Tatsache ist, daß nach übereinstimmender Aussage aller Chronisten rituelle Verschneidung in sämtlichen Kulten mit weitgehender Effeminierung in Habitus, Gewandung und Haartracht einhergeht. Vgl. Firmicus Maternus, De Errore Profanarum Religionum 4; Varro, Frgm. 120; Ovid, Fasti IV 238

2 Vgl.: Nonnos, Dionysiaka 31,17 sowie Hesiod, Scutum Herculis 220
3 Vgl. Pausanias 1.19.1 sowie 1.22.3
4 Vgl. Apollodorus Myth. 3,67
5 U.a. bei den Tschuktschen, Koryaken, Konjagen, Itelmenen, Jakuten sowie bei den asiatischen Eskimos. Vgl. H. Findeisen, Schamanentum, Stuttgart 1957, S. 140 sowie: H. Baumann, Das doppelte Geschlecht, Berlin 1955, S. 15 ff
6 Herodot (I 105) beschreibt dieses Phänomen am Beispiel der skythischen »Enarees«, einer besonderen Kategorie von Sehern, die höchste Verehrung genossen und wegen ihrer sakralen Macht zugleich sehr gefürchtet waren. Sie amtieren in Frauenkleidern, nehmen sogar ein in jeder Beziehung effeminiertes Wesen an und verrichten Tätigkeiten, die normalerweise ausschließlich den Frauen vorbehalten sind.
7 Plutarch, Tugend der Frauen 4
8 Andere Feste mit Saturnaliencharakter, deren Riten im Zeichen der »Verkehrten Welt« standen, waren die attischen Anthesterien, die thessalischen Peloria sowie zahlreiche Neujahrsfeste des Alten Orients, so beispielsweise die berühmt-berüchtigten Sakaia, wie sie uns von Dion Chrysostomos (IV 66) und Berossos beschrieben werden.
9 Plutarch, Quaest. Graec. 58
10 Zit. n. G.R. Hocke, Die Welt als Labyrinth. Manier und Manie in der europäischen Kunst, Reinbek 1957

7. Kapitel (79-83): Kontakte zum Reich des Todes

1 Vgl. K. Meuli, Der Ursprung der Fastnacht. Ges. Schriften I, Basel/Stuttgart 1975
2 Vgl. F. Altheim, »Persona«, in: Archiv für Religionswissenschaft 27 (1929) S. 35-52
3 Vgl. auch Phersipnai, die etruskische Göttin der Unterwelt (griech.: Persephone)!

8. Kapitel (84-102): »Dionysische« Feier der Fruchtbarkeit

1 Vgl. K. Kerényi, Mensch und Maske, in: Humanistische Seelenforschung. Werke in Einzelausgaben I, München 1966
2 Man beachte auch den Symbolismus der Zahl »3«, ihre generelle Beziehung zum Bereich von Schicksal und Tod. In der Regel treten Schicksalsmächte als Triaden auf: Moiren, Parzen, Nornen, Gorgonen, Erinyen, Horen, Eumeniden, Chariten (Grazien), Graien, dazu die Vielzahl dreiköpfiger oder dreileibiger Wesen.
3 Näheres bei W. Burkert, Homo Necans, New York/Berlin 1972, das Kapitel über Aktaion.
4 Vgl. Kallimachos, Lavacrum Palladis 110; Apollodorus Myth. III 4.4; Pausanias, Periegeta IX 2.3; Ovid, Metamorphosen III 143
5 Vgl. G. Bruno, Heroische Leidenschaft und individuelles Leben
6 Zum Aktaion-Mythos und seiner Rezeption in der Neuzeit: K. Heinrich, Der Untergang von Religion in Kunst und Wissenschaft, in: Der Untergang von Religionen, Berlin 1986
7 Gelegentlich wird Artemis auch noch mit Eileithyia, der Göttin der Entbindung, identifiziert.

8 Unsere Beispiele sind W.-E. Peuckert, Geheimkulte, Heidelberg 1951, S. 276-280 entnommen.
9 Zit. n. ebd. S. 281
10 Zit. n. ebd. S. 283
11 Vgl. Pausanias VI 8 und Plinius, nat.hist. VIII 22. Mythischer Hintergrund ist die Sage vom arkadischen Urkönig Lykaon, der seinen eigenen Sohn geschlachtet und dem Zeus zum Mahle vorgesetzt hatte. Zur Strafe verwandelte ihn der Gott in einen Werwolf.
12 Übs. in Anlehnung an E. Grassi, Kunst und Mythos, Hamburg 1957, S. 86

9. Kapitel (103-119): Vom Kannibalismus ...

1 Euripides, Die Bakchen. Übs. v. E. Buschor, 1957, S. 37f
2 Vgl. Orph. Hymn. 54 u. K. Kerényi, Die Mythologie der Griechen, Bd. I, »Dionysos« (Zürich 1955), sowie »Dionysos« im Rahmen seiner Gesammelten Werke, Bd. V.
3 Euripides, Bakch. 94 ff; 242 ff; 286 ff
4 Vgl. Orph. frgm. 34, 208
5 Vgl. Orph. frgm. 31
6 Vgl. Orph. frgm. 110 f; Firmicus Maternus, De Errore Profanarum Religionum 6; Clemens Alex., Protreptikos 2,17,2 und 18,2; Arnobius, Adversus Nationes 5,19
7 Bei Pindar, frgm. 133, findet sich erstmals auch die Verbindung dieses Mythos mit einer Anthropogonie: Aus dem Ruß, der bei der Verbrennung der Titanen entsteht, wird das Menschengeschlecht geschaffen.
8 Vgl. auch: Orphicorum fragmenta, Frgm. 214, sowie Firmicus Maternus, De Errore Profanarum Religionum 6.
9 Aelian, Über die Natur der Tiere XII 34
10 Vgl. hierzu auch die entsprechenden Passagen in unserem Kapitel »Maske und Verwandlung«!
11 Der Inhalt des Stückes ist uns bekannt durch Pseudo-Eratosthenes, Catasterismi 24.
12 Beim Agrionien-Ritus, so wie er in Orchomenos begangen wurde, gab es eine Besonderheit, über die uns Plutarch (Quaestiones Graecae 38) genaueres mitteilt: Die Frauen, die mit der Durchführung des Opfers betraut waren, wurden unmittelbar nach dem Vollzug des Opferrituals von einem Priester mit gezücktem Schwert verfolgt. Gelang es ihm, eine von ihnen zu ergreifen, so durfte er sie töten. Opferriten mit anschließender Flucht und Verfolgung sind in Griechenland (und übrigens nicht nur hier) keine Seltenheit. Berühmtestes Beispiel sind die attischen Bouphonia (ausführliche Erörterung bei K. Meuli, Griechische Opferbräuche).
13 Homer, Ilias 6, 128-140
14 Plutarch, Quaest. Graec. 38, 299 e
15 Vgl. Apollodorus Myth. 2,2,2 und 3,5,2
16 Vgl. hierzu auch unser Kapitel »Kultische Travestie«, bes. S. 70 f!

10. Kapitel (119-123): … zur Heiligen Hochzeit

1 Vgl. Aristoteles, Ath. pol. 3,5
2 DK 22 B 15
3 Hippokrates, Vict. 4,92; VI 658 L

11. Kapitel (125-133): Bestrafung und Erwählung

1 Vgl. hierzu: L. Brisson, Le mythe de Tirésias, Leiden 1976
2 Kallimachos, Lavacrum Palladis; ders., Hymn. 5,55 ff; Apollodorus Myth. 3,6,7
3 Völuspa 28,29

12. Kapitel (133-143): Rituelle Unsichtbarkeit

1 Ostothek von Torrenova sowie Marmorrelief in Neapel

13. Kapitel (145-154): Das Gleichgewicht des Universums

1 K. Rasmussen, zit. n. M. Eliade, Schamanismus; vgl. ders., Mythen, Träume und Mysterien
2 K. Rasmussen, zit. n. M. Eliade, Schamanismus
3 K. Rasmussen, Grönlandsagen, Berlin 1922; vgl. auch: ders., The Iglulik-Eskimo, Report 5, Thule-Expedition 7,1 (1929) 123 ff, sowie Thulefahrt (1926) 62 ff
4 K. Rasmussen, Intellectual Culture of the Iglulik-Eskimos, Kopenhagen 1930, Zitat von S. 124 ff

14. Kapitel (154-168): Initiationsmartyrien

1 Zit. n. M. Eliade, Schamanismus und archaische Ekstasetechniken
2 A. Friedrich/G. Budruss, Schamanengeschichten aus Sibirien, München-Planegg 1955, Zitate von S. 137, 138 und 140.
3 M. Eliade, Schamanismus S. 70, sowie ders., Mythen, Träume und Mysterien S. 122, zit. n. K. Rasmussen, Intellectual Culture S. 112 f.
4 Plotin, Enn. V 3,17 und Enn. VI 7,34
5 Symeon ho néos theológos, der bedeutendste Mystiker des christlichen Ostens: »Gott ist Licht, und jene, die er würdig macht, ihn zu sehen, schauen ihn als Licht. Wer dieses Licht empfangen hat, hat die Gnade empfangen«, und Serafim von Sarow: »Sobald der Mensch das innere Licht in sich schaut, wird sein Verstand rein und ledig aller irdischen Vorstellungen.«
6 DK 22 B 118
7 Vgl.Homer, Ilias I 586-594

15. Kapitel (169-176): Von der Mystik zur Philosophie

1 Zit. n. E.R. Dodds, Heiden und Christen in einem Zeitalter der Angst, Frankfurt a.M. 1985, S. 68
2 Vgl. beispielsweise Platon, Theaitetos 177 a: »Gott so ähnlich wie möglich werden«.

16. Kapitel (176-193): Die Seelenwanderung

1 Vgl. DK 58 C 6

2 Der Begriff »Meditation« hat ursprünglich kosmologische und astralkultische Bedeutung; er bezieht sich auf die Beobachtung des Himmels durch die babylonischen Sterndeuter und Astralpriester. In den Gestirnen waren die Urbilder und Modelle aller irdischen Schöpfungen verborgen. So besaß beispielsweise jede altorientalische Stadt ihr ewiges, unwandelbares himmlisches Urbild in einem bestimmten Sternbild. Diese himmlischen Urbilder jedweder Ordnung auf Erden zu »erschauen«, war Aufgabe der altorientalischen Priesterschaft.
Klaus Heinrich spricht von »meditatio« als »Priesterwissen, das Himmel und Erde im Gleichmaß vereint« und so »den Fortbestand der alten orientalischen Reiche sichert« (vgl. seinen Aufsatz »Exkurs über Buddhismus als Ausweg«, in: ders., Versuch über die Schwierigkeit, nein zu sagen, Frankfurt a.M. 1962). Vgl. hierzu auch seine Anmerkung 3, wo K. Heinrich unter Verweis auf Rosenstock-Huessy (Soziologie II, Stuttgart 1958, Die Vollzahl der Zeiten, S. 390 ff) die Meditation in ihrem ursprünglichen Sinne als eine »priesterliche rituelle Vereinigung von Himmel und Erde, die diese zum Abbild des gestirnten Himmels macht«, bezeichnet.

3 Vgl. Iamblichos, Vita Pythagorica 63

4 Porphyrios, Vita Pythagorica 30

5 DK 31 B 117

6 Vgl. DK 14,1

7 Vgl. Herodot II 123; vgl. auch DK 14,1

8 DK 31 B 115, nach der Übs. von J. Mansfeld, Die Vorsokratiker, Stuttgart 1987

9 Von Platon wird es zweimal zitiert, nämlich in: Kratylos 400 c 1-7 und Gorgias 493 a 2-4

10 DK 58 C 6

11 DK 31 B 137, nach der Übs. von J. Mansfeld

12 DK 31 B 128, Übs. von J. Mansfeld

13 Vgl. DK 14,9 sowie 31 B 141

14 Vgl. Herakleides Pontikos, frgm. 41

15 Vgl. Timaios, in: Fragmente der griechischen Historiker 566 F 13 b

16 Vgl. DK 58 B 4, B 5 und B 12

17 Vgl. hierzu auch Philolaos, DK 44 B 6

18 Vgl. DK 58 B 35

19 Vgl. Platon, Politeia X 617 b 6-10

20 Vgl. DK 58 B 4, B 5, B 41 sowie 44 A 23

21 Fast zur gleichen Zeit wie Fludd entwirft der französische Pater Mersenne aus dem Kloster der Minimen in Paris die »Große Leier des Universums« als Bild der »Harmonie universelle«, die dem Monochord von Fludd fast bis ins einzelne gleicht.

22 Vgl. vor allem ihre berühmte Makrokosmos-Mikrokosmos- Darstellung aus dem Buch »Buch der göttlichen Werke«!

23 Plotin, Enn. III 6,5

17. Kapitel (195-211): Von der himmlischen und der irdischen Ordnung

1 Vgl. den »Sphairos« des Empedokles. Für Platon ist der Kreis (bzw. die Kugel) das Sinnbild der Ewigkeit, für die Chinesen das Symbol des Himmels.

2 Ausführlich hierzu: K. Heinrich, Parmenides und Jona, Frankfurt a.M. [2]1982, S. 61 ff, wo besonders die soteriologische Dimension der Ontologie des Parmenides berücksichtigt ist.

3 Vgl. Platon, Timaios 38 c d

4 Orph. frgm. 32

5 Origenes, Contra Celsum 6,22

6 DK A 15

7 Philon, De Specialibus Legibus III 2 ff

8 Ders., De Opificio Mundi § 70 ff

9 Eine ganz ähnliche Haltung kennzeichnet auch die christlichen Mystiker des Ostens. Danach bedeutet die Abkehr von der Welt eine »Rückkehr der Seele zu sich selbst«. Isaak der Syrer betont: »Die Seele ist in sich selbst leidenschaftslos. Erst wenn sie sich der Außenwelt unterwirft, erliegt sie den Leidenschaften.« Vgl. zum Thema: P. Hadot, Philosophie als Lebenskunst, Berlin 1991

19. Kapitel (217-225): Die orphische Mysterientheologie

1 Ovid, Met. 10,167; Pindar, Pyth. 4,176 f

2 Ovid, Met. 10,1 ff; Vergil, Georgica 4,453 ff und Horaz, Carmina 3,11,15 ff

3 Homer, Ilias 2,594 ff; Pausanias 4,33,7; Apollodorus Myth. 1,3,3

4 Vgl. auch Platon, Kratylos 400 c 1-7 und Gorgias 493 a 2-4

5 Vgl. die sog. »Orphische Argonautika« sowie Horaz, Carmina 1,12,10 und Seneca, Medea 627

6 Vgl. Aischylos, Die Bassariden

7 Vgl. DK 22 B 15; d.h. also: Dionysos ist sowohl der Gott der (vegetativen) Fruchtbarkeit als auch der Gott des Todes, also Herr über Leben *und* Tod. Die Unterwelt ist Lebensursprung und Todesschoß gleichermaßen.

8 DK B 51

9 Vgl. Aischylos, Die Bassariden

10 Vgl. Orph. Hymn. 34,16

11 Vgl. Skythinos frgm. 14

12 Die Flechtmuster, aus denen die kosmischen Ringe gebildet sind, dürfen keineswegs als bloßes Ornament gedeutet werden. Sie lassen vielmehr erkennen, daß man sich den Kosmos als ein »Schicksalsgeflecht«, also als ein Werk der Schicksalsgöttinnen dachte. Nicht ohne Grund sind es in Platons Vision vom Kosmos (Politeia 614 b ff) die Moiren, die den Umschwung der Sphären bewirken und damit das Schicksal des Universums bestimmen. Vgl. auch: R. Eisler, Weltenmantel und Himmelszelt, München 1960

13 Horaz, Carmina 3,11,13; Ovid, Met. 10,143 f

14 Apollonios Rhodios, Arg. 1,569 ff

15 Seneca, Hercules Oetaeus 1052 f

20. Kapitel (225-239): Die Erziehung der Seele durch Musik

1 Vgl. Platon, Politeia III 401 d 6 ff. Man beachte besonders die Wirkung auf die Seele, die Platon der Musik zuschreibt!
2 Iamblichos, Vita Pythagorica 110 f. Dieses wie alle anderen Iamblichos-Zitate sind in der Übersetzung von M. v. Albrecht (Pythagoras – Legende, Lehre, Lebensbeschreibung, Zürich 1963) wiedergegeben.
3 Ebd. 110
4 Ebd. 111
5 Ebd.
6 Vgl. Herodot 7, 26 und Xenophon, Anabasis 1, 2; Ovid, Met. 6, 382 ff
7 Iamblichos, Vita Pyth. 64/65
8 Iamblichos, Vita Pyth. 65/66f
9 Man denke auch an den zentralen Stellenwert, den die musische Erziehung in Platons »Staat« innehat; hierzu vor allem Politeia III 400 d ff. Zur Wirkung der Musik auf die Seele vgl. ebd. III 401 d.
10 Vgl. Homer, Odyssee 11,260 ff; Apoll. Rhod. 1,735 ff; Pausanias 9,5,6-8; Apollod. Myth. 3,5,5
11 Über den moralischen und erzieherischen Wert der Musik sowie über ihre Schädlichkeit vgl. auch Platon, Politeia III 398 c ff und IV 424 b ff. Zum Zusammenhang zwischen musikalischer und sittlicher bzw. gesellschaftlicher Entartung finden wir ebenfalls ganz ähnliche Gedanken bei Platon, Nomoi III 700 a ff. Nach Platon besteht die Entartung der Musik in einer unstatthaften Vermischung der Musikarten sowie der Instrumentengattungen (Nomoi III 700 d), was wiederum zu allgemeiner Auflehnung und Gesetzesverachtung führt (III 701).
12 Zur Flöte als dem Instrument par excellence von Raserei, Trance, Ekstase und Besessenheit vgl. Platon, Nomoi VII 790 c sowie Iamblichos, Über die Mysterien 3,9. Zur Flöte als dem Instrument von todbringenden Mächten vgl. den von Pindar geschilderten Mythos von der Erfindung der Flöte im Anschluß an die Enthauptung der Medusa sowie die Geschichte vom Rattenfänger von Hameln.
13 Die abstrakte Komposition als Ganzes gilt Kandinsky als ein »Universum innerer Klänge«. In seiner Schrift Über das Geistige in der Kunst, München 1912, heißt es: »Die Farbe ist die Taste. Das Auge ist der Hammer. Die Seele ist das Klavier mit vielen Saiten.«
14 Vgl. Pseudo-Eratosthenes, Catasterismi 24
15 Vgl. die Gegenüberstellung von »wilden« und »scheuen« Tieren.

Epilog (241-250): Heilige Leidenschaften heute

1 Der Ursprung der Olympischen Spiele, in: K. Meuli, Gesammelte Schriften Bd. II, Basel/Stuttgart 1975
2 Vgl. Homer, Ilias 23, 255 ff
3 Vielerorts in Europa wird der Fasching in effigie zum Tode verurteilt, hingerichtet (z.B. verbrannt, ertränkt, enthauptet) und anschließend beigesetzt.
4 In: W. Kandinsky, Essays über Kunst und Künstler, Stuttgart 1955

Literatur

Antike Autoren

Apollodorus Mythographus: Bibliotheca
Apollonios Rhodios: Argonautika
Apuleius: Metamorphosen
Arnobius: Adversus Nationes
Celsus: Contra Christianos
Clemens Alexandrinus: Protreptikos
Corpus Hermeticum: Poimandres
Cicero: Somnium Scipionis, in: De Republica VI
Dion Chrysostomos: Diskurse
Euripides:
  Die Bakchen
  Iphigenie im Taurerland
Firmicus Maternus: De Errore Profanarum Religionum
Fragmenta Tragicorum (hrsg. Berlin/Leiden 1923-1958)
Fragmente der Vorsokratiker (hrsg. v. Diels/Kranz. 6. Aufl., Berlin 1951)
Herodot: Historia
Hesiod:
  Theogonia
  Erga kai Hemerai
Homer:
  Ilias
  Odyssee
Horaz: Carmina
Iamblichos: Vita Pythagorica (Peri tou Pythagorikou Biou)
Iuvenal: Satiren
Kallimachos:
  Lavacrum Palladis
  Hymnen
Lampridius: Historia Augusta
Lukian: De Dea Syria
Macrobius:
  Saturnalia
  Komm. zu Ciceros Somnium Scipionis
Marcus Aurelius: Selbstbetrachtungen
Nonnos: Dionysiaka
Ovid: Metamorphosen
Origenes: Contra Celsum
Orphicorum Fragmenta (hrsg. v. Otto Kern, Berlin 1922)
Pausanias: Periegeta
Philon von Alexandria:
  De Migratione Abrahami
  De Specialibus Legibus
  De Opificio Mundi
Platon:
  Werke in acht Bänden, Griechisch und Deutsch, hrsg. v. Gunther Eigler, übs. v. Friedrich Schleiermacher, Darmstadt 1977

Plinius d.Ä.: Naturalis Historia
Plotin: Enneaden
Plutarch:
De Iside et Osiride
Quaestiones Graecae
Porphyrios:
De Antro Nympharum
Vita Pythagorae
Seneca:
Hercules Oetaeus
Medea
Servius: Kommentar zu Vergils Aeneis
Sextus Aurelius Victor: De Caesaribus
Strabon: Geographika
Vergil: Georgica

Moderne Autoren

Altheim, Franz: Der Niedergang der Alten Welt. 2 Bde. Frankfurt a.M. 1952
ders.: Der unbesiegte Gott. Heidentum und Christentum. Reinbek 1957
Artaud, Antonin: Heliogabal oder Der Anarchist auf dem Thron (Héliogabale ou l'anarchiste couronné). München 1972
Ball, Hugo: Die Flucht aus der Zeit. München 1927
Bataille, Georges: Die Aufhebung der Ökonomie. Der Begriff der Verausgabung. Der verfemte Teil. München 1975
Baumann, Hermann: Das doppelte Geschlecht. Ethnologische Studien zur Bisexualität in Ritus und Mythos. Berlin 1955
Brown, Peter: Die letzten Heiden. Eine kleine Geschichte der Spätantike. Berlin 1985
Burkert, Walter: Antike Mysterien. München 1990
ders.: Griechische Religion der archaischen und klassischen Epoche. Stuttgart 1977
ders.: Homo Necans. Interpretationen altgriechischer Opferriten und Mythen. Berlin 1972
ders.: Weisheit und Wissenschaft. Studien zu Pythagoras, Philolaos und Platon. Nürnberg 1962
Caillois, Roger: Der Mensch und das Heilige. (Paris 1950) München 1988
Carcopino, Jérôme: Aspects mystiques de la Rome paienne. Paris 1942
Chirico, Giorgio de: Wir Metaphysiker. Gesammelte Schriften. Frankfurt a.M./Berlin/Wien 1973
Cumont, F.: Les mystères de Mithra. Brüssel 1913
ders.: Les religions orientales dans le paganisme Romain. Paris 1929
Christensen, Arthur: Les types du premier homme et du premier roi dans l'histoire légendaire des Iraniens. In: Archives d'études orientals publiées par J.A. Lundell. Stockholm 1918 und Uppsala 1934
Detienne, Marcel: Dionysos – Göttliche Wildheit. Frankfurt a.M. 1992
Dodds, E.R.: Heiden und Christen in einem Zeitalter der Angst. Aspekte religiöser Erfahrung von Marc Aurel bis Konstantin. (Cambridge 1965) Frankfurt a.M. 1985

ders.: Die Griechen und das Irrationale. (1951) Darmstadt 1970
Duerr, Hans Peter: Traumzeit. Über die Grenzen zwischen Wildnis und Zivilisation. Frankfurt a.M. 1978
Eisler, Robert: Weltenmantel und Himmelszelt. München 1960
Eliade, Mircea: Schamanismus und archaische Ekstasetechnik. (Paris 1951) Zürich/Stuttgart 1957
ders.: Mythen, Träume und Mysterien. Salzburg 1961
ders.: Kosmos und Geschichte. Der Mythos der ewigen Wiederkehr. (Paris 1949) Reinbek 1966
ders.: Das Mysterium der Wiedergeburt. Initiationsriten, ihre kulturelle und religiöse Bedeutung. Zürich/Stuttgart 1961
ders.: Die Sehnsucht nach dem Ursprung. (Chicago/London 1969) Wien 1973
Festugière, A.-J.: Hermétisme et mystique paienne. Paris 1967
Findeisen, Hans: Schamanentum. Stuttgart 1957
Friedrich, A./Budruss, G.: Schamanengeschichten aus Sibirien. München 1955
Frobenius, Leo: Kulturgeschichte Afrikas. Prolegomena zu einer historischen Gestaltlehre. Zürich 1954
Gennep, Arnold van: Les rîtes de passage. Paris 1909
Giebel, Marion: Das Geheimnis der Mysterien. Zürich/München 1990
Ginzburg, Carlo: Hexensabbat. Berlin 1989
Girard, René: Das Heilige und die Gewalt. (Paris 1972) Zürich 1987
Glasenapp, H.v.: Indische Geisteswelt. Baden-Baden 1958
Gonda, J.: Religionen Indiens I. Veda und älterer Hinduismus. Stuttgart 1960
Graf, Fritz: Griechische Mythologie. Eine Einführung. München ^{3}1991
Grassi, Ernesto: Kunst und Mythos. Reinbek 1957
Griaule, Marcel: Schwarze Genesis. (Paris 1966) Freiburg 1970
Guthrie, W.K.C.: Orpheus and Greek Religion. Cambridge 1935 und 1952
ders.: A History of Greek Philosophy. Cambridge 1969
Haas, Volkert: Magie und Mythen in Babylonien. Hamburg 1982
Hadot, Pierre: Philosophie als Lebenskunst. Geistige Übungen in der Antike. Berlin 1991
Heinrich, Klaus: Das Floß der Medusa. In: Faszination des Mythos. Hrsg. v. Renate Schlesier. Frankfurt a.M. 1985
ders.: Der Untergang von Religion in Kunst und Wissenschaft. In: Der Untergang von Religionen. Hrsg. v. H. Zinser. Berlin 1986
ders.: Parmenides und Jona. Ein religionswissenschaftlicher Vergleich. Frankfurt a.M. 1964
Hepding, H.: Attis, seine Mythen und sein Kult. Gießen 1903
Hesse, Hermann: Das Glasperlenspiel. Ges. Werke Bd. 9. Frankfurt a.M. 1970
Hocke, Gustav René: Die Welt als Labyrinth. Manier und Manie in der europäischen Kunst. Reinbek 1957
Hübner, Kurt: Die Wahrheit des Mythos. München 1985
Jaeger, Werner: Die Theologie der frühen griechischen Denker. Stuttgart 1953
Jeanmaire, H.: Dionysos. Histoire du culte de Bacchus. Paris 1951
Jensen, A.E.: Mythos und Kult bei Naturvölkern. Wiesbaden 1951
Kandinsky, Wassily: Das Geistige in der Kunst. München 1912

Kerényi, Karl: Die Mythologie der Griechen. Die Götter- und Menschheitsgeschichten. Zürich 1951
ders.: Pythagoras und Orpheus. In: Humanistische Seelenforschung. Werke in Einzelausgaben Bd. I. München 1966
ders.: Mensch und Maske. In: Humanistische Seelenforschung. Werke in Einzelausgaben Bd. I. München 1966
ders.: Arbor Intrat. In: Apollon und Niobe. Werke in Einzelausgaben Bd. VI. München 1980
Koslowski, Peter (Hrsg.): Gnosis und Mystik in der Geschichte der Philosophie. Zürich/München 1988
Lehtisalo, T.: Entwurf einer Mythologie der Jurak- Samojeden. Helsinki 1925
Leiris, Michel: Die eigene und die fremde Kultur. Frankfurt a.M. 1977
Lévi-Strauss, Claude: Les structures élémentaires de la parenté. Paris 1949
Lévy-Bruhl, Lucien: La mentalité primitive. Paris 1947
Lommel, Andreas: Schamanen und Medizinmänner. Magie und Mystik früher Kulturen. München [2]1980
Luck, Georg: Magie und andere Geheimlehren in der Antike. Stuttgart 1990
Mann, Thomas: Wälsungenblut. Erzählung. Ges. Werke Bd. VIII. Frankfurt a.M. 1960
Mauss, Marcel: Les variations saisonnières des sociétés Eskimos. In: Année sociologique IX 1904/05
Merkelbach, Reinhold: Die Kosmogonie der Mithrasmysterien. Eranos-Jahrbuch 34. Zürich 1965
ders.: Mithras. Königstein/Taunus 1984
Meuli, Karl: Der Ursprung der Fastnacht. Gesammelte Schriften Bd. I. Hrsg. v. Thomas Gelzer. Basel/Stuttgart 1975
ders.: Scythica. In: Gesammelte Schriften Bd. II. S. 817- 889 (Erstveröffentlichung in: Hermes, 1935) Basel/Stuttgart 1975
ders.: Griechische Opferbräuche. In: Gesammelte Schriften Bd. II. S. 907-1023. (Erstveröffentlichung in: Phyllobolia, 1946) Basel/Stuttgart 1975
Nicklaus, Hans-Georg: Die Maschine des Himmels. Zur Kosmologie und Ästhetik des Klangs. (Im Druck)
Nietzsche, Friedrich: Die Geburt der Tragödie aus dem Geist der Musik. Ges. Werke Bd. 1. München 1920
Nilsson, Martin P.: Geschichte der griechischen Religion. 2 Bde. München 1941
Oldenberg, Hermann: Die Religion des Veda. Berlin 1923
Otto, Rudolf: Das Heilige. München 1917
Otto, Walter F.: Dionysos. Mythos und Kultus. Frankfurt a.M. 1933
ders.: Die Musen und der göttliche Ursprung des Singens und Sagens. Düsseldorf/Köln 1955
Panikkar, Raimundo: Rückkehr zum Mythos. Frankfurt a.M. 1985
Peuckert, Will Erich: Geheimkulte. Heidelberg 1951
Praz, Mario: La carne, la morte e il diavolo nella letteratura romantica. Florenz 1948
Rahner, Hugo: Griechische Mythen in christlicher Deutung. Gesammelte Aufsätze. Zürich 1945
ders.: Der spielende Mensch. Einsiedeln 1952
Ranke-Graves, Robert von: Griechische Mythologie. Reinbek 1960

Rasmussen, Knud: Thulefahrt. Zwei Jahre im Schlitten durch unerforschtes Eskimoland. Frankfurt a.M. 1926
ders.: Grönlandsagen. Berlin 1922
ders.: Intellectual Culture of the Iglulik Eskimo. Report of the fifth Thule-Expedition. Kopenhagen 1929
Schubart, Walter: Religion und Eros. München 1966
Seligmann, Kurt: Das Weltreich der Magie. 5000 Jahre geheime Kunst. Stuttgart 1958
Simon, Erika: Die Götter der Griechen. München 1969
Snell, Bruno: Die Entdeckung des Geistes. Hamburg 1946
Spätantike und frühes Christentum. Katalog der Ausstellung im Frankfurter Liebig-Haus. Frankfurt 1983
Turner, Victor W.: Vom Ritual zum Theater. Der Ernst des menschlichen Spiels. Frankfurt 1989
ders.: Das Ritual. Struktur und Anti-Struktur. Frankfurt a.M. 1989
van der Leeuw, Gerardus: Phänomenologie der Religion. Tübingen 1956
van der Waerden, B.L.: Die Pythagoreer. Religiöse Bruderschaft und Schule der Wissenschaft. Zürich/München 1979
Vermaseren, M.J.: The Legend of Attis in Greek and Roman Art. Leiden 1966
Vernant, Jean Pierre: Tod in den Augen. Figuren des Anderen im griechischen Altertum: Artemis und Gorgo. (Paris 1985) Frankfurt a.M. 1988
Widengren, Geo: Religionsphänomenologie. Berlin 1969
Zacharias, Gerhard: Der dunkle Gott. Die Überwindung der Spaltung von Gut und Böse. Satanskult und Schwarze Messe. Wiesbaden/München 1982

Bildnachweis

Einige Quellenangaben sind trotz Bemühungen des Verlags nicht oder nur ungenau möglich. Der Verlag ist für Hinweise dankbar.

15 Mithräum Marino, Rom. Foto: Archiv des Autors
21 Zeichnung: H. Giani
52 Castello Sforzesco, Mailand. Foto: Archiv des Autors
67 Archäologisches Museum Ephesus. Foto: Archiv für Kunst und Geschichte, Berlin
71 Archiv des Autors
83 Archiv des Autors
87 Villa dei Misteri, Pompeji. Foto: Archiv des Autors
91 Kösel-Archiv
93 Haus der Livia, Pallatin, Rom. Foto: Archiv des Autors
110 Villa dei Misteri, Pompeji. Foto: Archiv des Autors
121 Archiv des Autors
140 Musée National d'Art Moderne, Paris. © VG Bild-Kunst, Bonn 1994. Foto: Artothek, Peißenberg
152 Kösel-Archiv
159 Kupferstich, Nicolaes Witsens, Noord en Oost Tartarye, 1705
187/189 Kupferstiche, Robert Fludd, Utriusque Cosmi Historia, Oppenheim 1617
205 Kösel-Archiv
214 Vatikanische Sammlungen, Rom. Foto: Bildarchiv Foto Marburg
223 Foto: Robert Woodward, Bristol
229 Museo Nazionale, Palermo. Foto: Kösel-Archiv